JN059529

スタートアップ！

中小企業診断士

超速習テキスト 第2版

スタディング 編

中央経済社

第２版刊行にあたって

本書を手に取られた方は，お忙しい方が多いと思います。

忙しくて，資格試験にチャレンジする時間がないと諦めてしまっている方もいるかもしれません。

しかし，忙しくても短期間で合格する人はたくさんいます。逆に，時間がたっぷりあっても不合格になる人もたくさんいます。

忙しくても合格する人は，効率の良い勉強法を確立しています。それに対し，時間がたっぷりあっても不合格になる人は，効率の悪い勉強をしています。

本書は，効率の良い勉強を可能にする画期的なものです。忙しくても短期間で合格できるよう，ノウハウを詰め込みました。

中小企業診断士試験は，学習する内容が幅広く，書店に行って全科目のテキストを揃えるだけでも大変です。テキストのボリュームに圧倒され，最初の科目も終わらないうちに勉強をやめてしまった，大量の教材だけが押し入れに残った，と言うような話も多く聞きます。

本書は元々そのような声をきっかけとして企画されたものです。１次試験の７科目が頁数的にもコンパクトにまとめてあります。ご承知のように，これだけで合格できるわけではありません。ただ，本書でインプットした知識が合格のコアとなるのは間違いありません。おかげ様で受験生より高評をいただき，改訂・改題を重ねて10年以上となります。第２版では，2020年の改訂・改題版より過去問を刷新，情報システムの内容等をアップデートしています。

ぜひ，本書でスタートアップ，つまり，加速度的に合格に近づく基盤を確立し，１次試験を突破していただければと思います。

2023年秋

スタディング

本書の特長

1．大人の脳のしくみを考慮して作成

歳をとると，丸暗記の能力が低下する代わりに，論理的な記憶力は向上します。論理的な記憶力は，心理学ではエピソード記憶と呼ばれ，内容を理解して覚えたり，出来事等をストーリーとして覚えたりするものです。一方，丸暗記は心理学では意味記憶と呼ばれ，単語の意味や歴史の年号などの単なる知識を表します。人は，10歳ぐらいまでは意味記憶のほうが発達していますが，その後は低下し，エピソード記憶が発達してきます。そのため，大人になったら丸暗記ではなく論理的な記憶力（エピソード）を使った勉強法のほうが効率的です。具体的に言うと，**意味を理解**したり，**知識を整理・体系化**したりしながら覚えたほうが早く覚えられ，忘れにくいのです。

本書は，知識を整理・体系化しながら覚えることができるように，図表を多く用いました。試験勉強をしていると，全体の体系が見えなくなってしまうことはよくあります。そういったときには，図表に戻るとよいでしょう。

2．具体例を多く掲載

知識を単なる言葉として覚えると丸暗記に近くなります。知識を理解に変えるには，現実の**具体例**で説明できる必要があります。抽象的な知識を，現実の具体例に自在に適用できるようになれば，その人は知識をしっかり理解したことになるでしょう。中小企業診断士試験でも最終的に問われるのはこうした理解力です。

本書は，コンパクトな構成ながら，できるだけ多くの具体例を入れました。

3．スピード学習に最適

短時間の勉強で合格する人と，長時間かけても合格できない人を比べると，最も明らかな違いは，**勉強のスピードと繰り返しの回数**です。

勉強のスピードが速ければ，同じ時間で何度も繰り返し勉強できます。それ

に対しゆっくり勉強すると，繰り返しの回数が少なくなってしまうのです。さらに，テキストの最後に到達したときに，最初のほうの内容を覚えていないということになりがちです。

最初から細かい点まで勉強したり，綺麗なノートを作ったり，わからないことを都度調べたりすると，勉強に時間がかかります。そうすると，復習や問題練習の繰り返しが不足してしまいます。このような勉強法は，非常に効率が悪いのです。

効率の悪い勉強法

短期間で合格する人は，**スピードを上げて何度も繰り返す**方法で勉強しています。１回当たりの勉強時間が短く，復習回数や問題練習の回数が多いのです。最初のテキストの勉強は短時間で済ませ，復習や問題練習をすぐに始めます。復習と問題練習をしながら覚えていくことで，試験に合格する実力を早く身につけられるのです。

短期合格する勉強法

テキストの中にわからない所があっても，どんどん先に進むほうがよいです。その箇所が本当に試験で重要かはわかりませんし，後で復習するとわかる場合も多々あります。時間をかけてもわからない所は捨ててしまうのも手です。中小企業診断士試験では，**６割の得点で合格**できますので，時間がかかる部分，苦手な部分は捨ててかまいません。試験によく出る箇所や基本的な内容を優先して学習しましょう。

本書は，スピードを上げて何度も繰り返すことを念頭に作成しています。

試験に短期間で合格するには，**完全主義を捨てる**ことが重要です。

中小企業診断士の試験勉強では，すべてを覚えようとすることが落とし穴になります。各科目についてすべての内容を学ぼうとすると**何年経っても勉強は終わりません**。

4．試験で重要な箇所のみのメリハリある内容

実際には，中小企業診断士試験では，それほど深い知識がなくても６割を取ることができます。各科目の分野を専門にしている方から見れば，それほど難しい試験ではないのです。

試験に短期間で合格するためには，重点的に学習する所と，軽く勉強する所，捨ててよい所を切り分けて，重要な箇所に力を注ぐことが重要です。試験であまり出題されない所は，時間をかけずに捨てるほうがよいのです。

本書は，重要な箇所のみの最小限に絞ってあります。

本書の使い方

本書は，各項目２頁～３頁の細切れの構成。５分程度でサクッと読むことができます。ページの下のほうに まとめcheck があり，読んだことが頭に入っているかどうか確認できます。また，分野ごとに 過去問をピックアップ があり，出題形式やレベルがイメージできます。

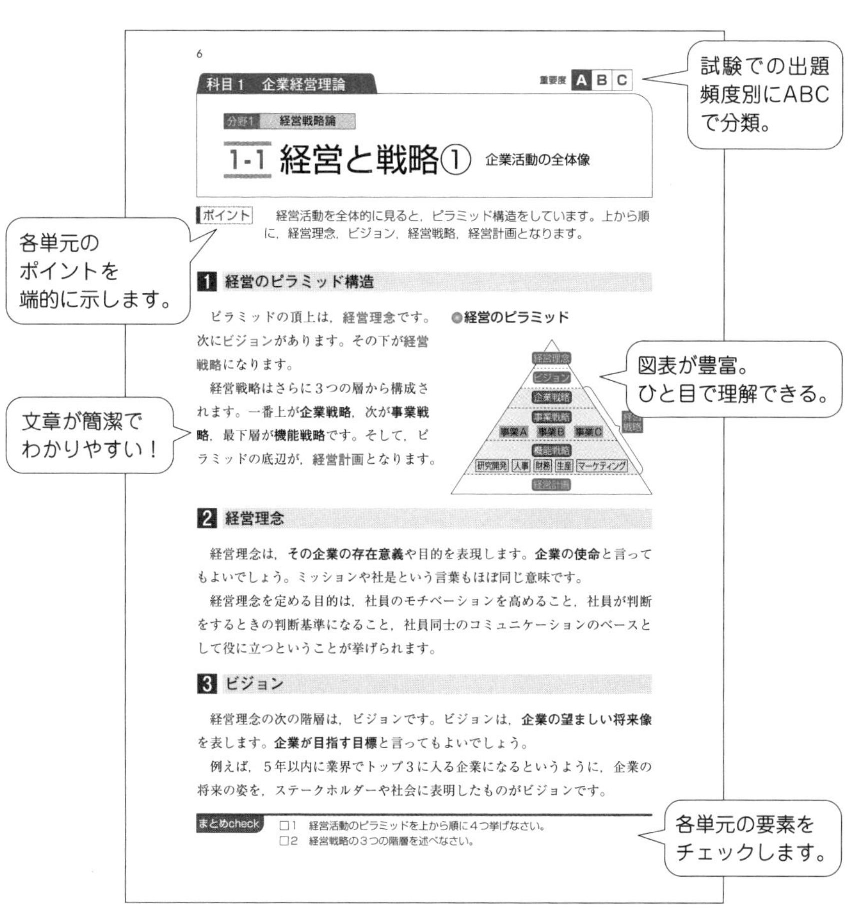

中小企業診断士資格の魅力

中小企業診断士は企業をさまざまな面から診断し，適切なアドバイスができる人を認定する資格です。

最近では，**日本版のMBA**（経営学修士）とも言われており，マネジメントスキルを身につけてキャリアアップしたい人々から大変人気のある資格となっています。

1．資格を取るとどんなメリットがあるのか？

中小企業診断士資格を取れば，経営全体を幅広く診断し解決策を提案できる能力が身につきます。

厳しい経営環境の中，企業は専門知識だけでなくさまざまな経営課題を解決してくれる人を求めるようになっています。中小企業診断士は，こういった企業の人材ニーズにマッチするため，さまざまな場面で活躍が期待されています。

経営コンサルタントとして独立したい方だけでなく，企業の中でキャリアアップしたい人や，よりマネジメント的な仕事にキャリアチェンジしたい人にも有効です。

2．どんな活躍シーンがあるのか？

中小企業診断士になると，さまざまな場面で活躍することができます。

①　独立コンサルタント

まず，経営コンサルタントとして独立する道が開けます。通常は１つ以上の専門分野を持っています。例えば，人事に詳しい，営業の改善が得意などの強みを持っていると有利です。独立するためには，中小企業診断士試験の知識に加えて，ご自身の得意分野や経験を磨いていくとよいでしょう。

②　コンサルティング会社に所属するコンサルタント

経営コンサルティング会社などに所属するコンサルタントとして活躍することができます。中小企業診断士試験で学んだ診断・助言能力を活用して顧客企業をコンサルティングし，経営課題の解決をしていきます。

③　**コンサルティング能力を生かしてキャリアアップ**

近年では，企業内でもコンサルティング能力があると有利な仕事が増えています。

●求められるコンサルティング能力

- 営業 ―――――― コンサルティング営業により顧客の課題を解決する
- マーケティング ―― 顧客や競合を分析しマーケティング戦略を策定する
- 経営スタッフ ――― 企業内外の状況を分析し企業戦略を策定する
- IT部 ―――――― 経営戦略を左右するIT戦略を策定し実行する

これ以外の職種でも，現代の仕事では中小企業診断士試験で学ぶコンサルティング能力やマネジメント能力は重要になってきており，活躍の場面が広がっています。

④　**独立起業**

コンサルタントとして独立するだけでなく，会社を起業し経営するためにも中小企業診断士資格は役立ちます。中小企業診断士試験では，経営戦略，人事，マーケティング，会計，販売，生産，法律，など経営に関する幅広いテーマを学びます。これらの知識は起業する際に必要なものです。これにより経営が成功する可能性が高まります。

3．中小企業でしか活躍できないのか？

「中小企業診断士」という名前がついているので，中小企業でしか活躍できないのかと思われるかもしれませんが，全くそんなことはありません。資格で学習する内容は，経営全般に関する知識・能力ですので，大企業でも活用できます。中小企業支援法に基づいて資格制度が制定されたことからこのような名称となっています。ちなみに，英文での中小企業診断士の表記は「Registered Management Consultant」（登録経営コンサルタント）となっています。

中小企業診断士の試験制度

1．試験制度の概要

中小企業診断士の試験では，通常は，まず選択式試験である**1次試験**を受験し合格した後，記述式試験である**2次試験**を受験することになります。1次，2次試験ともに6割以上正解すれば合格となります。筆記試験に合格すると口述試験（面接）がありますが，口述試験は近年はほぼ全員が合格しています。口述試験に合格すると，試験は終了です。あとは，**実務補習という実習**を終了すれば**中小企業診断士として正式に登録**できます。

●登録までのフローチャート

毎年8月

第1次試験（選択式：7科目）

A経済学・経済政策　B財務・会計　C企業経営理論　D運営管理　E経営法務　F経営情報システム　G中小企業経営・中小企業政策

↓ **6割以上正解すると合格**

毎年10月

第2次試験（記述式：4科目）

診断及び助言に関する実務の事例が4科目
1組織（人事を含む）　2マーケティング・流通　3生産・技術　4財務・会計

↓ **6割以上正解すると合格**

毎年12月

口述試験（面接試験）

面接です。ほぼ全員が合格します。

↓ **問題なければ合格**

毎年2月，8月から15日を選択

実務補習（実習）

試験ではないため通常は実習が終了すれば中小企業診断士として登録できます。

↓ **終了**

中小企業診断士　登録

2．第1次試験

第1次試験では，中小企業診断士になるのに必要な基礎的な知識を有しているかが問われます。マークシートで選択するタイプの問題になっており，全部で7科目（本書では全科目を掲載）があります。すべての科目は100点満点です。

合格基準は，「総点数の 60％以上であって，かつ1科目でも満点の 40％未満のないこと」です。つまり，**60点×7科目＝420点以上で，かつ1科目でも40点未満がなければ合格**となります。

また，科目合格という制度があり，全科目合計で不合格であっても，**科目単位で60点以上を取れば，翌々年までその科目試験は免除されます。**

3．第2次試験（記述式）

第2次試験（記述式）では，事例への対応を通じて，中小企業の診断・助言を行う能力が問われます。事例を読んで，問題に筆記で解答するタイプの問題になっています。全部で4科目あります。すべての科目は100点満点です。

第2次試験（記述式）の4科目

事例Ⅰ：組織（人事を含む）を中心とした経営戦略に関する事例
事例Ⅱ：マーケティング・流通を中心とした経営戦略に関する事例
事例Ⅲ：生産・技術を中心とした事例
事例Ⅳ：財務・会計を中心とした事例

合格基準は，第1次試験と同様で，「総点数の 60％以上であって，かつ1科目でも満点の 40％未満のないこと」です。

過去問活用のすすめ

短期間で合格するためには，**基本的な内容を早くインプットし，過去問練習で実力アップ**する勉強法が最適です。

本書で基本的な内容はだいたい理解したと思ったら，できるだけ早く過去問練習を始めることをおすすめします。過去問練習をする上での注意点は以下のとおりです。

1．過去問は見て覚える

まず，最初から過去問を解こうと頑張ると，非常に時間がかかります。また，一生懸命に考えても，正確な知識が頭に入っていない場合は結果的に間違えるので，考えた時間が無駄になります。さらに過去問は解くものだと考えていると，どうしてもまだ解けそうにないから過去問練習はやめておこうとしてしまいがちです。

過去問は答えを見て覚えるものと考えましょう。そのため，最初に問題を見てわからなさそうであれば，さっさと答えを見ます。そして，解説を読んで，どんどん知識を追加していきます。

過去数年間の過去問が解けるようになれば，高い確率で試験に合格できます。ということは，よく出題される問題について，出題形式と解説を含めて覚えてしまえばよいのです。

2．段階別に使い方を変える

また，短期間で合格するには，**知識を覚えるための練習**と**本番形式で解く練習**を分けて過去問を使うことが重要です。

さきほど説明したようにどんどん答えを見て，足りない知識を覚えていきますが，本番直前になったら，試験本番を想定して，自力で解く練習をします。この２段階練習が試験合格の秘訣です。

Contents

科目４ 経営情報システム ⑯³

科目5 経済学・経済政策 213

分野1 ミクロ経済学

分野2 マクロ経済学

科目6 経営法務 ㉖⑦

科目7 中小企業経営・政策

【読者特典のお知らせ】

スマートフォンやパソコンで入門講座が見られる！

本書をご購入いただきました読者様に，特典をご案内します。

下記パスワードを入力することで，「スタディング中小企業診断士講座」の入門講座を無料でご覧いただけます。この入門講座では，１次試験・２次試験で重要な「経営戦略論」について，わかりやすく解説しています。

スマートフォンやパソコン，タブレットでご覧いただけますので，通勤時間やスキマ時間にぴったりです！

また，短期間で合格できる勉強方法をわかりやすく解説した「中小企業診断士 加速合格法」もご覧いただけます。効率的に試験に合格するノウハウが詰まっていますのでぜひご活用ください。

特典講座のご利用方法：

1．以下のホームページにアクセスします。
　http://studying.jp/book.html

2．「読者特典のお申込みはこちら」をクリックし，次の画面で以下のパスワードを入力します。
　パスワード：shindanshi

3．次の画面で，「メールアドレス」を入力します。入力されたメールアドレスに，特典講座へのリンクが含まれたメールが届きます。リンクからすぐに読者特典をご覧いただけます。

科目1

企業経営理論

企業経営理論の攻略法

1．科目の全体像と試験の特徴

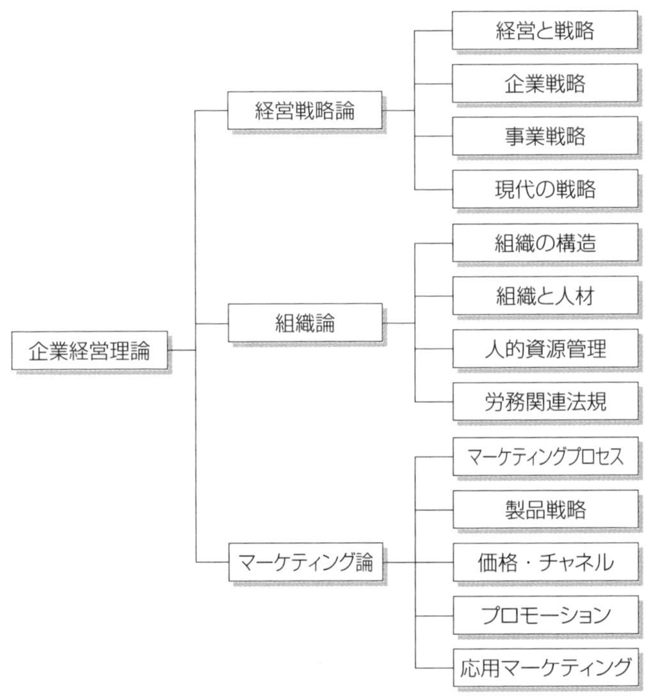

科目１　企業経営理論は，経営の根幹である，①**経営戦略論**，②**組織論**，③**マーケティング論**から構成されます。試験では，単純な知識が問われる問題は少なく，**抽象的**な記述の正誤が問われる問題や，逆に，**具体例（ショートケース）**で正誤が問われる問題が多いのが特徴です。

また，本科目は，１次試験だけでなく，**２次試験にも重要**な科目です。経営戦略論の知識は，２次試験の事例問題を解答するための基礎力になります。また，組織論は，２次試験の「事例Ⅰ：組織を中心にした経営戦略に関する事例」に直接関係します。マーケティング論は「事例Ⅱ：マーケティング・流通を中心とした経営戦略に関する事例」に直接関係します。

1次試験と2次試験の関連		2次試験科目 Ⅰ 組織（人事を含む）	Ⅱ マーケティング・流通	Ⅲ 生産・技術	Ⅳ 財務・会計
1次試験科目	経済学・経済政策				
	財務・会計				◎
企業経営理論	経営戦略論	○	○	○	○
	組織論	◎			
	マーケティング論		◎		
運営管理	生産管理			◎	
	販売管理		◎		
	経営法務				
	経営情報システム	○	○	○	○
	中小企業経営・中小企業政策	△	△	△	△

◎ 特に関連が深い
○ 関連がある
△ やや関連がある

2．科目の攻略法

本科目は，丸暗記しても試験に対応しにくい科目です。一方で，知識がなくても，論理的に考えたり，具体例で考えることで，ある程度，正解を導くことができる場合も多くあります。

また，2次試験に関連する部分も多いことを考えると，重要分野は丸暗記ではなく，**理解することが重要**と言えます。また，理論を具体例に置きかえて考えたり，逆に，具体例から理論を適用できる力がある人には，対応しやすい科目です。

そのため，学習の基本戦略としては，試験でよく出題されている部分については，内容をしっかり理解するようにします。そのためには，以下のようなポイントを整理しながら覚えるようにするとよいでしょう。

- 目的・意義
- 具体例
- メリット／デメリット，留意点
- 手順
- 切り口を整理（例えば，マーケティングの４P等）

また，早めに過去問で出題形式と出題傾向をつかんでおくことが重要です。最初は解けなくても問題ありませんので，過去問と解説を見ながら，どういった形式で出題されるのか，どのような知識が必要なのかを把握しておきましょう。

また，本科目の範囲は，それぞれ非常に深い内容です。そのため，完全に勉強しようとするといくら時間があっても足りなくなります。試験では60点以上取れればよいので，試験で重要な内容から勉強していき，あまり出題されていない分野や難問については捨てることも必要です。特に，本科目を最初に勉強する方は，本科目に時間をかけすぎて，他の科目の勉強がおろそかにならないように注意が必要です。

３．効率の良い勉強法

本科目には，①経営戦略論，②組織論，③マーケティング論の３つの分野があります。１次試験では，この３つの分野から均等に出題されます。ウェイトは同じですが，出題傾向は若干異なっています。

①経営戦略論は，最も**思考力が問われる分野**です。抽象的な問題が多いため，丸暗記しても試験ではあまり役に立たないのが特徴です。こういった問題の対応策は，**具体例を当てはめて考える**ことです。例えば「リーダー企業」，「チャレンジャー企業」という言葉の定義を覚えるだけでなく，自動車業界ではリーダー企業はトヨタ，チャレンジャー企業はホンダというように，自分になじみの深い具体例とその特徴を記憶しておくのです。このように具体例で考える方法に慣れていれば，この分野は高得点を取る

ことが可能です。また，２次試験の事例問題でも有効なスキルです。

②組織論は，**思考力が必要な問題と知識問題**の両方のタイプの問題が出題されます。出題されやすい分野は，組織構造や，リーダーシップ理論，モチベーション理論，組織間関係論，組織活性化（組織学習）などです。こういった分野では，基本問題が出題された場合は確実に解答できるように，知識を習得しておくことが重要です。また，思考力が必要な問題は，経営戦略論と同じように対応します。

労働関連法規については専門的かつ細かい内容のため，人事関係の仕事をされている方など，法律の前提知識がある方は得点源にできると思いますが，それ以外の方は**全問正解を目指す必要はありません**。目安としては，５問出題されたら２問（可能であれば３問）正解できればよいと思います。これぐらいの目標であれば，労働基準法などの基本的な知識をマスターしておけばクリアすることが可能です。ここに時間をかけるよりは，他の重要な部分に時間をかけるほうが効率的です。

③マーケティング論は，最も**知識問題が多い**分野です。勉強しただけ得点しやすい分野と言えるでしょう。他の２つの分野が得点を稼ぎにくいだけに，このマーケティング論で**得点を稼げるようになることが重要**です。特に，マーケティングの４Ｐ（製品戦略，価格戦略，チャネル戦略，プロモーション戦略）については頻出ですので，しっかり勉強しておきましょう。また，マーケティング論は，２次試験の事例Ⅱでも出題されるため２次試験対策にも重要です。

科目1　企業経営理論　　重要度 A B C

分野1　経営戦略論

1-1 経営と戦略① 企業活動の全体像

ポイント　経営活動を全体的に見ると，ピラミッド構造をしています。上から順に，経営理念，ビジョン，経営戦略，経営計画となります。

1 経営のピラミッド構造

ピラミッドの頂上は，経営理念です。次にビジョンがあります。その下が経営戦略になります。

経営戦略はさらに3つの層から構成されます。一番上が**企業戦略**，次が**事業戦略**，最下層が**機能戦略**です。そして，ピラミッドの底辺が，経営計画となります。

●経営のピラミッド

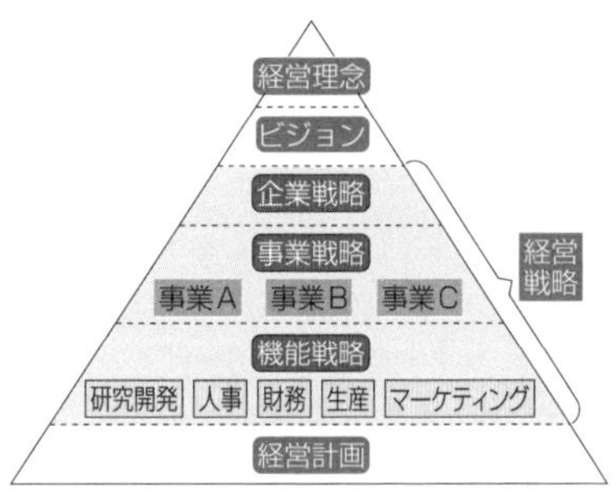

2 経営理念

経営理念は，**その企業の存在意義**や目的を表現します。**企業の使命**と言ってもよいでしょう。ミッションや社是という言葉もほぼ同じ意味です。

経営理念を定める目的は，社員のモチベーションを高めること，社員が判断をするときの判断基準になること，社員同士のコミュニケーションのベースとして役に立つということが挙げられます。

3 ビジョン

経営理念の次の階層は，ビジョンです。ビジョンは，**企業の望ましい将来像**を表します。**企業が目指す目標**と言ってもよいでしょう。

例えば，5年以内に業界でトップ3に入る企業になるというように，企業の将来の姿を，ステークホルダーや社会に表明したものがビジョンです。

まとめcheck
- □1　経営活動のピラミッドを上から順に4つ挙げなさい。
- □2　経営戦略の3つの階層を述べなさい。

4 経営戦略

ビジョンを達成するための道筋や手段が，経営戦略です。経営戦略を作成する目的は，企業が**外部環境に適応しながらビジョンを達成すること**です。企業は常に変化する外部環境に適応していく必要があります。例えば，競合他社が力をつけてきたり，新規参入者が登場してくることがあります。さらに，新しい技術が出てきたり，顧客のライフスタイルが変化したり，経済環境が変わるといったさまざまな外部環境の変化は常に起こっているわけです。

そのため企業は，戦略を作成することにより，外部環境の変化にどのように適用していくかを考えていくのです。さらに，戦略を立てることで，競合他社よりも優位なポジション，すなわち**競争優位を獲得**していくことが重要です。

経営戦略には前述のとおり3つの階層があります。

1つ目は，企業戦略です。企業戦略は，**企業全体を対象とした戦略**です。ある程度の規模であれば，企業は複数の事業から構成されていることが多いので，どう組み合わせていくのがよいかなどを考えます。

2つ目は，事業戦略（競争戦略）です。事業戦略は，**個別の事業ごとの戦略**です。ある事業を対象として，競合他社とどのように戦っていくのか，どのように競争優位を築いていくのかということを考えます。

3つ目は，機能戦略です。機能戦略は，**個別の機能ごとの戦略**です。企業には，研究開発，人事，財務，生産，マーケティングなどさまざまな機能があります。このような機能ごとに方針を考えます。

5 経営計画

経営計画は，戦略をより具体化したものです。**いつ，だれが，何を行うのか**ということを明確化します。これにより，戦略を日々の業務に落とし込むことができます。この経営計画は，環境の変化等により修正していく必要があります。定期的に部分的な修正をしていくことをローリングプラン，あらかじめ不測の事態に備えて策定することをコンティンジェンシープランと言います。

Answer
□1　経営理念　ビジョン　経営戦略　経営計画
□2　企業戦略　事業戦略（競争戦略）　機能戦略

分野1　経営戦略論

1-2 経営と戦略② 経営戦略の策定

ポイント　経営戦略は，その企業が置かれている環境を踏まえて作成します。また，一口に経営戦略と言ってもさまざまなものがあります。

1 経営戦略の策定とSWOT分析

戦略を作成する前に，まず**環境分析**を行う必要があります。環境には，企業の**内部環境**と**外部環境**の２つがあります。この２つの環境を分析する手法に**SWOT（スウォット）分析**があります。

SWOT分析では，自社の内部環境を**強み**（Strength）と**弱み**（Weakness）として，外部環境を**機会**（Opportunity）と**脅威**（Threat）として分析し，４つの視点で環境要因を洗い出した後に，戦略の方向性を検討していきます。

① **内部環境の分析**

内部環境の分析では，自社の強み，弱みを洗い出していきます。このとき，自社の**経営資源**，つまり**ヒト**，**モノ**，**カネ**，**ノウハウ**，**顧客**，**ブランド**というような切り口で分析するとわかりやすくなります。例えば，優秀な技術者が多いというのは人材面の強みです。また，商品の知名度が低いというのはブランド面の弱みとなります。また，生産，マーケティング，購買，物流といった**機能別**に見ていくことも有効です。

② **外部環境の分析**

外部環境の分析では，機会と脅威を次の２つの視点で洗い出します。

１つは，経済動向や，法律・政治的な動向，技術動向など，自社に関係なく存在する**マクロ環境**の視点です。例えば，原油高や，政府による各種の規制などがあります。

もう１つは**ミクロ環境**の視点です。顧客と競合の大きな２軸があります。これらは自社に固有の環境要因です。例えば，新しい顧客ニーズが出てきたというのは機会ですが，競合が増えてきたというのは脅威になります。

まとめcheck
- □1　企業環境を大きく2つに分けて挙げなさい。
- □2　経営戦略の2つのアプローチを挙げなさい。

SWOT分析

		内部環境	
		S：強み	W：弱み
外部環境	O：機会	強みを活かし機会をつかむ	機会を逸しないように弱みを克服する
	T：脅威	脅威からの影響を最小限にとどめる	撤退する

2 経営戦略の2つのアプローチ

一口に経営戦略と言っても，経営学者が提唱している戦略論もさまざまで，今でも活発な議論が行われています。大きく分けると，ポジショニングベース型とリソースベース型の戦略論があります。

① **ポジショニングベース型**

経営戦略の目的は，企業が外部環境に適応しながらビジョンを達成することですが，競合や市場，技術，経済といった外部環境は常に変化します。そのため，戦略を作成する際には，外部環境の変化に対応することが重要だと考え，**外部要因を重視**するのがポジショニングベース型の戦略論です。

代表的な学者には，マイケル・ポーターがいます。ポーターは，有名なファイブフォースやバリューチェーンという考え方を提唱し，外部環境の中で，**自社がいかに有利なポジションを占めるか**が重要だということを示しました。まず外部環境を緻密に分析し，その結果を踏まえて，自社を有利な位置に置いたり，なるべく熾烈な競争を避けていくことが戦略のポイントになります。

② **リソースベース型（経営資源型）**

リソースベース型の戦略論では，**企業の内部の資源を重視**します。代表的な経営学者はジェイ・B・バーニーです。

経営資源の質的な差が収益性を決める大きな要因になると考えるため，自社固有の能力やノウハウなど，企業独自の経営資源を常に磨いていき，**簡単に真似されないようにする**のが戦略のポイントになります。

Answer
□1　内部環境　外部環境
□2　ポジショニングベース型　リソースベース型

分野1　経営戦略論

1-3 経営と戦略③ 経営資源と競争優位

ポイント　ここまで，戦略の2つのアプローチを見てきましたが，どちらのアプローチをとる場合でも，戦略が成功するには経営資源が必要です。

1 競争優位をもたらす経営資源

経営資源には，多種多様なものがあります。例えば，ヒト，モノ，カネといった有形のものもありますし，技術力や知的財産，ノウハウ，ブランド，信用，顧客情報といった無形のものもあります。

リソースベース型の戦略論では，経営資源の蓄積によって競争優位性を築くことが重要とされています。バーニーは，VRIO分析というフレームワークを提唱し，**持続的な競争優位性を築くための経営資源の要件**を整理しました。VRIO（ブリオ）とは，4つの要件の頭文字を並べたものです。

- Value（経済的価値）：その経営資源が経済的価値を生み出すか？
- Rarity（希少性）：その経営資源は希少性があるか？
- Inimitability（模倣困難性）：その経営資源は真似されにくいか？
- Organization（組織能力）：その経営資源を生かすための組織・体制があるか？

特に重要なのは**模倣困難性（I）**，つまり，競合が簡単に真似したり入手できないことです。

一般的なヒトや，モノ，カネといった有形資産は，経済的価値（V）はあっても，希少性（R）が低く，模倣（I）が簡単です。一方，ノウハウや，技術力，ブランド，顧客の信用といった**無形資産は，希少性（R）が高く，模倣（I）がされにくい**ため，組織的にこういった経営資源を蓄積・活用（O）していけば持続的な競争優位性を築くことができます。この特定の経営資源を蓄積・活用する能力は，企業の歴史的経緯に依存するので，先行企業のほうが有

まとめcheck　□1　持続的な競争優位を築くための経営資源の要件を明らかにするフレームワークは何か。

利となります。

2 コアコンピタンス

経営資源と競争優位性に関連する考え方に**コアコンピタンス**があります。

コアコンピタンスは，ハメルとプラハラードという学者が提唱した概念で，**他社が真似できない自社ならではの中核となる能力**を表します。

強みと似ていますが3つの特徴があります。**①顧客に価値を提供するのに役立つ，②他社が真似しにくい，③さまざまな用途に広く展開できる**ということです。例えば，ホンダのエンジン技術などが挙げられます。こういった技術は，その企業の中核となる能力で，さまざまな事業で生かすことができます。他社は簡単には真似できません。

このように，コアコンピタンスは企業を長期的に繁栄させる基盤になります。そのため，経営では，自社のコアコンピタンスは何かを検討し，計画的に育成していくことが重要です。

3 資源展開とPPM

経営目的を達成するためには，これらの資源を配分，すなわち資源展開することが必要です。ここで用いられるのが下図のような**PPM**（Product Portfolio Management）の考え方です。「金のなる木」から得られた資金で，「問題児」の市場占有率を上げたり，「花形」の市場占有率を維持したりします。

このPPMの考え方の前提に，製品には人間のように寿命があるという**製品ライフサイクル**（Product Life Cycle）の考え方があります。製品は導入期，成長期，成熟期，衰退期という経過をたどるとするものです（51頁参照）。

●PPM

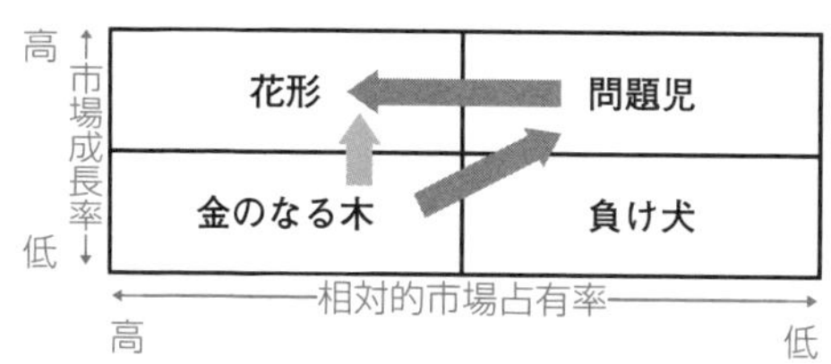

Answer □1 VRIO分析

分野1　経営戦略論

1-4 企業戦略① 企業戦略とドメイン

ポイント　戦略の策定では，どこで戦うかを選択することが重要です。企業戦略の策定では，ドメインの定義が第一歩になります。

1 ドメインの定義

ドメインは，事業を行う領域を表します。具体的には，**誰に，何を，どのように**提供するのかを定義します。つまり，商品の分野（「何を」）を決めるだけでなく，「誰に」という顧客の視点を持つことがポイントです。

ドメインを定義する目的として，意思決定を明確にできる，経営資源を集中できる，組織を一体化できるという点が挙げられます。

もしドメインを定義しないで経営すると，どうなるでしょうか？

おそらく，社員それぞれで，意思決定の方向性がバラバラになります。また，あちこちに手を出す結果，経営資源も集中できず，組織の一体感もないでしょう。このように，ドメインは企業の力を一点に集中することに役立ちます。

ドメインを定義するポイントは，経営資源や社員の努力が分散することを避けるためにある程度**事業範囲を絞る**ということです。ドメインが広すぎると，たくさんの競合と戦わなくてはならないため，競争が激化してしまいます。また，社員の力が広い範囲に分散するため，一点に注力している競合に負けてしまうでしょう。

ただし，事業範囲を絞りすぎると，対象とする市場が小さくなりすぎて，事業が成立しなくなる可能性があります。

2 企業ドメインと事業ドメイン

大企業の多くは，複数の事業領域を持っています。例えば，現代の日本の鉄道会社の多くは，鉄道だけでなく，路線バスやタクシー，百貨店，スーパー，旅行代理店，不動産などさまざまな事業に進出しています。

まとめcheck
- □1　ドメインを定義する目的は何か。
- □2　ドメインを物理的に定義した結果，事業展開が制約されることを何と言うか。

そのため，ドメインにも，企業全体を表すものと，各事業単位のものの2つのレベルが存在します。企業全体を表すドメインが**企業ドメイン**，事業単位のドメインが**事業ドメイン**です。

単一の事業を営む企業では，企業ドメインと事業ドメインは同じになります。

一方，複数の事業を展開している（多角化している）企業では，企業ドメインは，複数の事業ドメインを包括することになります。この場合，企業ドメインは，企業の戦う範囲（事業）を限定することに役立ちます。

例えば，先ほどの日本の鉄道会社の例でも，やみくもに事業に進出しているわけではありません。多くの会社は，鉄道を利用する顧客や沿線の住民を軸に全社ドメインを定義しています。鉄道の利用客，沿線住民という限定を置くことで，進出する事業に制限をかけているわけです。

3 ドメインの物理的な定義と機能的な定義

ドメインの定義を定義する方法には，**物理的な定義**と，**機能的な定義**があります。

物理的な定義は，ドメインを**モノとして定義**します。**機能的な定義**は，ドメインを**コトとして定義**します。例えば米国の鉄道事業は，自身を「鉄道」事業者として物理的に定義していた結果，自動車や航空機などの産業に押されて衰退してしまいました。もし，ドメインを「鉄道」ではなく，顧客から見た「運輸業」として機能的に定義していれば，トラックを利用した輸送に進出するなど，別の選択肢もあったかもしれません。

このように，ドメインを物理的に定義した場合，**顧客の視点がなく事業展開が制約されてしまいがち**です。この現象をT.レビットは**マーケティング・マイオピア**と呼びました。マイオピアは近視眼という意味です。これを避けるために，**顧客視点で見た機能的な定義が有効**なのです。

ただし，あまりにも抽象的に表現した場合は，わかりにくくなり分散を回避するという目的を達成できなくなります。そこで，エーベルは事業ドメインについて「顧客層」「顧客機能」「技術」という3次元で定義することを提唱しました。

Answer
□1　意思決定の明確化　経営資源の集中　組織の一体化
□2　マーケティング・マイオピア

分野１　経営戦略論

1-5 企業戦略② 多角化戦略

ポイント　多角化とは，企業が現在の事業以外の事業分野に進出することによって成長を図ることです。現在の事業と近い事業分野に進出することを関連多角化，現在の事業と関係のない事業分野に進出することを非関連多角化と呼びます。関連多角化より非関連多角化のほうが，経験のない分野のため事業リスクが高くなります。

1 アンゾフの成長ベクトル

多角化により企業を成長させたい場合，どういう方向に事業を展開するかが重要です。これを表すツールが1960年代に提唱された**アンゾフの成長ベクトル**です。この時代は，米国では多くの事業を抱えた**コングロマリット**という大企業が存在していました。これらの事業を管理するために登場したツールです。

成長ベクトルでは，製品軸と市場軸の２軸で成長の方向を表現します。４つのセルごとに最適な戦略は異なります。

製品と市場が既存の場合は，**市場浸透戦略**と呼ばれ，現在の製品群で，現在の市場を深掘りしていく戦略になります。例えば，販売促進などでより一層の販売を目指すのがこの戦略です。

次に，**製品が新規で市場が既存の場合**は，**新製品開発戦略**となります。これは，現在の市場に対して新しい製品を投入していく戦略です。既存の製品を改良する場合と，大きく革新する場合があります。

また，**製品が既存で，市場が新規の場合**は，**新市場開拓戦略**と呼ばれます。これは，既存製品群を新しい市場に投入していく戦略です。例えば，通販のみで販売していた商品を，小売店でも販売するようなケースがあります。

これら３つの戦略は，既存の自社の資源と関連が深く，拡大化戦略と呼ばれます。

一方，**成長ベクトルで，製品と市場がともに新規の場合**は，**多角化戦略**となります。この場合は，新製品を新市場に投入していくことになります。

まとめcheck　□１　アンゾフの成長ベクトルで製品と市場がともに新規の場合の戦略を述べなさい。

●アンゾフの成長ベクトル

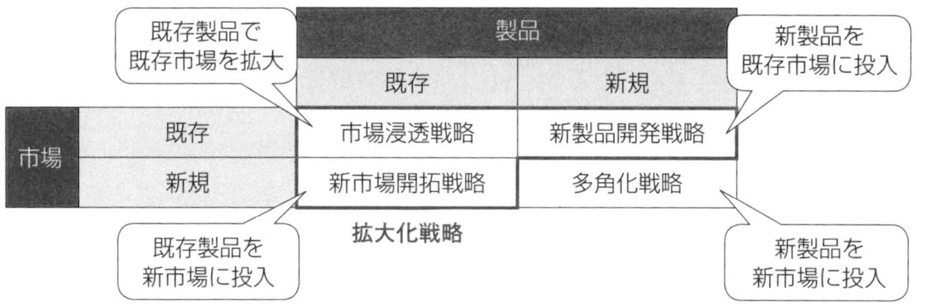

2 多角化の理由

さて，企業が多角化を行う理由は何でしょうか？

1つには，新事業分野を開拓することで**新しく成長を図る**という目的があります。また，複数の事業を持つことで**リスクを分散する**ことができます。また，企業内にある余剰資源，つまり**組織スラックを活用する**という目的もあります。例えば，設備や資金，技術など余剰資源がある場合は，これらを有効活用した新たな事業を立ち上げることも考えられます。

また，最後に**シナジーの追求**が挙げられます。シナジーというのは事業間の相乗効果を指します。既存の事業とシナジーがある新規事業のほうが，リスクが低く，コスト面でも有利になります。

ここで関連するキーワードとして，**範囲の経済性**という言葉があります。範囲の経済性とは，企業が**複数の事業を行うことにより，単独で事業を行うよりコスト面で有利になるということ**です。例えば，事業間で，技術や生産設備，販売チャネル，ブランドなどを共有することにより，経済的に事業を行うことができます。

ちなみに，範囲の経済性によく似た言葉として，**規模の経済性**という言葉があります。規模の経済性は，**生産規模が大きくなるほどコスト面で有利になるということ**です。範囲の経済性とは異なる概念ですので注意してください。

Answer □1 多角化戦略

分野1　経営戦略論

1-6 事業戦略① 業界構造分析

ポイント　企業は，個別の事業の集合体です。よって，事業ごとの競争を優位に進めることが，企業経営を成功させる前提になります。事業戦略を策定するためには，まずは事業が属している業界の構造をしっかり把握する必要があります。つまり，**競合環境を分析することが，事業戦略策定の出発点**になります。

1 5つの競争要因（ファイブフォース）

競合環境を分析する方法として，マイケル・ポーターが提唱した**5つの競争要因**が有名です。

競争というと，通常は業界内の競合他社が思い浮かぶと思いますが，ポーターは競合他社だけでなく，その他4つを含めた5つの競争要因が重要だということを示しました。そして，次の5つの競争要因が，その業界の収益性を決定すると指摘したのです。これらを分析することで，業界の競争環境を明確にすることができます。

① 既存業者の敵対関係

既存業者の敵対関係は，**業界内の競合他社との競争がどれぐらい激しいか**ということを表します。競合他社が多い場合や，同じぐらいの規模の会社が多い場合，業界の成長率が低くシェア争いが起きている場合，差別化ができていない場合，固定費が高く価格競争になりがちな業界等では競争が激化します。

② 買い手の交渉力

買い手の交渉力は，**製品の買い手である顧客の力がどれぐらい強いか**ということです。買い手の力が強いと，企業は値引きを要求されるため収益が上がらなくなります。買い手の交渉力が強くなるのは，強力な購買力を持った顧客がいる場合です。

まとめcheck　□1　5つの競争要因を挙げなさい。

5つの競争要因

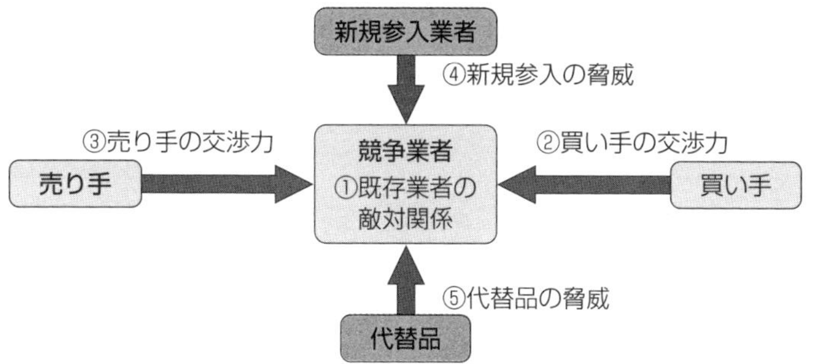

③　売り手の交渉力

売り手の交渉力は，**部品や原材料等の仕入先である供給業者の力がどれぐらい強いか**ということです。

売り手側の業界が少数の企業に支配されている場合（寡占業界の場合）は，売り手の交渉力が高まり，業界の収益性は低くなります。

④　新規参入の脅威

新規参入の脅威とは，**業界に新たな業者が参入してくること**を指します。

新規参入があると，業界内の競争が激しくなるため，業界内の収益性は低くなります。

新規参入の脅威の程度は，**参入障壁**がどれぐらい高いかによります。参入障壁が低い業界では，新規参入してくる可能性が高くなります。

⑤　代替品の脅威

最後の競争要因は，代替品の脅威です。代替品というのは，ユーザーニーズを満たす**既存製品とは別の製品**のことです。例えば，レコードは，CDという代替品の登場によって衰退していきました。このように，強力な代替品が登場すると，業界構造が一気に変わる可能性があります。

Answer　□1　既存業者の敵対関係　買い手の交渉力　売り手の交渉力　新規参入の脅威　代替品の脅威

重要度 **A** B C

分野1　経営戦略論

1-7 事業戦略② 3つの基本戦略

ポイント　業界構造分析で業界の競争要因を明確にした後は，競争優位を築くための戦略を立案します。M・ポーターは，競争優位を築くための3つの基本戦略を提唱しました。コストリーダーシップ戦略，差別化戦略，集中戦略です。

1 コストリーダーシップ戦略

コストリーダーシップ戦略とは，**業界全体をターゲットにして，低コストで勝負しようという戦略**です。ただし，単に価格を下げるだけでは持続的な競争優位を築くことはできません。コストを下げるための手段が必要になります。例えば，大規模で効率的な生産設備を導入し，規模の経済性を発揮したり，経験を積み上げて改善を繰り返すことにより経験曲線効果を発揮し，コストを下げる努力をしていくことが重要です。

コストリーダーシップ戦略のリスクとしては，競合や新規参入者が最新設備を導入してきた場合に，**価格競争が激化する可能性**があります。また，コストの低減ばかりに注力していると，顧客のニーズの変化や代替品の登場に対応できない場合があります。

2 差別化戦略

差別化戦略は，**業界全体をターゲットにして，何らかの差別化をしていくことにより，競争優位を築くという戦略**です。

差別化には，製品の機能や品質，デザインなど製品自体を差別化する以外にも，顧客サービスやブランドイメージなどで差別化を図る方法もあります。

差別化が顧客に認められれば，その分高い価格で販売することが可能になり，競合他社に対する競争優位性を築くことができます。

差別化戦略のリスクとして，差別化は常に他の企業から**模倣されて，陳腐化するリスク**があります。これを避けるためには，絶えず製品の改良を行ったり，

まとめcheck　□1　ポーターが提唱した3つの基本戦略を挙げなさい。

●ポーターの３つの基本戦略

顧客サービスを充実させていく必要があります。

3 集中戦略

集中戦略は，**特定のセグメントに競争範囲を狭めることによって，自社の経営資源を集中的に活用していこうという戦略**です。よく**選択と集中**という言葉が使われますが，最近の経営環境では，グローバル化などにより競争が激しくなっています。その中で競争優位を築くために，ある分野に特化して競争していく戦略が集中戦略となります。

集中戦略は，戦略の優位性を低コストとする**コスト集中戦略**と，戦略の優位性を差別化に求める**差別化集中戦略**に分類されます。

集中戦略は，中小企業でよく採用されている戦略です。これは，中小企業は経営資源が限られているため，ある部分に特化することが重要だからです。

集中戦略には，さまざまな例があります。例えば，商品分野を絞り込むという集中戦略があります。また，特定の顧客や，チャネルに絞り込んだり，特定の地域に絞り込むのも集中戦略です。

集中戦略のリスクは，あまりに狭い分野に集中すると，**市場が小さすぎたり，顧客ニーズとズレが生じて事業が成り立たなくなる**ことです。

集中戦略では，自社の強みを生かせるセグメントを見つけ，そこに経営努力を集中することが重要です。

Answer　□1　コストリーダーシップ戦略　差別化戦略　集中戦略

重要度 A B C

分野1　経営戦略論

1-8 事業戦略③ 競争地位別の戦略

ポイント　マーケティング論で有名なP・コトラーは，市場での競争地位によって，とるべき戦略が変わることを指摘しました。市場でのシェアによって，リーダー，チャレンジャー，ニッチャー，フォロワーという４つの競争地位があり，それぞれに適した戦略があります。

1 リーダー

リーダーは，**業界トップ**の企業です。自動車で言えばトヨタが相当するでしょう。

リーダーの戦略のポイントは，**市場を拡大**することと，**同質化を図る**ことです。リーダーはナンバー１のシェアを持つ企業ですので，市場が大きくなれば最も恩恵を受けることができます。リーダー企業は経営資源も豊富ですので，市場を拡大していくために，**フルライン戦略**を取ることがよくあります。フルライン戦略とは，幅広い品揃えにすることです。例えば，トヨタ自動車は，ほとんどの車種をすきまなくラインナップしています。こうすることにより，さらにシェアを高めることができます。

また，他の企業が新しい製品を出したり，さまざまな差別化を仕掛けてきた場合には，それに追随して同質化をするのが基本です。リーダー企業は最も経営資源が多いため，自分よりも小さい相手が行うことを真似していれば，自然に勝てるという考え方となります。

2 チャレンジャー

チャレンジャーは，リーダーに次ぐシェアであり，**リーダーに挑戦**する２番手の企業グループです。自動車で言えば，日産やホンダが相当するでしょう。

チャレンジャーは，リーダーよりもシェアや経営資源で下回っているため，リーダーと同じ戦略ではリーダーに勝つことはなかなかできません。そのため，リーダーができないような差別化を行い，新しい競争ルールを作り出していく

まとめcheck　□1　コトラーの４つの競争地位を挙げなさい。

●4つの競争地位

リーダー	例：トヨタ
チャレンジャー	例：日産・ホンダ
ニッチャー	例：スバル
フォロワー	例：マツダ・三菱

ような戦略が必要です。有名な例として，アサヒビールがスーパードライを投入して，トップのキリンビールを逆転したことが挙げられます。それまで，ビールは成熟市場で業界の地位も固定的でしたが，スーパードライは，鮮度や味の差別化をすることでトップブランドとなりました。

3 ニッチャー

ニッチャーは，**特定の市場**を狙い，独自の地位を築いている企業グループです。自動車で言えば，スバルなどが相当するでしょう。

ニッチャーは，リーダーがあまり力を入れていない市場を見つけ，そこに経営資源を集中的に投入します。ポーターの３つの基本戦略の中では，**集中戦略**となります。

ニッチャーの戦略のポイントは，小さく限定された市場の中で**ミニリーダー**になることです。つまり，特殊なニーズを満たす製品やサービスを提供し，そのニーズの中でナンバーワンの企業になることが重要です。

4 フォロワー

フォロワーは，**リーダー企業などを模倣**して追随する企業グループです。これは，リーダー，チャレンジャー，ニッチャー以外の企業と言えます。

フォロワーは，一般的に収益性が低くなりがちです。これは，リーダーを真似するものの，経営資源やブランドなどがリーダーよりも劣っているため，コストが高い製品を安く販売せざるを得なくなるからです。

フォロワーは単にリーダーを真似するだけではなく，ニッチャーのように特化をするか，リーダー企業と協調するなどの戦略が必要になってきます。

Answer　□1　リーダー　チャレンジャー　ニッチャー　フォロワー

分野1　経営戦略論

1-9 技術経営とイノベーション

ポイント　グローバル環境の中で企業が成功していくためには，安い製品を作るだけではなく，差別化された高付加価値な製品を開発していく必要があります。技術経営で扱うのは，こういった技術開発をいかに行うかということです。また，開発した製品をどのように競争優位につなげていくかも重要です。

1 イノベーションのライフサイクル

高収益の事業を生み出すには，イノベーションを起こすことが重要です。イノベーションは「革新」を表しますが，単に新しい技術を発明したり，新製品を開発するだけでなく，**顧客や社会に新しい価値を提供すること**を言います。

●イノベーションのライフサイクルと不連続性

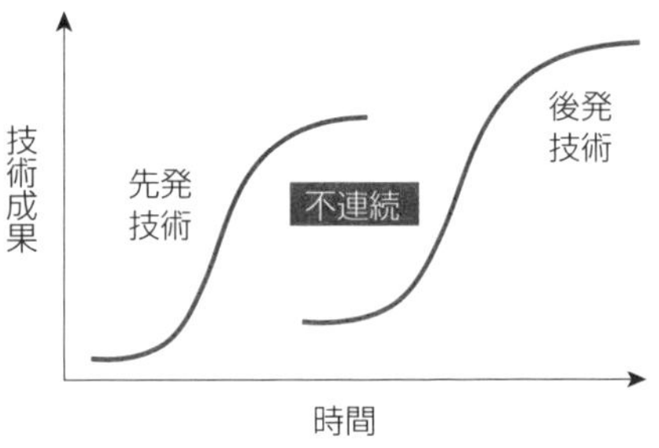

イノベーションにはライフサイクルがあり，一般に右図のように**S字型**の軌跡を描きます。

イノベーションの初めの段階では，まだ技術が不確定で試行錯誤しており，技術の進歩はゆっくり進みます。

次の段階では，技術が確立してくるため，技術進歩が一気に進みます。企業間の競争も激しくなるため，投資も活発に行われて技術上の成果が拡大します。

最後の段階は，技術的に成熟した段階であり，技術進歩は再びゆるやかになります。この段階になると，次の新しい技術が登場してきます。ベンチャー企業等が次の新技術でイノベーションを生み出すことに成功すると，次のイノベーション・ライフサイクルに移行していくのです。

まとめcheck　□1　イノベーションのジレンマとはどのような状態を言うか。

2 持続的イノベーションと破壊的イノベーション

イノベーションには**持続的イノベーション**と**破壊的イノベーション**があります。

持続的イノベーションは，**既存の製品を継続的に改良すること**です。通常の企業で，製品を進化させるときは，このような持続的イノベーションとなります。イノベーションのライフサイクルでは，S字の線の上の部分です。

それに対して，**破壊的イノベーション**は，**全く新しい価値を提供するような革新的なイノベーション**です。イノベーションのライフサイクルでは，先発技術から後発技術に不連続に切り替わるときになります。

持続的イノベーションは既存の主流顧客の要望に応えて進行していきます。一方，破壊的イノベーションは新しい価値を持った顧客層から受け入れられていきます。逆に，既存顧客からは初めは見向きもされないことが一般的です。

例えば，レコードのメーカーは，当時既存ユーザ向けに音質などの改良をしていましたが，その延長線上では破壊的イノベーションであるCDは出てきません。当初，CDは既存のレコードの主流ユーザからはなかなか受け入れられませんでした。

3 イノベーションのジレンマ

前の世代のリーダー企業が，**次の世代の破壊的イノベーションに対応できないという現象**を，**イノベーションのジレンマ**と呼びます。

前の世代のリーダー企業は，既存の主流顧客の要望に応える改良（持続的イノベーション）に注力してしまい，全く新しい技術・顧客層に対応できず，破壊的イノベーターに足をすくわれてしまうのです。実際に，こういった例はたくさんあります。例えば，デジタルカメラが最初に登場したときは性能が低く，当時主流だったフィルムカメラよりもはるかに劣った技術でした。しかし，デジタルカメラの性能が上がるにつれ急速に普及し，フィルムカメラの市場は破壊されてしまい，この変化に対応できなかったリーダー企業のイーストマン・コダック社は経営破たんしてしまいました。

破壊的イノベーションは，既存事業とは異なる価値観を持つ組織や人材によって生み出していくことが重要です。

Answer □1 前の世代のリーダー企業が，次の世代の破壊的イノベーションに対応できないこと

過去問をピックアップ① 重要度 ★★★ 難易度 ★☆☆

プロダクト・ポートフォリオ・マネジメント（PPM） 令和３年第２問

ボストン・コンサルティング・グループ（BCG）が開発した「プロダクト・ポートフォリオ・マネジメント」（以下「PPM」という）と，その分析ツールである「プロダクト・ポートフォリオ・マトリックス（BCG成長－シェア・マトリックス）」に関する記述として，最も適切なものはどれか。

ア PPMの分析単位である戦略事業単位（SBU）は，製品市場の特性によって客観的に規定される。

イ 「プロダクト・ポートフォリオ・マトリックス」では，縦軸に市場成長率，横軸に戦略事業単位（SBU）の売上高をとり，その２次元の座標軸の中に各事業が位置付けられる。

ウ 「プロダクト・ポートフォリオ・マトリックス」において「金のなる木」に分類された事業は，将来の成長に必要な資金を供給する。

エ 「プロダクト・ポートフォリオ・マトリックス」において「花形」に分類された事業は，生産量も大きく，マージンは高く，安定性も安全性も高い。

オ 「プロダクト・ポートフォリオ・マトリックス」において「問題児」に分類された事業からは撤退すべきである。

解答・解説 正解：ウ

ア × 戦略事業単位（SBU）とは，独自に戦略や計画の立案と評価が行える事業単位です。製品市場の特性だけで規定するのでなく，市場成長率と相対的な市場シェアから各事業の位置付けを決めます。

イ × プロダクト・ポートフォリオ・マトリックスは縦軸に市場成長率，横軸に相対的市場シェアをとります。横軸は戦略事業単位（SBU）の売上高ではありません。

ウ ○ 金のなる木に分類された事業は，シェアが高いので売上も多く，成長も落ち着いているため，多くの投資を必要としません。最もキャッシュを生む事業であり，ここで得られたキャッシュを将来の有望な事業に投資し，企業の次の柱を育てていきます。

エ × 花形の事業は，市場成長率が高く自社のシェアも高いため，社内外で注目を集める事業です。入ってくるキャッシュが多い半面，出て行くキャッシュも多いため，必ずしもマージンが高いわけではありません。また，花形の事業は成長分野のため，市場の競争が激しく，安定性と安全性が高いとは言えません。

オ × 問題児の事業は，市場成長率が高く将来有望な事業がここに分類されます。自社のシェアはまだ低いため，シェアを高めるために多くの投資を必要としますが，市場が成長しているので必ずしも撤退すべきとは言えません。

PPMは出題頻度の高いテーマです。縦軸と横軸の指標は何か，４つの分類に該当する事業とそれぞれの特徴は何か，しっかりと覚えておきましょう。

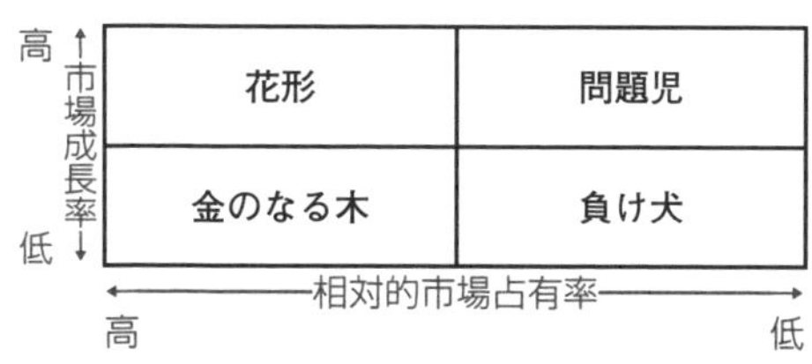

過去問をピックアップ②　重要度 ★★★　難易度 ★★★

ドメイン

令和元年第1問

多角化して複数の事業を営む企業の企業ドメインと事業ドメインの決定に関する記述として，最も適切なものはどれか。

ア　企業ドメインの決定は，個々の事業の定義を足し合わせるのではなく，外部の利害関係者との間のさまざまな相互作用の範囲を反映し，事業の定義を見直す契機となる。

イ　企業ドメインの決定は，新規事業進出分野の中心となる顧客セグメント選択の判断に影響し，競争戦略策定の出発点として差別化の基本方針を提供する。

ウ　事業ドメインの決定は，将来手がける事業をどう定義するかの決定であり，日常のオペレーションに直接関連し，全社戦略策定の第一歩として競争戦略に結びつける役割を果たす。

エ　事業ドメインの決定は，多角化の広がりの程度を決め，部門横断的な活動や製品・事業分野との関連性とともに，将来の企業のあるべき姿や経営理念を包含している存続領域を示す。

オ　事業ドメインの決定は，特定市場での競争戦略に影響を受け，将来の事業領域の範囲をどう定義するかについて，企業が自らの相互作用の対象として選択した事業ポートフォリオの決定である。

解答・解説 正解：ア

ア ○ 企業ドメインは個々の事業の定義を足し合わせるのではなく，事業ドメインを包括するものです。外部の利害関係者とは，企業ドメインを示すことで収益性の源泉，競合する部分，お互いに補える部分，有機的な相乗効果が生じる部分の理解・共有を図ることができます。この相互作用の範囲を反映し，企業ドメインの範囲内で事業を柔軟に見直すことが可能となります。

イ × 本肢は事業ドメインの説明です。企業ドメインが新規事業進出分野を制約する一方，顧客セグメントの選択判断に直接的に影響するのが事業ドメインです。さらに，競争戦略策定の出発点として差別化の基本方針を提供するのも事業ドメインです。

ウ × 将来手がける事業の定義を決定するのは企業ドメインです。また，全社戦略策定の第一歩となるのは事業ドメインではなく，企業ドメインです。

エ × 多角化の広がりの程度を決めたり，将来の企業のあるべき姿を示すのは，事業ドメインではなく企業ドメインの段階で行います。

オ × 将来の事業領域の範囲の定義は企業ドメインの対象です。また，事業ポートフォリオの決定は企業ドメインの段階で行われます。

ドメインの問題は，全社レベルの話か事業部レベルの話かで判断すると，正解が見分けやすいでしょう。

重要度 A **B** C

分野2　組　織　論

2-1 組織の構造① 組織の構造と設計原則

ポイント　組織はピラミッド構造をしています。組織の設計には５つの基本原則があります。

1 組織の構造

一般的に企業の組織はピラミッド構造をしています。上の階層ほど権限が強く，一番上は**経営層**，次は**管理者層**，一番下は**作業者層**になります。

また，ピラミッド構造を横に見た場合は，作業が**分業化**されています。例えば，財務，購買，生産，営業というような職務に分割することで，作業効率を高めることが目的です。

●組織の階層と分業化

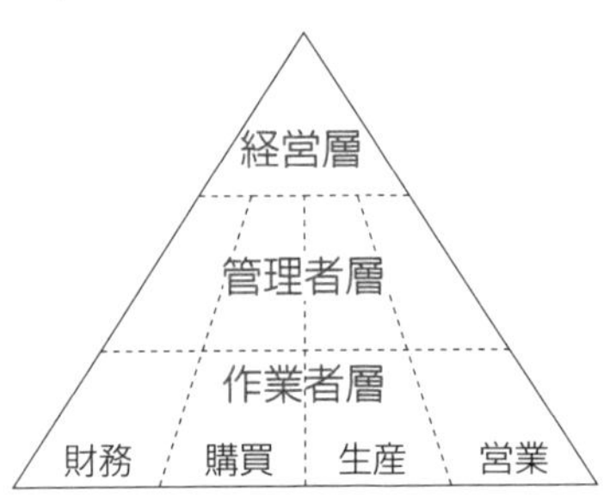

このように，企業の構造は，縦の階層と横の分業化の組み合わせで構成されます。この組み合わせ方によって，さまざまな組織の形態が存在します。

2 組織の設計にあたっての５つの基本原則

組織設計ではいかに分業するかと，分業した仕事をいかに調整するかが重要です。組織を設計するには，５つの基本原則があります。

① **専門化の原則**

専門化の原則は仕事を**分業化することにより専門性を高め，仕事の効率を向上させるという原則**です。例えば，営業，生産，経理というように，業務を分業化すれば効率がよくなるということです。

② **権限・責任一致の原則**

権限・責任一致の原則とは組織の各メンバーの**権限と責任は等しくなければ**

まとめcheck　□1　組織の設計にあたり基本となる５つの原則を挙げなさい。

ならないという原則です。例えば，権限よりも責任が大きい場合は，社員は無理な仕事を押し付けられているように思いモチベーションが低下するかもしれません。逆に，責任よりも権限が大きい場合は，無責任な行動を引き起こす可能性があります。よって，権限と責任はちょうど釣り合うように設計することが重要です。

③　統制範囲の原則（スパン・オブ・コントロール）

統制範囲は，管理者の**コントロールの及ぶ範囲**という意味です。**統制範囲の原則**では，**1人の管理者の管理できる人数には限界**があり，それを超えると効率が低下するという前提があります。つまり，**1人の管理者の下には，適正な人数のメンバーを配置する必要があるという原則**です。

例えば，1人の管理者の下に数百人のメンバーをつけるようなフラットな組織にすると，管理者の負荷が高くなり，メンバーの行動に目が届かなくなります。このような場合は，管理者の下に中間の管理者を配置して，組織を階層化する必要があります。

④　命令一元化の原則

命令一元化の原則とは，メンバーは**1人の直属の上司から命令を受け，それ以外の人からは命令を受けないという原則**です。

例えば，複数の上司からの指示がある場合は，指揮命令系統が混乱し，メンバーはどの指示に従えばよいのかわからなくなってしまいます。

⑤　例外の原則

例外の原則は，別名，**権限委譲の法則**とも呼ばれます。管理者は，日常的な定型業務の意思決定を下位のメンバーに権限委譲し，**例外的な意思決定（戦略的な意思決定）に専念する**ことが重要だとしています。

管理者が定型業務に忙殺されてしまうと，会社にとって重要な戦略的な意思決定が後回しになってしまうため，それを避けるために**定型業務は部下に権限委譲していこうという原則**です。

Answer　□1　専門化の原則　権限・責任一致の法則　統制範囲の原則　命令一元化の原則　例外の原則

重要度 **A** B C

分野2　組　織　論

2-2 組織の構造②　組織形態

ポイント　代表的な組織形態には機能別組織と事業部制組織があります。企業が成長すると前者から後者に移行します。

1 機能別組織のメリット・デメリット

中小企業でもよく見受けられるのが，**機能別組織**です。

機能別組織は，購買や生産，販売など**機能ごとに分業**をする組織形態です。つまり，購買部，生産部，販売部などの機能の名称で組織が構成されます。

①　機能別組織のメリット

機能別組織のメリットは，専門化の原則に従っているので**専門化を追求**できることです。販売部門は販売活動，生産部門は生産活動に専念することにより，専門性を高めることができます。さらに，業務を集中的に行うことができるので，**業務効率を高めることができます**。

また，ピラミッド型の階層構造なので，命令一元化の原則に従っており，**統制がとりやすくなります**。

②　機能別組織のデメリット

組織が大きくなると**管理者の負担が重くなること**や，**組織が硬直化しやすいこと**，**利益責任が不明確になりやすいこと**などが挙げられます。

機能別組織

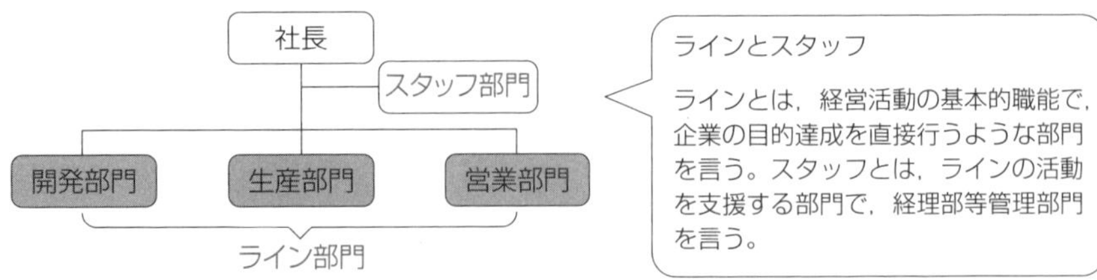
社長
スタッフ部門
開発部門
生産部門
営業部門
ライン部門
ラインとスタッフ
ラインとは，経営活動の基本的職能で，企業の目的達成を直接行うような部門を言う。スタッフとは，ラインの活動を支援する部門で，経理部等管理部門を言う。

まとめcheck
□1　機能別組織のメリットを挙げなさい。
□2　事業部制の利益責任単位を何と言うか。

2 事業部制組織のメリット・デメリット

事業部制組織は，**個々の事業ごとの分権的な組織**を持ちます。この事業単位の組織のことを**事業部**と呼び，製品別，地域別，顧客別などで分けます。

一般に企業が成長し，複数の事業に進出したり顧客層が広くなってくると，**機能別組織から事業部制組織に移行**していきます。

事業部制組織では，事業部に大幅に権限を委譲し，事業部の裁量で事業を経営していきます。ここで事業部は利益責任単位である**プロフィットセンター**となります。

事業部制組織の独立採算主義をさらに徹底させると**カンパニー制**となります。また，機能別組織と事業部制組織のメリットを同時に狙うのが**マトリックス組織**です。

① 事業部制組織のメリット

事業部制組織のメリットは，事業別に分権管理をすることにより，事業単位で**迅速な意思決定**ができることです。また，経営トップは，事業部長に大幅に権限委譲するため，**トップの負担を軽減**することができます。さらに，事業部長は自分の裁量で事業を経営するため，**管理者としての教育や育成**もできます。

② 事業部制組織のデメリット

デメリットとしては，事業部ごとに営業や生産といった機能を重複して持つことになるため，**無駄が多く非効率的**だということが挙げられます。また，独立分権がいきすぎると事業部が**排他的な組織**として独断で経営することになります。さらに，各事業部が自身の**短期的な利益追求**にこだわり，企業全体での長期的な視野での経営が行いにくくなります。

●事業部制組織

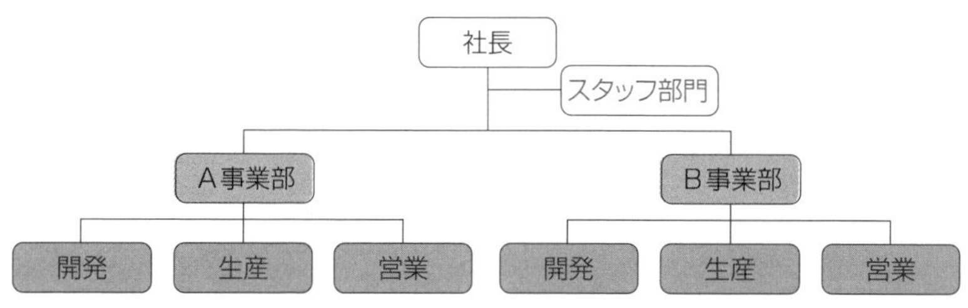

Answer
□1 専門化が図れる　業務効率が良い　統制がとりやすい
□2 プロフィットセンター

重要度 A **B** C

分野2　組　織　論

2-3 組織と人材① モチベーション理論

ポイント　現代の社会では，企業で働く人間はさまざまな目的や価値観を持っています。こういった人間に対して企業がどれぐらい個人的な目的や欲求を充足し，仕事の意欲を高められるかが重要となっています。ここでは代表的なモチベーション理論を見ていきましょう。

1 マズローの欲求段階説

心理学者のマズローは，**人間の欲求を５段階に体系化**した**欲求段階説**を唱えました。

すなわち，人間は低次元の欲求が満たされると上の欲求を満たそうとし，低次元の欲求が一旦満たされると，動機づけの要因から外れるとします。

●人間の５段階の欲求

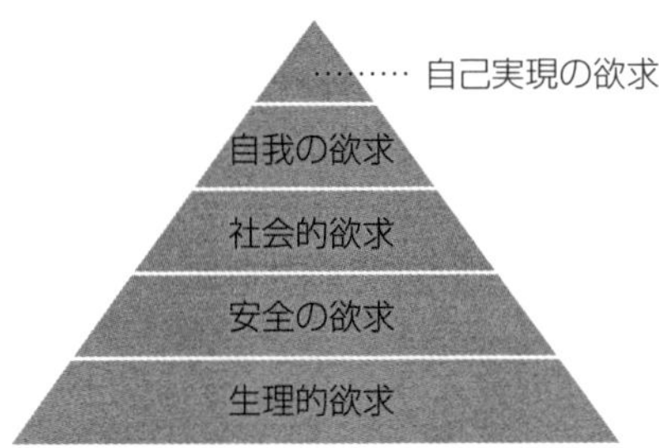

マズローの欲求段階説では，衣食住に相当する**生理的欲求**からスタートします。それが満たされると，次に雇用の保証などを求める**安全の欲求**に移行します。さらにそれが満たされると，会社の中で良好な人間関係を求める**社会的欲求**に移行します。さらにそれが満たされるとまわりから認められたいという**自我の欲求**に移行します。最後に，能力を高めて自分の可能性を発揮したいという**自己実現の欲求**に到達します。なお，この自己実現の欲求は終わりがなく，ある成果に到達しても，さらにチャレンジしたいという欲求が生まれてくるとされています。

2 マグレガーのＸ理論・Ｙ理論

マグレガーは，人間の見方として**Ｘ理論**と**Ｙ理論**を提唱しました。

Ｘ理論は，**古来からの人間観**を表し，人間は生まれつき仕事が嫌いで，でき

まとめcheck　□1　マズローの５段階の欲求とは何か。

ることなら仕事をしたくない存在と考えます。労働者を管理するには，**命令と統制による管理**が必要となります。

一方Y理論は，**新しい人間観**で，人間は仕事をするのが本性で，自分で決めた目的のためには進んで働き，報酬や条件次第では進んで責任を引き受けたり，創意工夫をしたりすると考えます。

マグレガーは，従来の企業は，X理論に基づいて命令と統制により従業員を管理しているが，従業員の知的能力はあまり生かされておらず，より高次元の欲求を満たすためには，**Y理論に基づいた管理が必要**だと指摘しました。そして，そのための具体的な方法として，**目標による管理**（**MBO**：Management By Objectives）を挙げています。これは，個人の目標を設定し，それを自主的に達成していく管理方法で，従業員の創意工夫ややる気を引き出します。

●X理論とY理論

	仕事に対する考え方	管理方法
X理論（古い人間観）	仕事が嫌い，強制されなければ働かない	命令と統制
Y理論（新しい人間観）	進んで働く，自ら責任を引き受け創意工夫する	目標による管理（MBO）

3 ブルームの期待理論

ブルームは，動機づけの内容や強さは**報酬の期待される価値と，報酬を得られる確率をかけ合わせたもの**になると指摘しました。

ここで，報酬は，金銭的な報酬だけではなく，仕事の充実感や得られる尊敬など，個人にとって動機づけとなるものすべてを含みます。報酬の捉え方は個人によって異なるため，同じ報酬でも人によって動機づけの強さは変わってきます。

また，報酬を得られる確率というのは，努力すればそれを得られる可能性があるかということです。つまり，**報酬がいくら高くても，得られる確率が低いと思うときには，あまり動機づけになりません。**

Answer　□1　生理的欲求　安全の欲求　社会的欲求　自我の欲求　自己実現の欲求

分野2　組　織　論

2-4 組織と人材② リーダーシップ理論

ポイント　優れたリーダーに率いられた企業が繁栄した例は数多くあります。一方でリーダーシップに関してはさまざまな考え方があります。代表的なリーダーシップ理論を見ていきましょう。

1 レヴィンのリーダーシップ類型論

レヴィンは，リーダーシップのタイプを３つに分けて，それぞれのタイプで成果がどうなるかということを分析しました。これが**リーダーシップ類型論**です。

３つのタイプとは，**専制型リーダーシップ**，**民主型リーダーシップ**，**放任型リーダーシップ**です。専制型は，リーダーが独裁的に決定します。民主型は，リーダーは援助し集団で決定します。放任型は，すべて個人が自由に決定します。

さて，どのタイプが一番業績が高かったでしょうか？

●3つのタイプと成果

	内容	成果
専制型 リーダーシップ	リーダーが独裁的に決定	仕事の成果は民主型と同等だったものの，満足度や雰囲気は民主型より劣る
民主型 リーダーシップ	リーダーは援助し集団で決定	仕事の成果と，仕事の満足度やグループの雰囲気の両面で一番良い結果
放任型 リーダーシップ	すべて個人が自由に決定	仕事の成果が最低となる

結果は，民主型が仕事の成果と仕事の満足度やグループの雰囲気の両面で一番良い結果となりました。専制型は，仕事の成果は民主型と同等だったものの，満足度や雰囲気は民主型より劣り，放任型は，仕事の成果が最低でした。つまり，レヴィンの研究では**民主型のリーダーが最も高い成果**を上げることとなりました。

まとめcheck

□1　レヴィンのリーダーシップ類型論の３つのタイプを挙げなさい。

□2　ハウスが唱えるリーダーシップ理論を何と言うか。

2 リカートのシステムⅣ理論

リカートは，リーダーシップを4つのタイプに分類しました。その4つとは，**独善的専制型**，**温情的専制型**，**相談型**，**参加型**です。

リカートはこの4つの中で，「**参加型**」が理想であると指摘しました。参加型では，リーダーは部下を支持し，集団的な意思決定を行います。また高い業績目標を設定することで集団のモチベーションを高め，成果を高めることができるとしています。

また，リカートは，組織の中では，上位や下位，横の集団と連携することが重要であり，部や課など各小集団の管理者が**連結ピン**の役目を果たすことが重要だと指摘しています。管理者は，上位，下位，横のメンバーと連携をする要の役割である連結ピンとなることで，コミュニケーションや組織運営が円滑になります。

3 ハウスのパス=ゴール理論

ハウスは，リーダーはメンバーに対して報酬の**目標（ゴール）**を示し，その報酬を得るための**経路（パス）**を明確にすることが必要だと指摘しました。これが，**パス＝ゴール理論（目標=経路理論）**です。

パス=ゴール理論は，ブルームの期待理論（33頁）に基づいています。期待理論では，動機づけの強さは，期待される報酬の価値と，報酬を得られる確率をかけ合わせたものになるということでした。これに基づけば，リーダーは，メンバーに対して期待される報酬の価値を明確に示し，障害を避けて報酬を得るための経路を示すことで動機づけできるということになります。

また，ハウスは，部下の能力が高く，仕事が高度なほど，**参加型リーダーシップ**が有効だと指摘しています。

Answer
□1　専制型　民主型　放任型
□2　パス＝ゴール理論

重要度 A B C

分野2　組 織 論

2-5 組織と人材③ 組織文化と組織学習

ポイント　優れた企業は，強い組織文化を持っています。例えば，トヨタには，現場を重視し問題を改善していく強力な組織文化があります。こういった組織文化があれば，競争力を高めることができますが，一方で，組織文化を思いどおりに浸透させることは非常に難しいことです。

1 組織文化

① 形成と役割

組織文化は，組織メンバーの間で共有された価値や理念，あるいは習慣となった行動パターンと定義することができます。経営理念が，トップが定めるものであるのに対し，**組織文化は組織メンバーの間で形成される**ものです。

組織文化は，**組織メンバーの行動に大きな影響を及ぼし，戦略の実行可能性を左右**します。例えば，トヨタではトヨタ生産方式が有名ですが，他の企業がトヨタ生産方式を導入しようとしても，うまくいかない場合があります。これは，表面的な仕組みを真似しようと思っても，その背後にある考え方が違うとうまくいかないことが多いためです。

② 組織開発（組織変革）

組織文化は戦略の実行のカギを握るため重要です。そこで，組織開発や組織変革という，組織文化をマネジメントする方法が考え出されてきました。

組織開発は，**環境変化に対応して組織文化を含めた組織を計画的に変革し，組織を活性化する手法**です。単に組織構造を変えるだけでなく，有効な組織文化を再構築します。

組織開発は，変革推進者の支援のもと，コンサルティングや教育訓練を組み合わせることで実施します。

まとめcheck
□1　組織学習にはどのような種類があるかを挙げなさい。
□2　ナレッジマネジメントとは何か。

2 組織学習

組織学習とは，**組織やメンバーが新しい知識を獲得する活動やプロセス**のことです。組織学習により，**知的経営資源を蓄積**し，**企業の競争力を高めること**ができます。ちなみに，ここでの学習とは，知識を学ぶことだけでなく，組織の能力を向上させることと捉えてください。

① 低次学習と高次学習

組織学習は，組織の発展段階によって必要とされる内容が異なります。**組織がゆっくり進化**しているときに必要なのは**低次学習**です。**シングルループ学習**とも呼ばれ，既存の枠組みの中で行います。

一方，**組織が革新的に進化**するときに必要なのは**高次学習**です。**ダブルループ学習**とも呼ばれ，既存の枠組みを超えて行います。つまり，既存の枠組み自体を変革するための学習です。

例えば，前述のイノベーションのジレンマのように，既存の枠組みの中での進歩は比較的簡単ですが，既存の枠組みを超えた新しい技術革新は難しくなります。このような革新には既存の枠組みを超えた高次学習が必要です。

② ナレッジマネジメント

また，組織の中で**知的資産を共有すること**を**ナレッジマネジメント**と言います。ナレッジマネジメントでは，ナレッジを蓄積し共有するだけでなく，個人の持つ**暗黙知を組織的な形式知として活用**していくことが重要です。

Answer
□1　低次学習（シングルループ学習）　高次学習（ダブルループ学習）
□2　組織の中で知的資産を共有し，活用すること

重要度 A **B** C

分野2　組　織　論

2-6 人的資源管理

ポイント　人的資源管理は，人間を企業の最も重要な経営資源と捉えて適切に育成・管理していこうという従来の労務管理を発展させた考え方です。雇用管理，人事評価，報酬管理，能力開発の４つの視点があります。

ちなみに，日本企業では**終身雇用制**，**年功序列制**，**企業別労働組合**が三種の神器とされてきましたが，バブル経済崩壊以来揺らいでいます。

1 雇用管理

雇用管理は，人材の採用，配置，異動，退職までを含んだ**人材の雇用に関する管理**です。人事管理の出発点と言えるでしょう。

2 人事評価

人事評価は，従業員の業績を評価し，給与や昇進・昇格などの処遇や，配置・異動，教育・能力開発などの各種施策に活かしていくことが目的です。従来は**人事考課**と呼ばれ，査定が中心でしたが，近年ではキャリア開発の視点からも従業員へのフィードバックを含めた制度が重要となっています。

①　目標管理制度

目標管理制度は，MBO（Management By Objectives）とも呼ばれ，上司と面談の上で個人の業績目標を設定して**自主的に目標を達成**する管理方法です。

従業員の**創意工夫ややる気を引き出す**ことや，目標設定や評価の面談により上司と**コミュニケーションを取りながら仕事を進められる**メリットがあります。

その反面，意図的に目標を低く設定しがちになることや，若年者や業務によっては**目標が設定しにくいこと**，**評価者の負担が増える**デメリットがあります。導入する際には，その設計や，評価者への教育などに配慮する必要があります。

②　コンピテンシー評価

コンピテンシー評価は，**高い業績を上げるための行動特性（コンピテンシー）**

まとめcheck　□1　能力開発の方法を２つ挙げなさい。

を明らかにし，それを基準にして人事評価を行うものです。

高い業績を上げている人をサンプルとして抽出し，その行動を分析することでコンピテンシーの設定を行います。

成果だけでなくプロセスを評価する評価方法と言えます。

3 報酬管理

報酬は，企業が得た収益を従業員に配分する制度です。報酬の目的は，従業員を組織にひきつけ，業績に貢献するため行動を行うような**動機づけ**を行うことです。報酬制度は従業員に対する**強いメッセージ**になります。

4 能力開発

能力開発の方法には，**OJT**（オージェイティー）（On the Job Training）と，**Off-JT**（オフジェイティー）（Off the Job Training）があります。

① **OJT**

実際に仕事を行いながら上司が指導することを**OJT**と言い，実務能力を向上させます。**短期間で実務能力が身につけられる**こと，**きめ細かい指導**ができること，研修などよりも**コストがかからない**ことがメリットです。よって，日常の能力開発の柱になります。

一方，デメリットとしては，日常業務の中で指導するため**短期志向になりがち**なこと，上司などの**指導者に教育の成果が左右**されること，**体系的な知識の習得が難しい**ことが挙げられます。これを補うためには，Off-JTを組み合わせるのが有効です。

② **Off-JT**

仕事の場を離れて，研修などの形式で行う能力開発を**Off-JT**と言います。社内での集団研修や社外の研修への参加などです。

広い視野で**体系的に知識を習得**できること，**新しい知識**を習得しやすいことなどのメリットがあります。逆に，**コストがかかる**こと，**実務能力の修得が難しいこと**がデメリットです。特に，研修の場合は終了してから時間が経つにつれて教育効果が低下しますので，すみやかに実務での経験を積むなどの**終了後のフォローが重要**です。

Answer □1 OJT Off-JT

分野2　組　織　論

2-7 労働関連法規

ポイント　人的資源管理においては関連する法律に従う必要があります。労働関連の法律は，非常にボリュームがあるので，試験対策ではあまり深入りしすぎないほうがよいでしょう。

1 労働基準法

労働基準法は，**労働者の保護を目的**にして制定され，**労働条件は労働者と使用者が対等の立場において決定すべき**ものであるとしています。しかし，企業と労働者を比べると，**労働者は経済的に立場が弱い**存在です。そのため，労働者を保護するために，**労働条件の最低基準**が定められています。つまり，企業は労働基準法の基準よりも労働条件を低下させてはいけません。

① 労働時間

1日の法定労働時間は休憩時間を除いて原則**8時間**，1週間の法定労働時間は休憩時間を除いて**40時間**です。使用者はこれを超えて労働者を働かせることはできません（ただし例外として，常時使用する労働者が10人未満で，かつ特定の事業については週に44時間までの労働時間が認められています）。

仕事の内容によっては，1日の労働時間を一律にするよりも一定期間内で労働時間を柔軟に配分したほうが効率的な場合があります。このような場合には，**変形労働時間制**が認められています。

② 休憩

1日の労働時間が**6時間**を超える場合は**45分以上**，1日の労働時間が**8時間**を超える場合は**1時間以上の休憩**を与える必要があります。また，**労働時間中に一斉に付与し，自由に利用**させなければなりません。

③ 休日

毎週少なくとも1日の休日を与える必要があります。ただし，4週間で4日以上の休日を与える変更休日制も認められています。

まとめcheck　□1　時間外労働をさせるときに労働基準監督署長に届け出る協定を何と言うか。

④　**時間外労働**

原則として法定労働時間外の労働は禁止です。ただし，業務上の都合でやむを得ず法定労働時間外の労働をさせるときには，あらかじめ**労使協定を結び，労働基準監督署長に届け出る**必要があります。この協定は，労働基準法の第36条に定められていることから，**36（サブロク）協定**と呼ばれます。

⑤　**年次有給休暇**

年次有給休暇は，労働者が休日以外に有給で休暇を取得できる制度です。雇い入れの日から**6カ月間継続して勤務**しており，**労働日の8割以上を出勤**した労働者に対して，使用者は**年次有給休暇を与える義務**があります。

原則は労働者が請求した時季に与える必要がありますが，それにより正常な事業運営を妨げる場合には，使用者が時季を変更すること（**時季変更権**）が認められています。

⑥　**解雇**

労働者を保護するために，**解雇の制限**があります。制限の対象になるのは，業務上の負傷や疾病のための休業期間や，休業が終了した後の30日間，また，産休の期間と休業終了後の30日間です。

使用者が解雇をする場合には，少なくとも**30日前に労働者**に予告をするか，**30日分以上の賃金を支払う**必要があります。ただし，**合理的な理由がない場合には解雇はできず，無効**になります。

⑦　**賃金**

労働基準法では，賃金の支払方法について５原則を設けています。通貨で支払う必要がある**通貨払いの原則**，労働者に直接支払う必要がある**直接払いの原則**，全額を支払う必要がある**全額払いの原則**，毎月１回以上支払う必要がある**毎月１回払いの原則**，支払い期日を定める必要がある**一定期日払いの原則**です。

また，法定労働時間以外の労働に対しては，労働者に**割増賃金を支払う**必要があります。割増賃金は，**時間外労働**の場合は**25%**以上，**休日労働**の場合は**35%**以上，**深夜労働**の場合は**25%**以上となっています。

Answer　□1　36（サブロク）協定

過去問をピックアップ③　重要度 ★★★　難易度 ★★★

組 織 学 習

平成30年第18問

変化が激しい環境に適応する組織にとって，組織学習を促進していくことは不可欠である。組織学習に関する記述として，最も適切なものはどれか。

ア　シングルループ学習とは，ある目的とそれを達成するための行為の因果関係についての知識を，一度見直すことを意味する。

イ　組織内の人々は役割が規定され，その成果によって評価されるために，環境の変化に対応した新しい知識を獲得しても，それを直ちに個人や組織の行動の変化に反映できないことがある。

ウ　高い成果をもたらした組織のルーティンは，繰り返し使用することによって，より高い成果を生み出すことにつながるため，慣性の高い組織のほうが長期適応する能力は高くなる。

エ　低次学習よりも高次学習を促進するためには，明確なコンテキストのもとで，ある行為の結果に関する大量の情報を処理し，その行為の有効性を評価する必要がある。

オ　部門間を緩やかな結合関係にすることによって，傍観者的学習の可能性が低下するため，組織は全体として環境の変化に適応しやすくなる。

解答・解説　　正解：イ

ア　×　シングルループ学習とは，既存の枠組みのなかで行う学習のことを言います。「ある目的とそれを達成するための行為の因果関係についての知識を，一度見直す」ということは，既存の枠組みを超えることも視野に入れた抜本的な学習を意味します。

イ　○　組織学習にはサイクルがあり，①個人が学習した結果，個人の信念が変化する段階，②個人の行動が変化する段階，③組織の行動に影響する段階，④行動の結果，環境に変化をもたらす段階，の４つの段階があります。このサイクルがうまく回れば，組織学習は効率的に進みますが，組織内においてはさまざまな制約があり，うまく進まないことがあります。そのひとつには，個人の役割による制約があります。この制約によって，新たな知識を習得しても個人が行動を起こせず，②や③の段階に進めないことがあります。

ウ　×　高い成果をもたらした組織のルーティンは，繰り返し使用されていきますが，環境変化の少ない状況下では，ルーティンがより高い成果につながる可能性が高いです。しかし，環境変化が大きくなった場合，高いルーティンのような既存の枠組みを継続する傾向の強い組織であり，いずれ環境変化も起こり得る長期的な適応能力は低くなります。

エ × コンテキストとは，前後の脈略，文脈，状況という意味です。高次学習は，既存の枠組みを超えた学習を言います。明確なコンテキスト（状況）のもとで，ある行為の結果に関する大量の情報を処理し，その行為の有効性を評価していたのでは，既存の枠組みに固執し，低次学習にとどまることになります。

オ × 部門間を緩やかな結合関係にするということは，部門間の情報伝達が乏しくなることにつながります。そのため，個人や特定の部門で学習した情報が組織的に伝わりにくくなり，傍観者的学習の可能性が高まります。この傍観者的学習も，選択肢イで言及した組織学習のサイクルにおける制約のひとつで，こうなると組織は全体として環境の変化に適応しにくくなります。

過去問をピックアップ④　重要度 ★★☆　難易度 ★★☆

コンピテンシー

令和２年第22問

近年の日本では，従業員や求職者が企業にどれだけ貢献できるかについて，採用，能力開発，処遇などの面で，測定・把握しようという動きがある。そのような中で関心が集まっている概念に「コンピテンシー（competency）」がある。コンピテンシーに関する記述として，最も適切なものはどれか。

ア 実際にあげられた顕著な個人的成果は，因果に関わりなく，コンピテンシーに含まれる。

イ 性格やパーソナリティについては，直接的に観察することが難しいため，コンピテンシーには一切含まれない。

ウ 組織内外の人々との関係性の中で培われた肯定的な評判によって達成された職務上の高い成果や業績は，コンピテンシーに含まれる。

エ 組織の成果に結びつく同僚支援という行動特性は，コンピテンシーに含まれる。

解答・解説　　正解：エ

ア × 顕著な個人的成果は，職務遂行能力自体ではありません。

イ × 性格やパーソナリティはコンピテンシーに含まれます。

ウ × 職務上の高い成果や業績はコンピテンシーに含まれません。

エ ○ 組織の成果に結びつく同僚支援という行動特性は，職務上の成果に結びつく能力です。

重要度 A **B** C

分野3 マーケティング論

3-1 マーケティングの基礎

ポイント　マーケティングとは何でしょうか？　一般的には，新商品の企画を作成したり，顧客のリサーチをしたり，プロモーションをすることなどを思い浮かべる人もいるかもしれません。それもマーケティング活動の一部ですが，近年のマーケティングの定義では，もっと広い概念となっています。

1 マーケティングの定義

マーケティングを一言で表せば**売れる仕組みづくり**です。つまり，どうすれば顧客のニーズを満たすことができるかを考えて，そのための商品やサービスを作り出し，顧客に価値を届ける一連のプロセスです。

マーケティング論で有名な**P・コトラー**は，「マーケティングとは，個人や集団が，製品および**価値の創造と交換**を通じて，その**ニーズや欲求を満たす社会的・管理的プロセス**である」と述べています。

また，AMA（米国マーケティング協会）が2007年に改訂したマーケティングの定義では，「顧客，依頼人，パートナー，社会全体にとって価値のある提供物を創造・伝達・配達・交換するための活動であり，一連の制度，そしてプロセスである」としています。

このように，近年ではマーケティングは幅広い概念になっています。

次に，マーケティングのコンセプト（志向）の発展を見ていきましょう。

2 マーケティング・コンセプトの発展

①　生産志向

マーケティングの最初のコンセプトは**生産志向**です。これは，20世紀初頭の米国で生まれました。自動車産業においてフォードが大量生産の仕組みを導入し始めた頃です。モノが不足しており，作れば作るだけ売れる時代で，**生産効率を向上**させることが最重要でした。生産志向は，需要が供給を上回っている

まとめcheck　□1　マーケティングのコンセプトを発展の順に挙げなさい。

場合の考え方です。

② **製品志向**

次のコンセプトは，**製品志向**です。生産性が高まってくると供給が需要に追いついてきます。そうなると，より良い製品を作り，改良することで顧客に買ってもらおうとする製品志向が出てきました。

この考え方は，生産志向よりは進歩したと言えますが，一歩間違えると顧客のニーズとはかけ離れた製品を開発してしまうおそれがあります。このように顧客の視点がない状態を**マーケティング・マイオピア**（近視眼）と呼びます。

③ **販売志向**

次のコンセプトは，**販売志向**です。大量生産が可能になると，企業は過剰在庫を抱えるようになりました。そうなると，製品をいかに販売するかを重視する販売志向が出てきました。いかに**効率的に販売**するか，つまり，**セリングを重視**する考え方です。しかし，顧客のニーズを無視した押し売りが横行することが問題でした。

④ **顧客志向（マーケティング志向）**

次のコンセプトは，**顧客志向**，別名，**マーケティング志向**です。モノがあふれてきて，供給が需要を上回る成熟市場におけるコンセプトです。顧客のニーズを探り，顧客満足を満たす製品を提供していこうとします。

販売志向が製品を売りさばくプロダクト・アウトと呼ばれるのに対し，顧客志向は**顧客ニーズから入る**マーケット・インであると呼ばれます。顧客志向は，現代のような成熟市場では主流になっているマーケティング・コンセプトです。

⑤ **社会志向**

さらに，次のコンセプトとして，**社会志向**というものがあります。社会志向は，顧客満足だけでなく，社会全体に対する責任や貢献を果たしていこうという考え方です。企業も社会の一員として，企業の利益と，顧客満足，および社会の利益を調和させていくのが社会志向です。

Answer　□1　生産志向　製品志向　販売志向　顧客志向（マーケティング志向）　社会志向

重要度 **A** B C

分野3 マーケティング論

3-2 消費者行動

ポイント　私たちが何か物を買うときには，購入前になんらかのプロセスがあることが普通です。このような消費者の購買行動のプロセスがわかれば，企業はマーケティング活動に生かすことができます。そのため，マーケティングの研究では，さまざまなモデルが考えられてきました。

1 消費者の購買行動プロセス

P・コトラーは，消費者の購買行動のプロセスを，**問題認知**，**情報探索**，**代替品評価**，**購買決定**，**購買後の行動**の５つの段階で考えました。

①　問題認知

問題認知とは，消費者が**何かが必要**だという問題を認識することです。例えば，米がなくなってしまったという問題かもしれませんし，自動車かもしれません。特定のニーズから購買行動プロセスが始まります。

②　情報探索

次のプロセスは**情報探索**です。ニーズを満たすものを得るために，さまざまな**情報を探します**。これは，どの商品でも同じように行われるわけではありません。例えば，米などの日用品は，ほとんど情報探索は行われませんが，自動車を買う場合は時間をかけて行われます。

③　代替品評価

代替品評価は，情報収集によって購入する**商品の候補，つまり代替品を評価**する段階です。例えば，自動車を購入する場合は，いくつかのモデルに絞り込んで，最終的に比較をするでしょう。このときの基準は人それぞれ異なります。ある人はメーカーやブランドを重視し，ある人は性能を重視する，またある人は車内の広さを重視するかもしれません。

④　購買決定

次に，**購買決定**が行われます。代替品のうち**最も高い評価を得たものが，購入されます**。

まとめcheck　□1　消費者の購買行動の５つのプロセスを提唱した学者は誰か。

⑤ **購買後の行動**

最後のプロセスが，**購買後の行動**です。消費者は購入する前に商品に対して期待を抱いていますが，その**期待に合致すれば満足**を得ます。期待に**合致しなかった場合には不満足**となります。購買後の評価は，次の購買に影響します。

2 購買決定行動のタイプ

次に，消費者の購買決定行動のタイプを見ていきましょう。米と自動車の例でもあったように，購入する製品のタイプにより異なりますが，次の3つに分類することができます。

① **日常的反応行動**

日常的反応行動とは，消費者がその製品についてよく知っており，ブランドについてはっきりした選択基準を持っている場合の購買行動です。一般的には，**低価格で購買頻度が高い製品**，つまり**最寄品**(もよりひん)に多くなります。日常購入する食料品や日用雑貨などです。この場合は，情報探索や代替品評価に時間をかけずに購買の意思決定が行われます。

② **限定的問題解決**

限定的問題解決とは，消費者はその製品についてはよく知っているものの，ブランドについてはあまり知らない場合の購買行動です。例えば，よく知っている製品のカテゴリーに，新しいブランドが登場した場合に取られる購買行動です。一般的には，**いくつかの製品を比較した上で購入されるもの**，つまり洋服などの**買回品**(かいまわりひん)に多くなります。この場合は，消費者は未知のブランドについての情報探索や代替品評価を行った上で購買を決定します。

③ **拡大的問題解決**

拡大的問題解決とは，消費者が製品やブランドのことをよく知らない場合の購買行動です。一般的には，**専門的で，価格が高く，購買頻度が低い製品**，つまり自動車や宝飾品など**専門品**に多くなります。この場合は，消費者は製品について情報を持っていないので，情報探索や代替品評価に多くの時間をかけて購買を決定します。

Answer　□1　P・コトラー

分野3 マーケティング論

3-3 標的市場の選定

ポイント　マーケティングプロセスでは，消費者や競合，自社などの環境分析を行った後で，ターゲットの市場を選定します。ターゲットを絞ることで，限られた経営資源を有効に活用し，特定の顧客セグメントのニーズに柔軟に対応できます。

1 ターゲット・マーケティング

ターゲットを絞ってマーケティングを行う方法を，**ターゲット・マーケティング**と呼びます。

3つのプロセスがあり，最初に，市場を細分化する**セグメンテーション**を行います。次に，標的とするセグメントを決める**ターゲティング**を行います。最後に，自社をどのように差別化するかを決める**ポジショニング**を行います。

①　セグメンテーション

セグメンテーションは，市場をある基準に基づいて，**小さい集団に細分化**することです。例えば，年齢層という基準で細分化して，異なるマーケティング・ミックスでアプローチするほうが，単一よりも効率的なことが多くなります。また，企業によっては特定の年齢層のみをターゲットにする場合もあります。セグメンテーションを行うことで，効率的なマーケティングが可能になります。

②　ターゲティング

セグメンテーションを行った後で，**どのセグメントに狙いを定めるか**を検討します。これがターゲティング（標的市場の選定）です。まずセグメントの魅力度を評価し，次にターゲットとするセグメントを決定します。

③　ポジショニング

ポジショニングは，選択したセグメントで**競合他社よりも優位性を築くため**に行います。

消費者にそのセグメントの中で，総合的な価値が最も高いと判断してもらう

まとめcheck　□1　ポジショニングの検討に使うツールを何と言うか。

ポジショニング・マップ

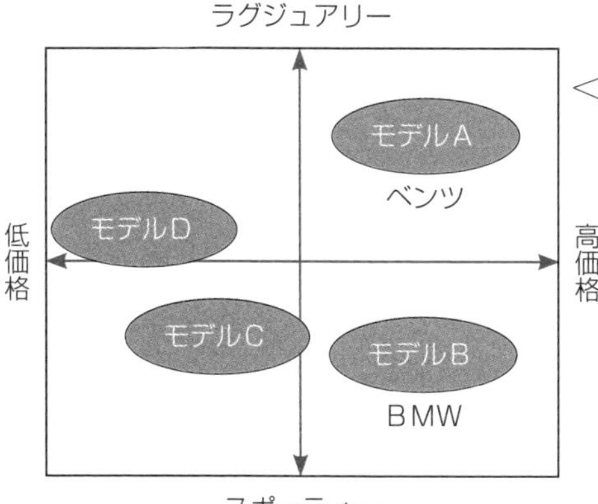

このポジショニング・マップで表現した場合，同じ高級車のベンツとBMWはどこにプロットされるでしょうか？

当然，両方とも高価格帯となりますが，もう1つの軸の上では，ベンツはラグジュアリー，BMWはスポーツのほうにプロットされるでしょう。そうなると当然，ベンツとBMWのマーケティング・ミックスは異なってきます。ベンツがプレステージ性を訴求する一方で，BMWはドライビングの楽しみを訴求します。

必要があります。この場合の価値には，製品の機能だけでなく各種のサービスや価格も含まれます。このように，市場の中で自社の製品がどのように位置づけられるのかを示すのがポジショニングです。

ポジショニングの検討には，2つの軸を持った**ポジショニング・マップ**と呼ばれる図がよく使われます。この**2つの軸により，競合との差別化を表現**します。

ポジショニング次第では，同じセグメントでも別のマーケティング・ミックスとなります。ポジショニングを決定したら，それに基づいたマーケティング・ミックスを構築し，顧客に統一されたポジショニングを伝達することが重要です。

2 コトラーの3パターン

P・コトラーは，標的市場の選定パターンとして，単一の製品をすべての市場に投入する**無差別型**，細分化された市場ごとにニーズに適合した製品を投入する**差別型**，特定の市場に最適な製品を投入する**集中型**の3つを挙げています。

Answer　□1　ポジショニング・マップ

分野3 マーケティング論

3-4 製品戦略

ポイント　製品戦略を策定する際は，その分類とライフサイクルの検討が必要です。

1 消費財の分類

① 最寄品

最寄品は，**習慣的に購入するような製品**です。例としては，日常購入する食料品や日用雑貨が挙げられます。最寄品は購買頻度が高く，低価格であるため，時間や労力をかけずに購買されます。この購買行動は，**日常的反応行動**です。

スーパーのような便利な立地で幅広く販売し，生産者によるマス・プロモーションが中心です。

② 買回品

買回品は，**消費者が比較し，探し回るような製品**です。例としては，洋服やテレビなどの家電が挙げられます。買回品は，最寄品に比べ，購買頻度が低く，値段は高くなります。消費者は好みの製品を選ぶために，時間と労力をかけて複数のブランドを比較します。この購買行動は，**限定的問題解決**です。

洋服のショップのように少数の店舗で選択的に販売し，生産者と小売業者による広告と人的販売を行います。

③ 専門品

専門品は，**専門的で，価格が高く，購買頻度が低い製品**です。例としては，自動車や宝飾品など贅沢品が挙げられます。消費者は，製品についてあまり知らないので，時間をかけて製品を調査します。この購買行動は，**拡大的問題解決**です。また，ブランドについては強い好みがあることが一般的です。

商圏ごとに少数の店舗で独占的に販売し，生産者と小売業者によってターゲットを絞ってプロモーションします。例えば，ブランドショップでは，限られた店舗で，ターゲットを絞ったプロモーションを行います。

まとめcheck

□1　消費財を購買行動で分けるとどのようなものがあるか。
□2　製品ライフサイクルの4つを挙げなさい。

2 製品ライフサイクル

製品ライフサイクルは，製品が生まれてから衰退するまでを表します。**導入期**，**成長期**，**成熟期**，**衰退期**の4つから構成されます。

導入期は，製品を市場に導入する段階です。まだ製品があまり知られていないため，売上は少ない状態です。この段階でのマーケティングの目的は，知名度を向上させたり，製品を試してもらうことです。

成長期は売上が急速に成長する段階です。この段階では，市場規模が急成長し，多くの競合が参加してくるため，競争が激しくなります。この段階でのマーケティングの目的は，シェアを最大化することです。

成熟期は売上の成長が鈍る段階です。この段階では，すでに市場が大きくなっており，市場の中の競合企業の地位も安定してきます。この段階のマーケティングの目的は，利益を最大化することと，シェアを維持することです。

最後の衰退期は売上が減少し，市場が衰退する段階です。この段階では，業績が良くない競合は撤退していきます。この段階のマーケティングの目的は，支出削減と円滑な市場撤退です。

●製品ライフサイクル別のマーケティング

		導入期	成長期	成熟期	衰退期
特徴	売　上	低い	急上昇	ピーク	低下
	利　益	マイナス	上昇	高い	低下
	顧　客	イノベーター	初期採用者	大衆	採用遅滞者
	競　合	ほとんどない	増加	安定	減少
マーケティング目的		知名度の向上と試用	シェアの最大化	利益最大化とシェアの維持	支出削減と遠隔な市場撤退
マーケティング戦略	製　品	標準製品	製品拡張 サービス，保証	多様なモデル，ブランド	弱小アイテムをカット
	価　格	コストプラス法	市場浸透価格	競争対応価格	価格切り下げ
	チャネル	選択的	開放的	より開放的	不採用のチャネルのカット
	プロモーション	知名度の向上	大衆への知名度向上と関心の喚起	ブランド差別化	最小限に削減

Answer
□1　最寄品　買回品　専門品
□2　導入期　成長期　成熟期　衰退期

重要度 A B C

分野3 マーケティング論

3-5 ブランド

ポイント ブランドとは何でしょうか？ 米国マーケティング協会の定義によれば「ブランドとは，製品やサービスの生産者や販売者の商品を識別する，名称，記号，シンボル，デザインまたはそれらの組み合わせ」です。簡単に言えば，ブランドは企業やその商品を，他のものと区別するためのものです。例えば，ディズニーランドやコカコーラといった製品は，顧客によく認知されており，名前を聞くだけで特定のイメージを想起させます。ブランドにより，他の商品と区別し，価値を高め，競争優位を獲得しているわけです。

1 ブランド・エクイティとブランド・ロイヤルティ

ブランドを確立することができれば，企業は製品のプレミアム価格をつけることができます。無名のブランドよりも高く売ることが可能になります。この**ブランドが持つ資産価値**のことを，ブランド・エクイティと呼びます。

ブランド・エクイティは，**ブランド・ロイヤルティ**，**知名度**，**知覚品質の高さ**，**ブランド連想の強さ**，**特許**，**商標**などから構成されています。

ブランド・ロイヤルティは，ブランドへの忠誠心という意味ですが，顧客がそのブランドにどれぐらい執着があるかということです。**知覚品質**とは，顧客の知覚に基づく品質という意味で，顧客がそのブランドをどれぐらい品質が高いと感じるかということです。**ブランド連想**は，顧客がブランドを提示されたときに，呼び起こされるさまざまなイメージのことを指します。

これらのブランド・エクイティは，ほとんどが顧客の認知に基づいています。よって，ブランド・エクイティを高めるためには，顧客に対する取組みが必要です。

まとめcheck □1 4つのブランド拡張戦略を挙げなさい。

2 ブランド拡張戦略

製品が増えてきた場合に，４つのブランド拡張戦略が考えられます。

① ライン拡張戦略

すでに確立したブランドを，既存の製品をマイナーチェンジした製品などにつける戦略です。一般的に改良型の製品開発の場合は，ライン拡張戦略を取ります。これは，最もリスクが低い方法です。

② ブランド拡張戦略

新しいカテゴリーの製品に既存のブランドをつける戦略です。例えば，ホンダは，オートバイメーカーでしたが，自動車やエンジンなど，さまざまな新しい製品にもホンダというブランドをつけています。

③ マルチブランド戦略

同じカテゴリーの製品に，違うブランドをつける戦略です。例えば，ネスレはミネラルウォーターの製品カテゴリーにヴィッテルやペリエなど複数のブランドを投入しています。これは，同じ市場において，さまざまな顧客ニーズに対応し，市場のカバー率を高めるのが狙いです。また，店頭での陳列スペースを多く確保する効果もあります。

④ 新ブランド戦略

新しいカテゴリーの製品に，新しいブランドをつける戦略です。新ブランドを立ち上げるのは，コストや時間がかかりますが，新ブランドが確立すれば売上を増加させることができます。

●ブランド拡張戦略

		製品カテゴリー	
		既存製品	新製品
ブランド名	既　存	ライン拡張	ブランド拡張
	新　規	マルチブランド	新ブランド

Answer　□1　ライン拡張戦略　ブランド拡張戦略　マルチブランド戦略　新ブランド戦略

重要度 A **B** C

分野3 マーケティング論

3-6 価格戦略

ポイント　マーケティングの4Pとは，製品（Product），価格（Price），チャネル・物流（Place），プロモーション（Promotion）を指します。その中でも，重要なのが価格戦略です。いくら顧客ニーズに合ったすばらしい製品を開発しても，価格の設定次第では全く売れないことがあるからです。

1 価格設定の基本戦略

価格を設定する際には，製品のコストや顧客の需要，競合の存在を意識する必要があります。どれを重視するかで3つの価格設定の基本戦略が考えられます。

① コスト志向の価格設定

コスト志向の価格設定では，**製品の原価に一定の利益を上乗せ**することで，価格を決めます。製造業では，コストは製品の製造原価となりますが，流通業ではコストは仕入原価になります。

② 需要志向の価格設定

需要志向の価格設定では，**消費者の需要に合わせて**価格を決めます。つまり，需要が供給よりも大きければ高い価格を設定し，需要が供給よりも小さければ低価格を設定します。例えば，旅行のパッケージツアーなどは，需要が多い季節には高い価格で販売されています。このように，需要に基づいて価格を設定するのが，需要志向の価格設定です。

また，特に消費者の心理を重視して価格を設定するのが，**心理的価格設定**です。心理的価格設定には，いくつかの種類があります。

まとめcheck　□1　価格設定の3つの基本戦略を挙げなさい。

●心理的価格設定の種類

名声価格	**あえて高い価格をつける**ことで，消費者に高い価値があるということを認識させる。例えば，高級時計などのブランド品は，値段が高いほうがステータスが上がり，低い価格をつけたときよりも売れる場合がある。
端数価格	980円など，**あえて値段を端数にした価格設定**。9や8がつく端数価格をつけると，消費者は実際よりも値段が安く感じることが多いため，食料品や日用品などで特によく用いられる価格設定方法。
慣習価格	消費者が**慣習的に一定の価格のみ受け入れているような価格**。例えば，現在は缶ジュースは120円という慣習価格で販売される。

③　競争志向の価格設定

競争志向の価格設定では，**競合の価格**を重視して価格を設定します。競争志向の価格設定の代表的なものには，次の2つがあります。

●競争志向の価格設定

実勢型価格設定	競合企業の実勢価格に従う方法。一般的には，価格を支配的に決定しているリーダー企業，すなわち**プライスリーダーの価格に，プライスフォロワーが追随**する。例えば，家電量販店では，競合の店舗よりも安いことを売りにしている店舗が多い。このように，実勢価格型価格設定は，消費者が価格差に敏感な製品によく使われる。
入札型価格設定	契約が入札で決定される場合に用いられる価格設定。入札では，最も価格が低い企業が契約を受注できるため，入札に参加する競合企業の価格を予想しながら入札価格を設定する必要がある。

2 価格の管理

設定した価格を管理し，維持することも価格戦略において重要です。法律にも注意が必要で，競争業者がお互いに共同して価格を協定する**価格カルテル**は**独占禁止法違反**になります。ちなみに，書籍やCDなどの著作物の**再販価格維持契約**は違反にはなりません。

Answer　□1　コスト志向　需要志向　競争志向

重要度 A **B** C

分野3 マーケティング論

3-7 チャネル戦略

ポイント　メーカーで生産された製品は，さまざまな流通経路（チャネル）をたどって最終消費者まで届けられます。チャネル戦略には，長さと幅による種類があります。

1 チャネルの長さによる種類

チャネルの段階の数によって種類を分けると下記のようになります。

① **直接流通**

直接流通は，メーカーが**直接消費者と取引**を行うチャネルです。例えば，メーカーがインターネット通販などを行う場合などがあります。

② **間接流通**

間接流通は，メーカーと消費者の間に**流通業者が介在**するチャネルです。間接流通には，メーカーと消費者の間に小売業者が存在する場合や，さらにメーカーと小売業者の間に卸売業者が存在するなど，さまざまな種類があります。

近年では，メーカーによる直接流通が進んだり，従来は卸売業者を介在していたものが，コンビニエンスストアのように小売業者とメーカーの直接取引が進展するような動きがあり，チャネルの長さが短くなる傾向にあります。

2 チャネルの幅による種類

取引する流通業者の数で種類を分ける方法で，大きく3つの政策があります。

① **開放的チャネル政策**

開放的チャネル政策は，メーカーが取引する流通業者を限定せずに，**幅広く製品を流通させます**。幅広く製品を流通させることで，たくさんの製品を販売できるメリットがあります。特に，日用雑貨などの最寄品によく見られます。

一方，メーカーがチャネルをコントロールすることが難しいというデメリットがあります。例えば，流通業者に製品のプロモーションを協力してもらうことなどでは，チャネルの管理が難しくなります。

まとめcheck
□1　チャネル戦略を長さにより分類しなさい。
□2　チャネル戦略を幅により分類しなさい。

② **選択的チャネル政策**

選択的チャネル政策は，メーカーが取引する流通業者を，**一定の基準によって選択**して，業者の数を絞り込みます。例えば，化粧品などの買回品で，販売業者の業態やイメージなど一定の基準を満たした取引先を選択して，優先的に販売します。

流通業者を絞り込むことで，販売の努力が集中できることと，得意先の管理がしやすくなるメリットがあります。

ただし，次の排他的チャネル政策に比べると，流通業者の販売やプロモーションへの協力が不十分な場合があります。

③ **排他的チャネル政策**

排他的チャネル政策は，**製品の流通を制限**し，専売店のみに販売権を付与します。例えば，自動車では，メーカーの系列のディーラーを介して販売されます。

メリットは，自社のブランドを高めるのに向いていることです。ブランド力の高いメーカーは，チャネルを専売店のみに絞り込むことで，ブランドイメージを高めることができます。

デメリットは，チャネルを極端に絞り込むため，消費者の認知度が低下し，売上が低下する可能性があります。

3 物流戦略

物流戦略の代表的なものとして**ロジスティクス**と**サプライチェーンマネジメント**があります。ロジスティクスとは，**物流マネジメント**のことを言います。サプライチェーンマネジメントとは，原材料の調達から消費者への販売に至るまでの一連のプロセスを**マネジメントするシステム**のことを言います（139頁参照）。

Answer
□1　直接流通　間接流通
□2　開放的チャネル政策　選択的チャネル政策　排他的チャネル政策

分野3 マーケティング論

3-8 プロモーション

ポイント　プロモーションとは，顧客や流通業者に対して情報伝達を行うことで，購入を促進することです。
広告，パブリシティ，人的販売，販売促進を目的に合わせて適切に組み合わせていく（プロモーション・ミックス）ことが重要です。

1 広告

広告は，テレビや雑誌などの媒体を使って，消費者に情報を伝達する手段です。広告は通常は有料となります。媒体の種類は**マスコミの４媒体**と，**インターネット広告**，それ以外の**SP広告**に分類されます。SP広告は，セールスプロモーション広告の略で，**マスコミ以外の媒体**を指します。

●広告の媒体

媒体		メリット	デメリット
マスコミ広告	新聞	• カバー範囲が広い • リードタイムが短い • 信頼性が高い	• 印刷の質が悪い • 寿命が短い
	テレビ	• 視聴者が多い • 映像・音声による感覚的表現	• コストが高い • 消費者の選択が難しい
	ラジオ	• 地域・属性別の消費者選別 • コストが安い	• 表現が音声のみ • 消費者の注意を集めない
	雑誌	• 地域・属性別の消費者選別 • 印刷が高品質 • じっくり見る読者が多い	• リードタイムが長い • 読者数が少ない
インターネット広告		• 低コストで開始できる • ターゲット層へアプローチしやすい • 広告の効果測定がしやすい	• 種類が多く技術進歩も早いため，ある程度の知識が必要 • 仕組みを理解し，広告を適切に設定しないと効果が得られない
SP広告	DM	• 対象の選択が可能 • 個別対応が可能	• コストがかかる • くずかご行きのイメージ
	屋外広告	• コストが安い • 反復的に露出可能	• 消費者の選択が難しい • 表現力に限界あり

まとめcheck　□1　広告，パブリシティ，人的販売，販売促進の組み合わせを何と言うか。

2 パブリシティ

パブリシティは，テレビや新聞，雑誌などのメディアに働きかけることで，**ニュースとして取り上げられる**ことを目的とします。広告と違い，直接消費者にメッセージを届けるのではなく，メディアの判断でニュースとして取り上げられるということになります。

企業は，パブリシティを活用するために，**プレスリリース**等の手段を使ってニュース素材をメディアに提供します。

3 人的販売

人的販売は，販売員が直接顧客と接することにより，購入を促進したり，販売を締結する活動です。つまり，営業による販売活動のことを指します。通常，企業には営業組織がありますので，企業は人的販売に大きな投資をしていると言えます。

4 販売促進

消費者や流通業者の購買意欲を高めるための短期的なプロモーションを**販売促進**と言います。消費者向けの販売促進には，さまざまな手法があります。

●販売促進

サンプル	製品の試用版を無償で提供することにより，新製品を知ってもらい，需要を拡大することが狙い。例えば，食料品の試食や化粧品のサンプルなど。
プレミアム	景品など，製品とは別の物品や便益を消費者に付与するもの。例えば，おまけやクーポン券，懸賞なども。これらを総じてプレミアムと呼ぶ。
ポイントカード	消費者の購入金額に応じてポイントが加算され，蓄積されたポイントで割引などを実施するもの。例えば，家電量販店のポイントカードなど。
POP広告	小売店舗の店頭に展示する広告。例えば，小売店舗のコメントなど。
カタログ	製品の説明が記載されたもの。販売員がいなくても，商品説明ができるツール。

Answer □1 プロモーション・ミックス

　　重要度 A **B** C

分野3 マーケティング論

3-9 関係性マーケティング

ポイント　近年では，市場が成熟化しており，単に高機能な製品を作り，販売促進を熱心に行ったとしても必ずしも売れない時代になっています。このような状況の中，大量の広告費などの費用をかけて顧客を新規開拓するよりも，既存の顧客との関係を深めることで顧客を維持し，収益を確保しようという関係性マーケティングの考えが登場してきました。

1 CRM（Customer Relationship Management）

関係性マーケティングは，リレーションシップマーケティングともいい，顧客との双方向のコミュニケーションなどにより関係性を深めて顧客を維持していくことが目的です。新規顧客の開拓よりも，**既存顧客の維持**のほうがマーケティングコストを削減でき，収益性を高められるという考えを前提としています。また，20%の顧客で80%の売上を稼いでいるという，80対20の法則に基づけば，20%の優良顧客を優遇し維持したほうが，収益性を高められるということになります。

CRMは，**顧客との関係を深める**ことで，顧客ロイヤルティを高め，収益を拡大しようとするマーケティング手法です。収益性の高い顧客を明確化し，その顧客に対して最適なマーケティング・ミックスを適用していきます。

①　ライフタイムバリュー（LTV）

CRMにおいては，**ライフタイムバリュー（LTV：顧客生涯価値）**が重要となります。

ライフタイムバリューは，**1人の顧客が長期間にわたってもたらしてくれる利益の合計**です。ライフタイムバリューの高い優良顧客に対して優先的に対応することで，企業の収益性を高めることができます。

②　RFM分析

また，優良顧客を判別する方法として，**RFM分析**があります。

RFM分析は，Recency（**最新購買日**），Frequency（**購買頻度**），Monetary

まとめcheck　□1　CRMにおいて重視されるのは何か。

(**購買金額**) の3つの指標で顧客を分析します。この3つの指標をポイント化し，顧客ごとに合計を算出します。例えば，最新購買日が最近であり，購買頻度が多く，購買金額も多い顧客は，最も高いポイントとなります。高いポイントの顧客には，優先的にコストをかけてプロモーションなどを行います。

2 ワントゥワンマーケティング

ワントゥワンマーケティングは，**顧客に個別に対応**していくマーケティングです。従来の顧客を集合として扱うマスマーケティングに対して，顧客の個別のニーズに1対1で対応していきます。ニーズの多様化や，ITの発展が背景にあります。

① ワントゥワンマーケティングの目標

マスマーケティングでは，市場シェアを高めることが目標でしたが，**ワントゥワンマーケティング**では，顧客シェアを高める，つまり**顧客の囲い込み**が目標となります。

顧客シェアとは，1人の顧客が購入する金額の中で，自社が占める割合です。例えば，ある人は年間10万円分ビールを消費するとします。そのうち特定のブランドへの消費が5万円分であれば，このブランドの顧客シェアは50%です。

② ワントゥワンマーケティングの手段

ワントゥワンマーケティングでは，たくさんの顧客に対して個別にニーズを把握し，最適なマーケティングプログラムを実行する必要があります。そのため，**ITの活用**（デ―タベースマーケティング）が必須となります。

データベースマーケティングでは，顧客データベースを活用して，見込み客の発見から購入，さらにリピーターへの育成を行うためのマーケティングプログラムを実行します。

顧客データベースには，顧客のさまざまな属性が格納されます。例えば，性別，年齢，職業，所得などのデモグラフィックデータだけでなく，趣味やパーソナリティ，購買履歴などの各種の属性データを充実させることで，個別対応を可能にします。

Answer □1 ライフタイムバリューやRFM分析により導いた優良顧客

過去問をピックアップ⑤　重要度 ★★★　難易度 ★☆☆

製品ライフサイクル

令和元年第28問

製品ライフサイクルの各段階に対応したマーケティングに関する記述として，最も適切なものはどれか。

ア　成熟期に入ると市場はより多くの消費者に支えられるようになるため，技術的に，より複雑で高度な製品の人気が高まる。

イ　導入期に他社に先駆けていち早く市場の主導権をとることが重要なので，投資を抑えつつ競合他社から明確に差別化された製品やサービスを導入期に投入することが望ましい。

ウ　導入期の主要顧客は市場動向や他者の行動を見ながら製品・サービスの購入を決める追随型採用者なので，このような消費者が抱える問題を解決できる製品・サービスを投入することが望ましい。

エ　導入期や成長期において市場の業界標準が成立する場合，これに準拠する，または対抗するなど，成立した業界標準に対応したマーケティングを実行することが望ましい。

解答・解説　　**正解：エ**

ア　×　成熟期では，競争企業との技術的な差異はなくなるため，技術的により複雑で高度な製品よりもパッケージなど製品の副次的機能での差別化が必要となります。

イ　×　導入期は販売促進などにコストがかかり，製品も完全とはいえないので改善するための投資が必要です。また，競合が市場に参入していないこともあり，競合他社からの明確な差別化の必要性は高くありません。

ウ　×　導入期の主要顧客はイノベーターやアーリー・アドプターであり，追随型採用者ではありません。

エ　○　業界標準が成立してしまうと，その標準に準拠する，もしくは対抗するといった成立した業界標準に対応したマーケティングを実行することが望ましいといえます。例えば，アップルはMac OSでマイクロソフトが業界標準としたWindowsに対抗する戦略をとりましたが（現在はアップルでWindowsを利用することができます），その戦略により路線の違いを際立たせ，コアの支持者をつかんだことが昨今の成功をもたらしたと考えると，準拠ばかりが成功の鍵ではありません。

本問は，製品ライフサイクルに関する出題です。頻出かつ選択肢も理解しやすいことから難易度は基本レベルです。

過去問をピックアップ⑥　重要度 ★★☆　難易度 ★★☆

流通チャネル

令和４年第30問

流通チャネルの構造に関する記述として，最も適切なものはどれか。

ア　流通チャネルの開閉基準とは，メーカーが取引をする各流通業者にどれだけの数の商品を卸すかの尺度であり，当該地域におけるメーカーの出荷総額に占める卸・小売の販売シェアを意味する。

イ　流通チャネルの広狭基準とは，メーカーが特定地域内においてどれだけの数の小売企業を通じて自社の商品を販売するかの尺度であり，開放的流通，選択的流通，排他的流通に分けるために用いられる。

ウ　流通チャネルの長短基準とは，物流ルートの時間的・物理的長さに関する尺度であり，輸送と保管の機能を含めたロジスティクス全体の物流効率を考慮する際に用いられる。

エ　流通チャネルの付加価値基準とは，卸段階と小売段階においてどれだけの付加価値が生み出されているかに関する尺度であり，卸段階と小売段階の販売額の比率として算出される。

解答・解説 **正解：イ**

ア ×　流通チャネルの開閉基準は，流通業者が特定メーカーとの取引にどの程度依存しているかの尺度です。限られたメーカーと取引を行う流通業者は閉鎖的であり，多数のメーカーと取引を行う流通業者は開放的とされます。メーカーが取引をする各流通業者にどれだけの数の商品を卸すかの尺度ではありません。

イ ○　流通チャネルの広狭基準は，メーカーがどれだけの数の流通業者・販売業者を通じて自社の商品を販売するかの尺度です。この基準は，開放的流通，選択的流通，排他的流通に分けるために用いられます。

なお，開放的流通は，自社の製品を販売する業者を限定せず，できるだけ多く流通させようとすることです。選択的流通は，自社の製品を取り扱う業者を一定の基準で選定し，基準を満たす業者のみ取引するようにします。排他的流通は，特定の業者に独占的に販売権を与えるなどして，自社製品の価格やブランドイメージをコントロールしようとします。

ウ ×　流通チャネルの長短基準は，流通チャネルの長さ（段階数）を基準とする尺度です。卸売業者を通して自社製品を流通させる場合は，流通チャネルは比較的長くなります（チャネルの段階数が多くなります）。メーカーが消費者に直接販売する場合は，流通チャネルは短くなります（チャネルの段階数は少なくなります）。物流ルートの時間的・物理的長さに関する尺度ではありません。

エ ×　卸段階に対する小売段階の販売額の比率は，W/R比率と言われます。W/R比率は，卸売販売額÷小売販売額で求められます。これは，市場において卸段階がどれくらい多いかどうか，つまり，流通チャネルの長さを示します。卸段階と小売段階においてどれだけの付加価値が生み出されているかに関する尺度ではありません。

本問で出題されている内容など，流通チャネルについての知識を広げていきましょう。

科目2

財務・会計

財務・会計の攻略法

1．科目の全体像と試験の特徴

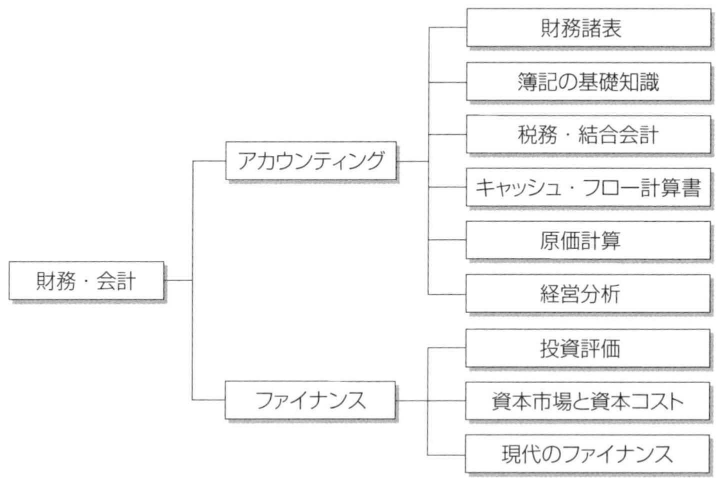

科目2　財務・会計では，経営資源として重要な**資金**に関する内容が問われます。経営コンサルティングでは，経営を数字で診断するスキルは必須のため，重要科目と位置づけられます。

本科目には，①アカウンティング（会計）と②ファイナンス（財務）の2つの分野があります。さらに，アカウンティングには外部に報告するための**財務会計**と，社内で意思決定に活用する**管理会計**があります。ファイナンスは，企業活動に必要な資金調達や投資等が主なテーマです。

本科目は1次試験だけではなく，2次試験（事例Ⅳ）に関係する重要科目です（3頁参照）。計算問題が出題されるため，内容を理解しているだけでなく，**実際に正しく計算ができることが重要**です。また，1次試験は電卓持込が不可，2次試験は電卓持込が可能になっていることも注意してください。

2．科目の攻略法

7科目の中で，本科目は試験の**合否を左右してしまう**重要科目と言えます。それは，計算問題を苦手にする方が多いため，1次試験で足を引っ張られたり，2次試験で得点が取れない結果，不合格になってしまうことが多いからです。

特に，2次試験では他の3科目は記述式の問題であるのに対して，「事例Ⅳ：財務・会計を中心とした事例」だけは計算問題が多く出題されます。

記述問題では，なかなか点数を取るのが難しく，多くの問題では部分点を積み重ねていくことになります。そのため，他の人よりもかなり高い得点を取るのは難しいでしょう。

一方，2次試験のこの計算問題は，正解すれば得点が取れるというタイプのものです。ここでしっかり得点できれば，計算を苦手とする他の人に差をつけることができます。そのため，**事例Ⅳの出来栄えは2次試験の合格を左右することが多い**のです。

つまり，**本科目を得意科目にすれば，中小企業診断士試験に合格できる可能性は高まる**ということになります。そのため，本科目には，他の科目よりも多めの時間を投入し，計算問題を繰り返し解いて得意科目にしましょう。

学習の目標としては，試験でよく出題されている計算問題を確実に解けるようになることが重要です。

特に，経営分析，損益分岐点分析，キャッシュ・フロー計算書，投資評価等のテーマについては，1次試験と2次試験の両方でよく出題されています。こういったテーマの計算問題は繰り返し練習し，確実に計算できるようにしましょう。

本書においては，7科目の基礎を一気にインプットするという趣旨から，考え方を中心に扱います。計算に関しては最小限になりますので，過去問や通勤講座の問題集などでフォローしていただければと思います。

3．効率の良い勉強法

前述のとおり，本科目には①アカウンティングと②ファイナンスの２つの分野があります。

①アカウンティングでは，財務諸表や簿記が基礎となります。そのため，財務諸表と簿記については最初に学習し，基本的な理解をしておくことが重要です。

財務諸表では，特に貸借対照表（B/S）と損益計算書（P/L）を理解しておく必要があります。財務諸表の役割・構造と主要な勘定科目を押さえておきましょう。

簿記では，基本的な内容を先に学習し，後は，過去問などを解きながら実力をアップしていったほうがよいでしょう。

税務・結合会計は，この分野の中では比較的優先度が低いテーマと言えますが，基本的な問題は計算できるようにしておきましょう。

キャッシュ・フローは１次・２次試験共によく出題されます。苦手意識を持つ方も多いですが，計算に慣れれば得点源にすることができるテーマです。B/S，P/Lから，キャッシュ・フロー計算書（C/S）を作成できるように練習を繰り返しましょう。

原価計算も専門性が高い分野ですが，手続に慣れれば正解することができます。特に総合原価計算はよく出題されているため，しっかりマスターしてください。

経営分析（損益分岐点分析を含む）は，２次試験で必ずと言っていいほど出題される重要テーマです。１次試験対策としては，基本的な経営指標をしっかり計算できるように練習しておくことが重要です。２次試験対策では，これに加えて，事例企業の問題点を経営指標で診断できるようにしておく必要があります。

②ファイナンスでは，資金調達と投資が主なテーマになります。普段の仕事であまり使わない方も多いと思いますが，一度理解してしまえば，アカウンティングよりも覚える内容が少ないため得意分野にしやすいテーマです。

投資評価は，１次試験だけでなく，２次試験でも出題されやすい内容です。各種の投資評価方法をマスターしておきましょう。特に，正味現在価値法が重要ですので，計算問題で繰り返し練習してください。

資本市場と資金調達では，資本コストを理解することが重要です。資本コストの概念の理解と，計算ができるようにしておきましょう。

最後に，現代のファイナンスのテーマでは，企業価値，株価指標，デリバティブについて，基本的な問題が出題された際には計算できるようにしておきましょう。

分野1 アカウンティング

1-1 財務諸表とは

ポイント　財務諸表は利害関係者に対する報告手段です。

1 財務諸表の目的

企業の活動を単純化すると，資金を調達し，調達した資金を投資することにより，付加価値を生み出して資金を回収するというサイクルとなります。資金は，投資家から出資してもらったり，債権者から融資してもらうことで調達します。

企業は，このような**投資家や債権者などの利害関係者に対して，調達した資金の使い道や，その結果得られた成果を報告**する必要があります。そのための報告手段が**財務諸表**です。決算書と呼ばれることもあります。

また，財務諸表は，企業外部の利害関係者に対して報告するだけではなく，企業内部の経営管理者の意思決定に役立つ情報を提供します。**外部に報告する目的の会計**を**財務会計**，**内部の管理に活用**するための会計を**管理会計**と呼びます。

2 財務諸表の種類

財務諸表は，金融商品取引法によって企業で作成することが義務づけられています。金融商品取引法は投資者の保護等を目的とし，上場会社や一定額以上の株式を発行・募集する大会社を対象とします。中心となるのは貸借対照表と損益計算書です。

貸借対照表は，**企業がどのように資金を調達し，その資金をどのように運用しているか**を表します。

損益計算書は，**どのような活動をし，どれぐらい儲かっているか**を表します。

金融商品取引法では，この2つに加えて**株主資本等変動計算書**，**キャッシュ・フロー計算書**，**附属明細表**の開示が必要です。

まとめcheck

□1　企業の外部に報告する目的の会計を何と言うか。
□2　企業の内部の管理に活用するための会計を何と言うか。

●財務諸表の種類

貸借対照表
どのように資金を調達し，その資金をどのように運用しているか

損益計算書
どのような活動をし，どれぐらい儲かっているか

株主資本等変動計算書
純資産（株主の資本等）の変動状況

キャッシュ・フロー計算書
キャッシュ（現金・預金）の流入・流出の状況

また，金融商品取引法適用会社は**四半期開示**が必要です。上場会社等でその事業年度が３月を超える場合に，当該事業年度の期間を３月ごとに区分したその期間ごとに，毎四半期末日から**45日以内**に**四半期貸借対照表**，**四半期損益計算書**，**四半期キャッシュ・フロー計算書**を作成・開示します。

3 会社法計算書類

「**財務諸表**」は，**金融商品取引法上の用語**です。すべての会社は，会社法が求める**計算書類**を作成する必要があります。会社法とは，債権者保護等を目的とした法律です。計算書類には，**貸借対照表**，**損益計算書**，**株主資本等変動計算書**，**個別注記表**があります。

ちなみに，中小会社においては，計算書類の作成にあたり**中小企業の会計に関する指針**，より簡便な**中小企業の会計に関する基本要領**に従うことができます。

Answer
□1　財務会計
□2　管理会計

分野1 アカウンティング

1-2 貸借対照表

ポイント　貸借対照表の役割は，一定時点の財政状態を示すことです。

1 貸借対照表の3つの部

貸借対照表は，**ある時点における資金の調達源泉とその運用状態**を表します。つまり，企業がどのように資金を調達し，その資金をどのように運用しているかがわかります。右側（**貸方**）が資金の調達源泉，左側（**借方**）が資金の運用形態を表します。

貸借対照表には，**資産の部**，**負債の部**，**純資産の部**の３つの部分があります。左側の資産の部の合計金額と，右側の負債の部と純資産の部を合計した金額は必ず等しくなります。貸借対照表は，英語ではBalance Sheet，略してB/S（ビーエス）と呼ばれますが，これは資金の調達側と運用側がバランスしていることを表しています。

① **資産の部**

企業は利益を生み出すために，調達してきた資金を元に，さまざまな形で資金を運用します。例えば，製品を作るための材料を調達したり，工場の設備を購入したりします。

資産の部には，このような資金の運用状態が表現され，短期に現金化できる資産である**流動資産**，企業が長期間保有する資産である**固定資産**，数年にわたって費用となる**繰延資産**に分類されます。

② **負債の部**

負債の部は，**将来返済する義務がある債務**です。通常の営業サイクルに含まれており，比較的短期間に返済する**流動負債**，返済義務が１年を超える債務である**固定負債**に分類されます。

③ **純資産の部**

純資産の部は，簡単に言えば投資家が出資した資金である**資本金**と，企業が

まとめcheck　□1　貸借対照表の３つの部分を挙げなさい。

●貸借対照表の例

貸借対照表
令和X年X月X日現在

（単位：百万円）

資産の部			**負債の部**	
流動資産			**流動負債**	
現金及び預金		25	支払手形	30
受取手形	100		買掛金	35
貸倒引当金	△ 5	95	短期借入金	18
売掛金	60		未払金	1
貸倒引当金	△ 3	57	未払法人税等	2
有価証券		15	前受収益	1
商品		50	未払費用	1
短期貸付金		10	賞与引当金	2
前払費用		1	流動負債合計	90
未収収益		1	**固定負債**	
流動資産合計		254	社債	60
固定資産			長期借入金	40
（有形固定資産）			退職給付引当金	15
建物	60		固定負債合計	115
減価償却累計額	△ 27	33	負債合計	205
車両運搬具	5		**純資産の部**	
減価償却累計額	△ 1	4	株主資本	
土地		30	資本金	100
建設仮勘定		5	資本剰余金	
（無形固定資産）			資本準備金	15
のれん		2	その他資本剰余金	5
ソフトウェア		1	資本剰余金合計	20
（投資その他の資産）			利益剰余金	
関係会社株式		3	利益準備金	7
投資有価証券		2	その他利益剰余金	
長期貸付金		4	任意積立金	3
固定資産合計		84	繰越利益剰余金	5
繰延資産			自己株式	△ 1
開業費		2	株主資本合計	134
繰延資産合計		2	評価・換算差額	0
			新株予約権	1
			純資産合計	135
資産合計		340	負債・純資産合計	340

蓄積してきた利益を合計したものです。負債とは異なり，返済義務がないのが特徴です。そのため，**資本**や**自己資本**と呼ばれることもあります。

2 正常営業循環基準と1年基準

いずれも流動と固定を分ける基準です。**正常営業循環基準**とは，通常の営業サイクルにある資産と負債を流動に，それ以外を固定にするものです。**1年基準**は通常の営業サイクルにない資産と負債について，1年以内に決済されるものを流動に，それ以外を固定にします。

Answer　□1　資産の部　負債の部　純資産の部

科目２　財務・会計　　重要度 A **B** C

分野１　アカウンティング

1-3 損益計算書

ポイント　損益計算書の役割は，**一定期間の経営成績**を示すことです。簡単に言えば，どれぐらい儲かっているのかを示したものです。

1 損益計算書の５つの利益

損益計算書は，Profit and Loss Statement，略してP/L（ピーエル）と呼ばれます。儲けは利益として表されます。また，利益は売上などの収益から，各種の費用を引いたものです。

また，どのような活動で儲けが出ているのかをわかりやすく表現するために，利益を５段階で表します。この５段階とは，**売上総利益**，**営業利益**，**経常利益**，**税引前当期純利益**，**当期純利益**です。

①　売上総利益

売上高から売上原価（販売された商品・製品の原価）を引いた利益です。売上総利益の大きさは，**商品力の高さ**を表していると言えます。つまり，商品が差別化されており高価格で販売できている場合には，売上総利益が大きくなります。

②　営業利益

売上総利益から販売費及び一般管理費を差し引いた利益です。営業利益は，**営業活動の結果得られる利益**であり，本業での儲けを表します。

③　経常利益

営業利益に営業外収益を加え，営業外費用を差し引いた利益です。経常利益は，経営活動全般を通じた利益を表します。金融機関からの借入の利息など，**資金調達にかかる費用を含めて計算した利益**が，経常利益です。

④　税引前当期純利益

経常利益に特別利益を加え，特別損失を差し引いた利益です。臨時的な利益・費用を含めた，**企業の最終的な利益**を表します。

まとめcheck　□１　損益計算書の５つの利益を挙げなさい。

●損益計算書の例

損益計算書
自　令和X年X月X日
至　令和X年X月X日

（単位：百万円）

科目		
売上高		400
売上原価		
期首商品棚卸高	40	
当期商品仕入高	380	
合計	420	
期末商品棚卸高	140	280
売上総利益		120
販売費及び一般管理費		
広告宣伝費	20	
給与手当	40	
福利厚生費	5	
旅費交通費	5	
通信費	10	
水道光熱費	8	
減価償却費	12	100
営業利益		20
営業外収益		
受取利息	2	
受取配当金	1	
仕入割引	2	5
営業外費用		
支払利息	5	
社債利息	1	
社債発行費	2	
売上割引	3	11
経常利益		14
特別利益		
固定資産売却益	1	1
特別損失		
固定資産売却損	3	
災害損失	7	10
税引前当期純利益		5
法人税，住民税及び事業税		2
当期純利益		3

⑤　当期純利益

税引前当期純利益から法人税，住民税及び事業税を差し引いた利益です。法人税などの**税金を支払った残りの金額**が当期純利益です。

2 収益・費用の認識基準

認識基準としては，現金の収支によって記録する**現金主義**と，現金の受払とは関係なく経済的事実によって記録する**発生主義**があります。費用は発生主義で認識します。また，収益は販売の事実をもって記録する**実現主義**で認識します。

Answer　□1　売上総利益　営業利益　経常利益　税引前当期純利益　当期純利益

分野1 アカウンティング

1-4 簿　記

ポイント　簿記は，おおざっぱに言えば，お金に関する記録をつけることです。家庭では，お金に関することは家計簿に記録します。それと同じで，企業では，お金に関することは簿記で帳簿に記録します。

1 簿記の目的

簿記は会社の経営活動を，一定のルールに従って，**帳簿に記録する手続**を表します。例えば，企業では，日々商品を仕入れて販売します。また，社員に給料を支払ったり，銀行から借入をしたりします。こういったお金に関するあらゆる経営活動を記録するのが簿記です。最終的には，帳簿を基にして財務諸表が作成されます。簿記が間違った場合，財務諸表のデータも間違ってしまうため，簿記を正確に行うことは重要です。

簿記の目的は大きく3つあります。

1つ目の目的は，取引を**帳簿に記録する**ことです。つまり，取引があった事実を忘れないように正確に記録しておくということです。

2つ目の目的は，**外部に報告する**ことです。取引を帳簿に記録することにより，損益計算書や貸借対照表などの財務諸表を作成することができます。財務諸表を作成することにより，投資家や債権者への報告をすることができます。

3つ目の目的は，**経営を管理する**ことです。簿記による取引の記録から作成された財務諸表を使って，企業の経営の状況を確認し，意思決定や経営の改善を図ることができます。

2 簿記上の取引

一般的に取引というと，商品を売り買いしたり，お金を貸し借りすること等が思い浮かぶと思います。**簿記上の取引**には，こういったことも含まれますが，一般的には「取引」という言葉を使うものであっても，簿記上の取引にはならないものもあります。

まとめcheck　□1　簿記では，取引をどのように分類するか。

● 5つの要素

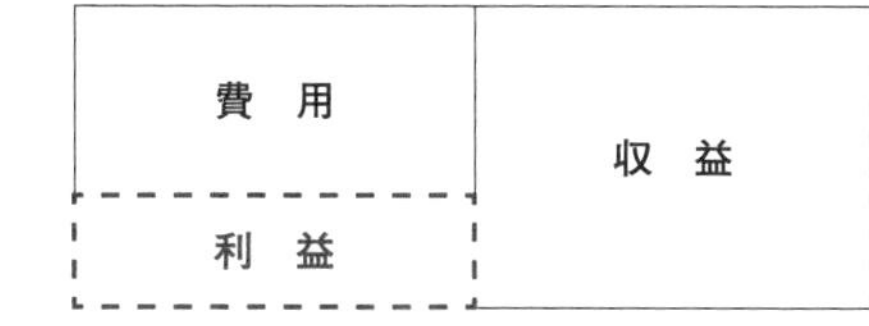

例えば，商談で契約書にサインしただけでは簿記上の取引にはなりません。逆に，火災が発生して商品が焼失した場合は，一般的には取引とは言いませんが，簿記上の取引になります。

では，どういう場合に簿記上の取引になるのでしょうか。

簿記では，取引を５つの要素に分類して記録します。５つの要素とは，**資産**，**負債**，**純資産**，**収益**，**費用**です。この５つの要素が増減する場合のみ，簿記上の取引となります。

簿記で**資産・負債・純資産**に分類されたものは最終的に**貸借対照表**に表示され，**収益・費用**に分類されたものは**損益計算書**に表示されます。例えば，簿記上の取引で生じた，現金や商品は**資産**，買掛金や借入金は**負債**，資本金は**純資産（資本）**に分類され，最終的に貸借対照表に表示されます。また，売上は**収益**，仕入や給料は**費用**に分類され，最終的に損益計算書に表示されます。

Answer　□1　資産　負債　純資産　収益　費用

重要度 A **B** C

分野1 アカウンティング

1-5 仕訳と簿記の流れ

ポイント　簿記では，取引を帳簿に記録していきます。この，取引を帳簿に記録する方法のことを**仕訳**と呼びます。

1 仕訳とは？

仕訳のルールは決まっており，**複式簿記**という方法で記録することになっています。複式簿記では，取引を２つの側面から捉えます。例えば，お金を借りたという取引では，現金という資産が増えると同時に，借入金という負債も増えます。これにより，現金が増えたのは借入金によるものだと説明できるようになります。複式簿記では，５つの要素がそれぞれ増減した原因と結果の関係を示します。

●現金100を借り入れた場合の仕訳

（借方）	現金	100	（貸方）	借入金	100

仕訳の左側を**借方**，仕訳の右側を**貸方**と呼び，現金や借入金といった，取引を分類する項目を**勘定科目**と呼びます。また，仕訳では，**借方と貸方の金額は必ず一致**するルールです。

また，この左右の位置は，先ほど出てきた，貸借対照表と損益計算書における５つの要素の位置に対応しています。５つの要素のうち，資産と費用は左側，負債・純資産と収益は右側と覚えておきましょう。

2 簿記の流れ

簿記では，最終的に財務諸表を作成しますが，財務諸表を作成するまでの一連の手続を**簿記一巡**と呼びます。簿記一巡は，日々の取引の仕訳を記入する**期中の取引**と，期末に財務諸表を作成する**決算手続**に分かれます。

まとめcheck　□1　借入金100円を返済した場合の仕訳をしなさい。

①　期中の取引

期中の取引とは，**会計期間中に取引を帳簿に記録する**ことです。期中の取引では，取引が発生する都度，**仕訳帳**に記録し，その後**総勘定元帳**へ転記します。

仕訳帳は，取引が行われたら最初に仕訳を記入するための帳簿で，時系列ですべての取引を記録します。

総勘定元帳は，勘定科目別にまとめられた帳簿です。仕訳帳には，すべての取引が記録されていますが，例えば，今現金がどれぐらいあるかを調べるのには，すべての現金に関する取引を探して集計しなければなりません。そこで総勘定元帳では，現金などの**勘定科目別に仕訳を集約**することにより，各勘定科目別に取引をまとめて見ることができるようになっています。

②　決算手続

決算手続は，**会計期間の期末に，財務諸表を作成するための一連の手続**です。ちなみに会計期間とは，事業年度とも呼びますが，通常は1年間の区切りで財務諸表を作成するための期間です。会計期間の開始時点を期首，終了時点を期末と呼びます。

決算手続は，最初に**試算表**を作成し，次に**決算整理仕訳**を行い，最後に**財務諸表を作成**するという手順で行います。

ここで重要なのは，期中に都度仕訳と転記がされていたとしても，それを単純に集計しただけでは，正しい財務諸表になるとは限らないということです。例えば，当期に計上すべき収益や費用が計上されていなかったり，期末の資産や負債の金額が実態と違っている場合があります。そのため，**決算整理仕訳を行い，正しい損益や期末の財政状態を表すように修正**する必要があります。

決算整理仕訳を行った後，最後に損益計算書と貸借対照表を作成します。

Answer　□1　（借方）借入金　100　　（貸方）現金　100

　　重要度 A B **C**

分野1 アカウンティング

1-6 税務会計・連結会計

ポイント　税務会計・連結会計について学習します。

1 税務会計

① 会計上の利益と税務上の所得

企業は，事業活動で得た儲けに応じて，法人税等の税金を納める必要があります。この法人税の計算は，会計上の利益ではなく，税務上の所得を元にして行います。このように税金の計算を行うのが**税務会計**です。

税務上の所得は，会計上の**利益**とはいくつかの点で異なります。会計上の利益は，収益から費用を引いたものですが，**税務上の所得は益金から損金を引いたものに**なります。収益と益金，費用と損金は似ていますが，会計と税務では目的が違うため，異なることもあります。

会計の目的は，関係者に経営成績や財政状態を報告することですが，税務の目的は，公平で適正な課税を行うことです。そのため，会計上の費用であっても，税務上の損金としては不適切なことがあります。

例えば，交際費などが無制限に損金に認められた場合は，交際費をどんどん増やせば損金になり，所得が少なくなります。そうすると，所得を元に課税される課税額も少なくなります。これでは，他の企業と比べたときに，公平な納税とは言えなくなってしまいます。

よって，所得の計算は，会計によって計算された**利益を元に，税務上の修正を加えます**。この手続を**税務調整**と言います。

② 別表四による調整

税務調整の内訳は，税務申告書類の1つである別表四に記載することになっています。別表四では，会計上の当期純利益を一番上に表示し，次に税務上の調整項目を記載します。最終的に税務上の所得金額が表示されます。

まとめcheck　□1　税務調整をする税務申告書類を何と言うか。

●税務上の調整項目を記載する別表四

摘要		金額
当期純利益		6,000
加算	売上高計上漏れ	500
	交際費の損金不算入額	250
	小計	750
減算	受取配当金の益金不算入額	150
	減価償却費の当期認容額	100
	小計	250
所得金額		6,500

例えば，さきほどの例の交際費については，会計上は費用であっても，税務上の損金として認められるのは一定の範囲内のみになっています。そのため，税務上の損金として認められない部分を**交際費の損金不算入額**として，当期純利益に加算することで所得を計算します。法人税額は，計算した所得に，所定の税率をかけて計算しますので，この場合は支払うべき税金が多くなります。

2 連結会計

連結会計とは，親会社，子会社などを含めた**企業グループ全体での財務諸表を作成し報告**することです。企業グループ全体の財務諸表を**連結財務諸表**と呼びます。

なぜ個別の財務諸表だけでなく，連結財務諸表が必要なのでしょうか？

実際の企業では生産や販売などの一連の事業活動を親会社，子会社で分担していることがあります。このような場合は，生産を行う親会社だけの財務諸表を見ても事業全体の業績はよくわかりません。

例えば，自動車を生産する親会社と，その自動車を販売する子会社を考えてみましょう。親会社は生産した自動車をすべて子会社に販売すれば業績は良く見えます。しかし，そのメーカーの自動車は人気がなく子会社である販売会社で売れ残っているとしたら，子会社だけが業績不振に見えてしまいます。

このような場合は，生産と販売を含めた企業グループ全体を連結して見なければ，本当の意味での企業グループの業績はわかりません。そこで，企業グループ全体を見る連結財務諸表が必要となります。

連結財務諸表には，**連結貸借対照表**，**連結損益計算書**，**連結株主資本等変動計算書**，**連結キャッシュ・フロー計算書**などがあります。

Answer　□1　別表四

重要度 **A** B C

分野1　アカウンティング

1-7 キャッシュ・フロー計算書①

ポイント　キャッシュ・フロー計算書は，簡単に言えばお金の流れを表すための財務諸表です。

1 キャッシュ・フロー計算書の意義

貸借対照表では現金・預金という勘定科目でキャッシュの残高はわかりますが，増減を見ることはできません。

一方，損益計算書で表示される利益は，**発生主義**に基づいており，直接キャッシュとは結びついていません。例えば，商品を販売しても売掛金を回収するまではキャッシュは入ってきません。また，工場の設備を購入すればその時点でキャッシュは流出しますが，会計上は耐用年数にわたって減価償却費として費用計上されます。このとき，減価償却の方法の選択によって毎期の費用は変わるため，損益計算書の利益には，主観が入る余地があります。それに対し，キャッシュ・フロー計算書は，**現金主義**で作成するので主観が入らず，企業の実態を正確に把握できます。

2 キャッシュ・フロー計算書の構造

キャッシュ・フロー計算書では，事業年度のキャッシュのインとアウト，つまり増減を表示します。ここで，キャッシュの増減は営業活動，投資活動，財務活動の３つの活動に分けて表します。

営業活動によるキャッシュ・フローは，企業の**本質的な営業活動**（本業）から得られたキャッシュの増減を表します。

投資活動によるキャッシュ・フローは，企業が将来成長するために**設備投資**したり，**関係会社へ投資**したりしたキャッシュの増減を表します。

財務活動によるキャッシュ・フローは，**資金の調達・返済**によるキャッシュの増減を表します。

まとめcheck　□1　キャッシュ・フロー計算書の３つの活動を述べなさい。

●キャッシュ・フロー計算書の２つの形態（間接法と直接法）

[間接法]

キャッシュ・フロー計算書
自　令和XX年X月X日　至　令和XX年X月XX日

Ⅰ．営業活動によるキャッシュ・フロー	
税引前当期純利益	XXX
減価償却費	XXX
貸倒引当金の増加額	XXX
受取利息及び受取配当金	△XXX
支払利息	XXX
有形固定資産売却益	△XXX
損害賠償損失	XXX
売上債権の増加額	△XXX
棚卸資産の減少額	XXX
仕入債務の減少額	△XXX
小計	XXX
利息及び配当金の受取額	XXX
利息の支払額	△XXX
損害賠償の支払額	△XXX
法人税等の支払額	△XXX
営業活動によるキャッシュ・フロー	XXX
Ⅱ．投資活動によるキャッシュ・フロー	
有価証券の取得による支出	△XXX
有価証券の売却による収入	XXX
有形固定資産の取得による支出	△XXX
有形固定資産の売却による収入	XXX
投資有価証券の取得による支出	△XXX
投資有価証券の売却による収入	XXX
貸付金による支出	△XXX
貸付金の回収による収入	XXX
投資活動によるキャッシュ・フロー	XXX
Ⅲ．財務活動によるキャッシュ・フロー	
短期借入れによる収入	XXX
短期借入れの返済による支出	△XXX
長期借入れによる収入	XXX
長期借入金の返済による支出	△XXX
社債の発行による収入	XXX
社債の償還による支出	△XXX
株式の発行による収入	XXX
自己株式の取得による支出	△XXX
財務活動によるキャッシュ・フロー	XXX
Ⅳ.現金及び現金同等物の増加額	XXX
Ⅴ.現金及び現金同等物の期首残高	XXX
Ⅵ.現金及び現金同等物の期末残高	XXX

[直接法]

キャッシュ・フロー計算書
自　令和XX年X月X日　至　令和XX年X月XX日

Ⅰ．営業活動によるキャッシュ・フロー	
営業収入	XXX
原材料又は商品の仕入による支出	△XXX
人件費支出	△XXX
その他の営業支出	△XXX
小計	XXX
利息及び配当金の受取額	XXX
利息の支払額	△XXX
損害賠償の支払額	△XXX
法人税等の支払額	△XXX
営業活動によるキャッシュ・フロー	XXX
Ⅱ．投資活動によるキャッシュ・フロー	
有価証券の取得による支出	△XXX
有価証券の売却による収入	XXX
有形固定資産の取得による支出	△XXX
有形固定資産の売却による収入	XXX
投資有価証券の取得による支出	△XXX
投資有価証券の売却による収入	XXX
貸付金による支出	△XXX
貸付金の回収による収入	XXX
投資活動によるキャッシュ・フロー	XXX
Ⅲ．財務活動によるキャッシュ・フロー	
短期借入れによる収入	XXX
短期借入れの返済による支出	△XXX
長期借入れによる収入	XXX
長期借入金の返済による支出	△XXX
社債の発行による収入	XXX
社債の償還による支出	△XXX
株式の発行による収入	XXX
自己株式の取得による支出	△XXX
財務活動によるキャッシュ・フロー	XXX
Ⅳ．現金及び現金同等物の増加額	XXX
Ⅴ．現金及び現金同等物の期首残高	XXX
Ⅵ．現金及び現金同等物の期末残高	XXX

Answer　□1　営業活動によるキャッシュ・フロー　投資活動によるキャッシュ・フロー　財務活動によるキャッシュ・フロー

分野1 アカウンティング

1-8 キャッシュ・フロー計算書②

ポイント　キャッシュ・フロー計算書の各項目について詳しく見ていきます。

1 営業活動によるキャッシュ・フロー

営業活動によるキャッシュ・フローの作成方法には，**直接法**と**間接法**の２種類があります。

① **直接法**

直接法は，キャッシュの動きを伴う取引を記録し，これを集計することによって作成します。直接法では，営業収入や，原材料または商品の仕入支出，人件費支出，その他の営業支出についてのキャッシュの増減を表示します。**活動ごとの資金の流れがわかりやすいというメリット**があります。

② **間接法**

間接法は，損益計算書と貸借対照表からキャッシュ・フローを計算する方法です。税引前当期純利益から出発し，キャッシュの動きを表すように修正するので，**キャッシュ・フローと利益との差異の原因がわかりやすいというメリット**があります。

間接法の元になるのは，当期の損益計算書と，当期と前期の２期分の貸借対照表です。

間接法では，一旦，税引前当期純利益の分のキャッシュが入金されたと仮定します。しかし，税引前当期純利益は，キャッシュそのものではありません。

例えば，会計上で売上とされていても売掛金を回収していなければキャッシュはプラスになりません。それゆえ，利益からまだ回収していない売掛金の分を差し引くことで，キャッシュ・フローを表すように調整します。

また，設備を購入したときには，**減価償却費**という費用が耐用年数にわたって計上されます。しかし，実際にキャッシュを支払ったのは購入した年度だけです。それ以降の年度ではキャッシュの動きはなく，費用だけが計上され，そ

まとめcheck　□1　キャッシュ・フロー計算書の作成方法にはどのような方法があるか。

の分利益をマイナスしています。よって，利益からキャッシュを表すように修正するためには，減価償却費の分だけマイナスされている利益にその分をプラスします。

間接法では，このようなさまざまな調整を行い，損益計算書の税引前当期純利益を，キャッシュの増減を表すように修正するのです。

2 投資活動によるキャッシュ・フロー

投資活動によるキャッシュ・フローは，企業の投資活動によるキャッシュの増減を表します。投資活動の主な例としては，**有価証券や有形固定資産の取得や売却，子会社などへの貸付や回収**によるものがあります。投資活動では，取得と売却，貸付と回収というように，分けて表示することがポイントです。

3 財務活動によるキャッシュ・フロー

財務活動によるキャッシュ・フローは，資金の調達・返済によるキャッシュの増減を表します。財務キャッシュ・フローには，**短期借入金や長期借入金の借入と返済，社債の発行と償還，株式の発行，配当の支払**などが含まれます。

これも，投資キャッシュ・フローと同じように，借入と返済というように，分けて表示することがポイントです。

4 現金及び現金同等物に関する部分

３つの活動のキャッシュ・フローを合計すると，全体のキャッシュの増減がわかります。83頁のキャッシュ・フロー計算書の例を見ると，下から３行目に**現金及び現金同等物の増加額**という項目があります。これが，３つの活動のキャッシュ・フローを合計した全体のキャッシュの増減額です。

その下の行である**現金及び現金同等物の期首残高**は，事業年度の期首におけるキャッシュの残高です。一番下の行である**現金及び現金同等物の期末残高**は，事業年度の期末におけるキャッシュの残高です。この２行は，貸借対照表の現金及び預金の残高と同じになります。そして，この２行の差額が現金及び現金同等物の増加額と同じになることを確認しておきましょう。

Answer　□1　直接法　間接法

重要度 A **B** C

分野1 アカウンティング

1-9 原価計算①

ポイント　原価計算は，製造業で製品の原価を計算するために必要な手続です。

1 原価計算の目的

原価計算の役割の１つは**利益を正しく測定**することです。例えば，ここに販売価格が10万円のパソコンがあるとします。このパソコン１台を売ったときの利益は，原価がわからないと計算できません。利益は，売上から原価を引いたものになるからです。このように，製造業の企業では，財務諸表を作成するために原価計算が必要です。

原価計算は，利益を正しく測定するほか，**社内での利益管理**に役立ちます。原価計算によって原価の構造がわかれば，どの部分の原価を引き下げることができるかを検討することができます。また，販売価格を決定する際に，どこまで値下げできるのかを検討することができます。

2 製造原価の分類

製造原価は，製品の製造工程で発生する原価です。アウトプットとしての製品の原価は，投入したインプットにかかった原価を集計したものになります。

①　費目別の分類

ここで，投入したインプットの原価を費目別に分類すると**材料費**，**労務費**，**経費**に分けられます。材料費は，投入した原材料や部品などの原価です。労務費は，投入した労働力に対する原価です。例えば，作業者に対する賃金や各種手当，法定福利費などがあります。経費は，材料費，労務費以外で製造にかかった費用です。例えば，工場や設備の減価償却費や水道光熱費などです。

②　製造直接費と製造間接費による分類

さらに，このような各種の原価は，特定の製品に関連づけることができる**製造直接費**と特定の製品に関連づけることのできない**製造間接費**に分類されます。

まとめcheck　□1　製造原価の分類にはどのような方法があるか。

製造直接費は，**特定の製品にいくらかかったかが明確にわかる費用**です。例えば，パソコンの場合は，部品であるハードディスクを1万円で購入した場合，特定のパソコンのハードディスクによる材料費は1万円になります。

一方，製造間接費は，**特定の製品にいくらかかったかが明確ではない費用**です。例えば，工場の減価償却費や水道光熱費は，工場全体で発生するため，そのままでは特定の製品の原価がわかりません。ただし，製造間接費であっても，製造にかかった費用であることには変わりはありませんので，製品の原価に含める必要があります。そのため，製造間接費は，何らかの基準で製品に配賦します。

3 実際原価計算と標準原価計算

実際原価計算とは，製品を製造するのにかかった金額を，製品製造後に把握するものを言います。それに対し**標準原価計算**とは，製品を製造するための標準的な原価を製品の製造前に設定し，実際にかかった費用と比較するものを言います。これにより，改善活動に活かすことができます。

4 製造原価報告書

製造業では，損益計算書や貸借対照表に加えて，製造原価報告書を作成します。

●製造原価報告書の具体例

製造原価報告書

自　×年×月×日　至　×年×月×日

Ⅰ　材　料　費		
1．期首材料棚卸高	×××	
2．当期材料仕入高	×××	
合　計	×××	
3．期末材料棚卸高	×××	
当期材料費		×××
Ⅱ　労　務　費		
1．賃　　金	×××	
2．法定福利費	×××	
⋮	⋮	
当期労務費		×××
Ⅲ　経　　費		
1．外注加工費	×××	
2．減価償却費	×××	
⋮	⋮	
当　期　経　費		×××
当期総製造費用		×××
期首仕掛品棚卸高		×××
合　計		×××
期末仕掛品棚卸高		×××
当期製品製造原価		×××

Answer　□1　費目別の分類　製造直接費と製造間接費による分類

　重要度 A B C

分野1 アカウンティング

1-10 原価計算②

ポイント　原価計算には，製品の種類や目的によってさまざまな種類があります。まずは，基本的な原価計算の方法である**個別原価計算**を見ていきましょう。

1 個別原価計算

個別原価計算は，**個別の製品ごとに原価計算をする方法**です。例えば，特注の機械や船舶などを個別の注文ごとに生産する受注生産形態で採用されます。個別原価計算では，製品ごとに別々の原価となります。

個別原価計算では，顧客からの注文ごとに**製造指図書**を発行します。製造指図書には，製造指図書No.がつけられ，この製造指図書ごとに原価が集計されます。

原価の集計では，製造直接費については製造指図書に直接賦課します。**賦課**（ふか）というのは，かかった費用を直接製品に負担させるということです。また，製造間接費については，合理的な配賦基準に従って各製造指図書に配賦します。**配賦**（はいふ）というのは，全体の費用を，ある基準で各製造指図書に割り振ることです。この基準のことを配賦基準と呼びます。計算例は右頁のとおりです。

2 総合原価計算

総合原価計算とは，大量生産を行う場合に発生原価を集計し，それを生産量で除して製品単位当たりの原価を求めるものです。直接材料費とそれ以外（**加工費**）に分け，完成品と期末仕掛品に按分します。期末仕掛品に按分する際には作業の進み具合により**進捗度**を乗じます。

まとめcheck　□1　全体の費用を各製造指図書に割り振ることを何と言うか。

●賦課と配賦

当月発生の全体原価

	消費	金額
直接材料費	400kg	400,000円
直接労務費	200h	240,000円
直接経費		0円
間接材料費		50,000円
間接労務費		100,000円
間接経費		50,000円
製造間接費計		200,000円

→

計算データ

消費	単価
100kg	1,000円
100h	1,200円
	0円
配賦率（直接材料費基準）	
	500円/kg

→

原価計算表（No.1）

製造直接費
100,000円
120,000円
0円
製造間接費
50,000円

当月に工場で発生した原価のうち，製造直接費については消費量を元に，製造指図書に賦課する。この例では，製造指図書No.1に賦課。直接材料費は工場全体の400kgのうち100kg分を消費。また，直接労務費は工場全体の200hのうち100h分を消費。これらの費用については，消費量に単価をかけて製造指図書No.1に賦課する額を計算する。

直接材料費＝消費量100kg×単価1,000円
　　　　　＝100,000円
直接労務費＝消費量100h×単価1,200円
　　　　　＝120,000円

製造間接費については，この例では，直接材料の消費量を配賦基準としており，直接材料を使用した量を基準として，各製造指図書に費用を配賦する。

配賦率（直接材料費基準）
　　　　　＝製造間接費計200,000円÷直接材料費総消費量400kg
　　　　　＝500円/kg
製造間接費＝配賦率500円/kg×直接材料費（No.1）100kg
　　　　　＝50,000円

これらの製造直接費と製造間接費を合計することで，製造指図書ごとの製造原価を求める。

Answer　□1　配賦

分野1 アカウンティング

1-11 経営分析① 収益性分析

ポイント　財務諸表をただ見ただけでは，その数字の良し悪しはあまりよくわかりません。経営分析では，財務諸表のデータを元に各種の指標を計算します。その指標を見ることで，企業の経営成績や財政状態が良いのか，悪いのかを診断・分析することができます。

1 経営分析の手順

経営分析を行うには，まず分析の元になるデータ（通常は，貸借対照表と損益計算書）を準備する必要があります。

次に，経営分析の各種の指標（比率）を計算します。

さらに，指標を元に問題点を分析します。ここでは，指標だけでなく非財務的な情報も含めて分析する必要があります。数字だけでは，問題点の原因はわかりません。企業の実態を調査して問題点の原因を分析し，改善策を検討します。問題点の原因がわかれば，具体的な改善策を考えることができます。

2 経営分析の種類

経営分析で利用する指標にはさまざまなものがありますが，いくつかの種類に分類することができます。それは，**収益性分析**，**安全性分析**，**生産性分析**，**成長性分析**です。

収益性分析では，企業が利益をあげる能力を分析します。安全性分析では，企業の財務的な安定性を分析します。生産性分析では，投入したインプット（経営資源）に対するアウトプットの効率を分析します。成長性分析では，企業を時系列で見たときに，どれぐらい成長したかを分析します。

3 収益性分析

収益性分析では，**企業が利益をあげる能力を分析**します。企業が利益をあげるには，調達した資金を事業に投資し，さらに人件費や仕入コストなどを支

まとめcheck　□1　資本利益率の式を述べなさい。

払った上で利益を獲得する必要があります。少ない投資で効率的に利益をあげることができれば収益性は高いと言えます。

① 資本利益率

収益性を測定するには，投下した資本に対して，リターンである利益の割合を見ることが出発点になります。資本に対する利益の割合（「**利益 ÷ 資本**」）のことを，**資本利益率**と呼びます。この資本利益率が高いほど，収益性が高いということです。

利益は損益計算書から，資本は貸借対照表から取得しますが，利益や資本にはさまざまな種類がありますので，資本利益率にもさまざまなものが考えられます。

② 総資本事業利益率（ROA）

総資本事業利益率は，資金調達方法によらない企業の収益性を表します。「**事業利益 ÷ 総資本**」で求めます。ここで，**事業利益**は，「**営業利益 ＋ 受取利息・配当金 ＋ 有価証券利息**」で求めます。

③ 自己資本利益率（ROE）

自己資本利益率は，株主から見たときの収益性を表す指標です。「**当期純利益 ÷ 自己資本**」で求めます。株主の持分である自己資本から，最終的な当期純利益がどれぐらい得られたかがわかります。

④ 売上高営業利益率

ROAとROEは，投下した資本に対する利益を表します。さらに，利益を稼ぐ効率を見るためには**売上高営業利益率**（「**営業利益 ÷ 売上高**」）等の指標を分析します。

売上高営業利益率は，本業による利益率を表します。営業利益は，売上から売上原価と販管費を引いたものですので，低い場合は，売上原価が過大か，販管費が大きいということになります。

科目2 財務・会計　分野1 アカウンティング

Answer　□1　資本利益率＝利益÷資本

重要度 **A** B C

分野1 アカウンティング

1-12 経営分析② 安全性分析・生産性分析

ポイント　安全性分析では，企業の財務的な安定性を分析します。生産性分析では，投入したインプットに対するアウトプットの効率を分析します。

1 安全性分析

いくら収益性が高くても，資金がなくなれば企業は倒産してしまいます。つまり，企業には十分な支払能力が必要です。このように，企業の支払能力や倒産リスクを分析するのが，安全性分析です。大きく分けて短期安全性，長期安全性，資本構成の分析があります。

①　短期安全性

短期の支払能力である短期安全性の代表的な指標として**流動比率**（「**流動資産 ÷ 流動負債**」）があります。流動比率は，**1年以内に返済する必要がある流動負債と，1年以内に現金化される流動資産の比率**を表したものです。支払である流動負債よりも，収入である流動資産のほうが大きい必要がありますので，この指標は少なくとも100%以上である必要があります。

②　長期安全性

長期安全性では，**固定資産が適切な資金でまかなわれているか**を分析します。建物や設備などの固定資産は，投資してから資金を回収するまでに長期的な時間がかかります。よって，固定資産への投資を，短期に返済する必要がある流動負債でまかなうと資金が不足します。そのため，固定資産は，返済義務のない自己資本か，長期借入金などの固定負債でまかなうほうが安全です。長期安全性では，固定資産が長期的な資金でまかなわれているかを分析します。

長期安全性の代表的な指標として**固定比率**（「**固定資産 ÷ 自己資本**」）があります。固定比率は，**固定資産と，返済義務のない自己資本の比率**を表します。

100%超の場合，固定資産が自己資本でまかなえていない状態です。よって，この指標は100%以下であることが理想的です。

まとめcheck
□1　短期安全性を測る指標には何があるか。
□2　長期安全性を測る指標には何があるか。

③　資本構成

資本構成の分析では，**資本の調達方法である自己資本と他人資本のバランス**を分析します。資本構成の代表的な指標として**自己資本比率**（「**自己資本 ÷ 総資本**」）があります。自己資本比率は，**総資本に対する自己資本の割合**です。

自己資本は返済義務がないため，**高いほうが**，**安全性が高く**なります。一方，ある程度借入をして成長に必要な投資をしたほうが，収益性は高くなる場合もあります。よって，自己資本比率は100%である必要はなく，適度な水準を維持していることが重要です。

2　生産性分析

生産性分析では，**投入したインプットに対するアウトプットの効率**を分析します。少ないインプットで，多くのアウトプットが産出されれば，生産性は高いということになります。ここで，インプットとアウトプットの種類によって，いくつかの指標があります。ここでは，ヒトというインプットに対する生産性を表す**労働生産性**を見ておきましょう。

労働生産性は，「**付加価値 ÷ 従業員数**」で求めます。

付加価値とは，企業が経営活動によって新たに生み出した価値です。例えば，1,000円で材料を買い，製品を製造し，1,500円で販売した場合は，500円がこの企業が生み出した付加価値になります。付加価値は，売上高から，他の企業が生み出した付加価値を引く（「売上高 － 外部購入費用」）ことで求めることができます。

外部購入費用は，材料費や外注加工費など，他の企業が生み出した付加価値です。

労働生産性は，従業員1人当たりの付加価値を表しています。この値が高いほど，従業員の生産性が高いということになります。

Answer

□1　流動比率
□2　固定比率

重要度 **A** B C

分野1 アカウンティング

1-13 経営分析③ 損益分岐点分析

ポイント　一般的に，企業は販売量が多くなれば利益も大きくなります。販売量が少なくなれば，利益がマイナスに転落してしまいます。損益分岐点とは，利益がちょうどゼロになる販売量のことを指します。

1 損益分岐点分析の目的

損益分岐点を分析することで，その企業がどれぐらい安定的に利益をあげられるかがわかります。さらに，将来の利益計画に活かすなど，さまざまな経営管理活動に役立てることができます。

損益分岐点分析を行うには，**費用を変動費と固定費に分解する**必要があります。変動費は売上に比例して増加する費用です。固定費は，売上の増減に関係なく固定的に発生する費用です。

2 損益分岐点図表

損益分岐点分析では，右図のような**損益分岐点図表**で分析を行います。

縦軸は，売上高や費用などの金額です。横軸は，売上高か販売量が使用されます。

●損益分岐点分析

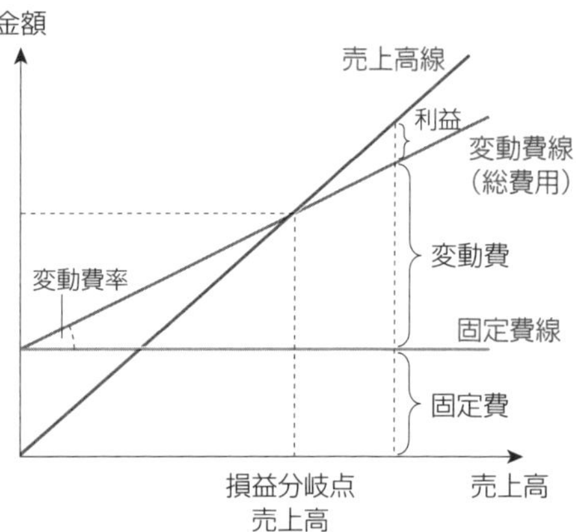

3つの線のうち，**売上高線**は，売上高を表す線です。これは，単純に原点から右上に増加していく線になります。**固定費線**は，固定費を表す線です。固定費は売上に関係なく一定ですので，横軸と平行な線になります。**変動費線**は，変動費を表す線です。変動費は売上に比例して発生する費用ですので，右上がりの線にな

まとめcheck　□1　損益分岐点とは何か。

ります。変動費線は，固定費＋変動費の総原価の額を表しているため，**総原価線**とも呼ばれます。

ここで，売上高線と総原価線が交わる点が，**損益分岐点**となります。

損益分岐点よりも右側の売上高を達成できれば，利益が増えていきます。**利益**は，**売上高線から総原価線を引いたもの**です。

逆に，損益分岐点よりも左側の売上高となってしまった場合は，損失が増えていきます。**損失**は**総原価線から売上高線を引いたもの**です。

3 損益分岐点の計算

損益分岐点を求めるには，変動費率と固定費の金額が必要です。変動費率は，売上が１増えたときの変動費の増加額です。

損益分岐点売上高は，ちょうど利益がゼロになる売上高です。損益分岐点売上高は次のように求めることができます。

$$損益分岐点売上高 = \frac{固定費}{1 - 変動費率}$$

分母の「１－変動費率」は，売上が１増えたときに増加する限界利益の額です。これを**限界利益率**と呼びます。この式の意味は，固定費を限界利益によって，すべて回収できる売上高を求めているということです。例えば，固定費が300万円，変動費率が0.4だった場合は，限界利益率は１－0.4で0.6となります。これは，売上が１増えると限界利益が0.6増えるということです。損益分岐点売上高は，300万円÷0.6で500万円となります。

Answer　□1　利益がゼロになる販売量

過去問をピックアップ⑦　重要度 ★★☆　難易度 ★★☆

安全性分析

令和元年第11問（設問１）

当社の貸借対照表および損益計算書は以下のとおりであった。下記の設問に答えよ。

貸借対照表　（単位：千円）

資　産			負債・純資産		
	20X1年	20X2年		20X1年	20X2年
現金預金	11,000	12,000	買掛金	40,000	60,000
売掛金	34,000	38,000	長期借入金	40,000	50,000
商品	35,000	42,000	資本金	50,000	50,000
建物・備品	80,000	108,000	利益剰余金	30,000	40,000
	160,000	200,000		160,000	200,000

損益計算書　（単位：千円）

	20X1年	20X2年
売上高	128,000	210,000
売上原価	84,000	159,000
売上総利益	44,000	51,000
販売費及び一般管理費	28,000	30,000
営業利益	16,000	21,000
（以下略）		

（設問）

20X2年の固定比率の値として，最も適切なものはどれか。

ア 54%　イ 77%　ウ 120%　エ 216%

解答・解説　正解：ウ

問題文に与えられている数値に基づき「固定比率」を計算すると以下のとおりとなります。したがって，選択肢ウが正解です。

固定比率 ＝ 固定資産 ÷ 自己資本
＝ 建物・備品 ÷（資本金 ＋ 利益剰余金）
＝ 108,000÷（50,000＋40,000）
＝ 120%

過去問をピックアップ⑧　重要度 ★★★　難易度 ★★★

損益分岐点分析

令和3年第12問

損益分岐点分析に関する記述として，最も適切なものはどれか。

ア　安全余裕率は，損益分岐点比率の逆数である。
イ　損益分岐点売上高は，固定費を変動費率で除して求められる。
ウ　損益分岐点比率は小さいほど赤字になるリスクが低い。
エ　目標利益達成のための売上高は，損益分岐点売上高に目標利益を加算して求められる。

解答・解説　正解：ウ

ア　×　安全余裕率は，損益分岐点比率の逆数ではありません。
イ　×　損益分岐点売上高は，固定費を（1－ 変動費率）で除して求めます。
ウ　○　損益分岐点比率が小さいほど，売上が少なくても，赤字になりにくいため，リスクが低いと言えます。
エ　×　目標利益達成のための売上高は「目標売上高 ＝（固定費＋目標利益）÷（1－変動費率）」によって求められます。

損益分岐点売上高とは，ちょうど利益が0になる売上高です。また実際の売上が損益分岐点からどれぐらい離れているかを表す指標に安全余裕率があり，売上高の安全性を判断する比率になります。損益分岐点分析に関する，主な公式は次のとおりです。

損益分岐点売上高 ＝ 固定費 ÷（1－ 変動費率）
安全余裕率 ＝（実際売上高 － 損益分岐点売上高）÷ 実際売上高 ×100
損益分岐点比率 ＝ 損益分岐点売上高 ÷ 実際売上高
目標売上高 ＝（固定費＋目標利益）÷（1 －変動費率）

分野2　ファイナンス

2-1 投資評価とは

ポイント　ファイナンス理論の学習にあたって全体像を見ておきましょう。企業活動とは，投資家から資金を調達し，事業に投資することで収益を生み出し，投資家に資金を返すという一連のサイクルです。

1 コーポレート・ファイナンス

ファイナンスは，下図のように投資家から資金を調達し，事業に資金を投資し，事業から得た資金を投資家にリターンとして返還する一連の活動を表します。

●コーポレート・ファイナンス

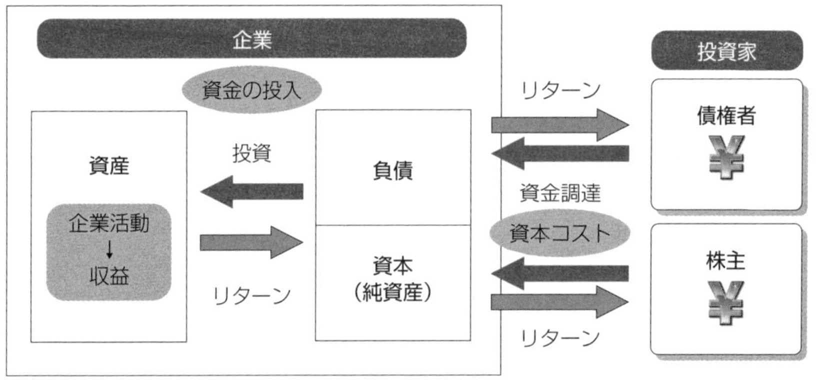

2 投資評価とは

さて，投資とは何でしょうか？

ファイナンスでの投資は，企業活動の中で資金を投入することを表します。例えば，工場を建設する，設備を新しく購入する，古くなった設備を取り替える，事業を買収する，子会社を設立するなどです。

企業活動では，さまざまな投資の候補（投資案件）があります。経営資源に

まとめcheck　□1　金利5%の場合の1年後の105万円の現在価値を求めなさい。

は限りがありますので，すべての投資案件を実施することはできません。よって，どの投資を実施するかを決定する必要があります。そのためには，各投資案件をなんらかの基準で評価する必要があります。これが**投資評価**です。

投資評価の方法にはさまざまなものがありますが，ここでは，投資を現在価値で評価する方法を学習します。

3 現在価値とは

投資の評価では，**お金の時間的価値**を考慮に入れる必要があります。

例えば，今手にしている100万円と，1年後にもらえる100万円では，どちらのほうが，価値があるでしょうか？　おそらく，皆さんは現在の100万円のほうが，価値があると判断すると思います。現在の100万円を銀行に預ければ，1年後には金利の分が上乗せされるからです。

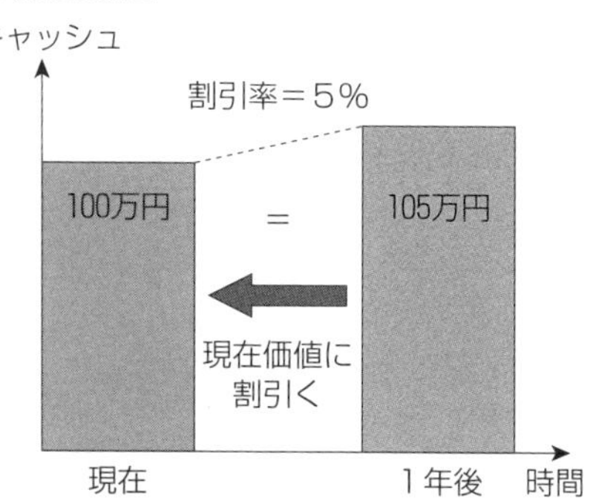

銀行の金利が5％の場合は，今の100万円は，1年後に105万円になります。よって，現在の100万円のほうが，1年後の100万円よりも価値が高くなります。

このように，**現在価値**は，将来の資金を現在の時点の価値に換算したものです。また，現在の価値に換算することを**現在価値に割引く**と言います。また，割引くときの利率のことを**割引率**と呼びます。

事業などに投資した場合，その事業から資金が回収できるのは将来です。よって，回収した資金を現在価値に割引くことによって，各投資案件で得られる資金の時間軸を揃えることができます。

Answer　□1　100万円

　重要度 **A** B C

分野2　ファイナンス

2-2 投資評価① 正味現在価値法

ポイント　投資の評価を行うためには，投資によって生み出される将来の資金を求める必要があります。正味現在価値法では，それを割引きます。

1 フリーキャッシュ・フロー

投資によって生み出される資金は，**フリーキャッシュ・フロー（FCF）**によって計算します。フリーキャッシュ・フローとは，事業活動によって得た資金から，投資した資金を引いたものです。つまり，**投資分を除いた純粋な収入**を表します。なお，フリーキャッシュ・フローには，資金調達や返済によるキャッシュ・フローは含まれません。

フリーキャッシュ・フローは営業活動によるキャッシュ・フローと投資活動によるキャッシュ・フローを合計することで計算できます。

投資活動によるキャッシュ・フローは，投資をした場合に符号がマイナスになりますので，注意してください。つまり，フリーキャッシュ・フローは**営業活動で生み出されるキャッシュから，投資活動で投じたキャッシュをマイナスしたものとなります。**

2 正味現在価値（NPV：Net Present Value）法

正味現在価値法では，投資によって将来得られるキャッシュ・フローを現在価値に割引き，そこから投資額をマイナスして**正味現在価値（NPV）**を計算します。正味現在価値の大きさは，投資から得られるリターンの大きさになります。正味現在価値がプラスであれば，投資を実行すべきという判断になります。複数の投資案があるときは，正味現在価値が最も大きい投資案を選択します。

正味現在価値法は，**資金の時間的な価値を考慮に入れて投資判断ができる**ため，投資評価でよく使われる方法です。

まとめcheck　□1　正味現在価値はどのように算出するか。

次の式のように，**フリーキャッシュ・フロー（FCF）の現在価値**として計算します。

$$NPV = FCF_0 + \frac{FCF_1}{(1+r)} + \frac{FCF_2}{(1+r)^2} + \cdot\cdot\cdot\cdot + \frac{FCF_n}{(1+r)^n}$$

ここで，rは割引率，FCF_nはn年目のフリーキャッシュ・フローを表します。フリーキャッシュ・フローは，投資の回収による収入だけでなく投資として支出した額を含めて計算します。

0年目に投資を行い，1年目以降は運転資本の増減がなくプラスの収入だけがある場合は，NPVは次の式で計算できます。

$$NPV = \frac{CIF_1}{(1+r)} + \frac{CIF_2}{(1+r)^2} + \cdot\cdot\cdot\cdot + \frac{CIF_n}{(1+r)^n} - 投資額$$

ここで，入ってくるキャッシュ・フローを**キャッシュ・インフロー（CIF）**，流出するキャッシュ・フローを**キャッシュ・アウトフロー（COF）**と呼びます。

●正味現在価値法

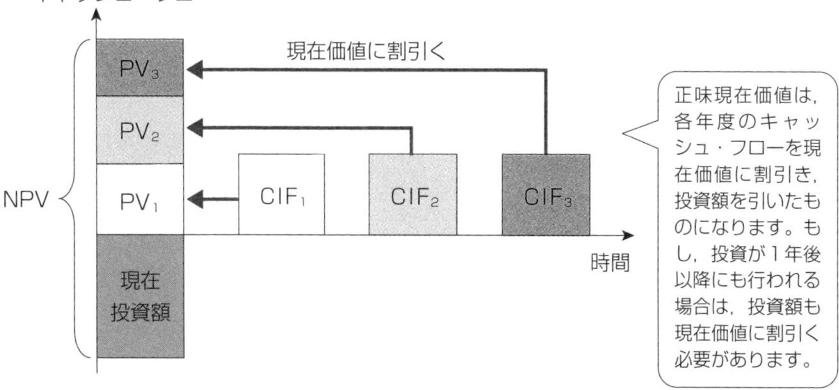

Answer　□1　フリーキャッシュ・フローの現在価値

科目2　財務・会計　　重要度 A B C

分野2　ファイナンス

2-3 投資評価② 内部収益率法・回収期間法

ポイント　内部収益率法・回収期間法で投資評価することもできます。

1 内部収益率法

内部収益率法も，資金の時間的価値を考慮に入れた投資評価方法です。**内部収益率**は，**正味現在価値がちょうど0になる割引率**です。正味現在価値が0というのは，投資を行うための最低限の条件です。このときの割引率，つまり内部収益率と，資本の調達コストである資本コストを比較し，内部収益率のほうが大きければ投資を行うという方法です。

●内部収益率法

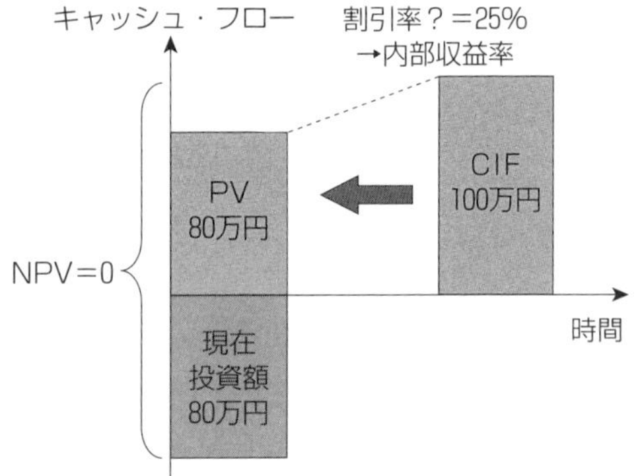

例えば，投資額が80，1年後のキャッシュ・インフローが100である投資案件があります。この場合の，内部収益率を求めてみましょう。そのためには，NPVを求める式に，値を代入していきます。

$$NPV = \frac{CIF_1}{(1+r)} + \frac{CIF_2}{(1+r)^2} + \cdots + \frac{CIF_n}{(1+r)^n} - 投資額$$

この式で，内部収益率は，NPVが0になるときのrです。よって値を入れると，下記のようになります。

$$0 = \frac{100}{(1+r)} - 80$$

これより，rは0.25となりますので，内部収益率は25%となります。

まとめcheck　□1　回収期間法の式を述べなさい。

ここで，もし資本コストが25%よりも小さい場合は，資本の調達コストよりも，投資による内部収益率のほうが大きくなるため，投資を実行すべきという判断になります。

2 回収期間法

回収期間法はシンプルな方法です。回収期間法では，投資額に対してそれを**回収する期間**を求めます。回収期間が目標よりも短ければ投資を行います。

投資の回収期間は次の式で求めることができます。

$$回収期間 = \frac{投資額}{キャッシュ・フロー}$$

例で確認してみましょう。投資額が100万円，キャッシュ・フローの金額が1年後に20万円，2年後に30万円，3年後に40万円，4年後に50万円の投資案件の回収期間はどうなるでしょうか？

この場合は，キャッシュ・フローの累計額を計算していきます。累計額は2年後に50万円，3年後に90万円です。よって，4年後には投資額の100万円を回収できることがわかります。このときの回収期間は，3年より大きく4年より小さいことがわかります。このように，回収期間に端数がある場合は，3年後の時点で回収できていない残りの金額10万円と，4年後のキャッシュ・フローの50万円の比率を取って端数を計算します。よって，回収期間を求める計算式は，

$$回収期間 = 3年 + \frac{10万円}{50万円} = 3.2$$

となります。

回収期間を求めた後に，目標とする回収期間と比較することで投資を判断します。例えば，目標が3年間であった場合は，先ほどの例では3.2年となり目標を超えていますので，投資すべきではないという判断になります。

Answer　□1　回収期間＝投資額／キャッシュ・フロー

分野2　ファイナンス

2-4 資本市場と資金調達

ポイント　正味現在価値法による投資評価では，投資によって得られる将来のキャッシュ・フローの現在価値を求めることで，投資の判断を行います。ここで，現在価値を求めるには，資本コストを使って現在価値に割引くということを前述しました。
この資本コストをどのように求めるかについて学習します。

1 資本コストとは

資本コストの概要を理解するために，企業活動の図を見ていきましょう。

企業活動とは，投資家から資金を調達し，事業に投資することで利益を生み出し，投資家にリターンを返すという一連のサイクルです。

企業にとっての資金調達は，投資家にとっての投資です。よって，企業の資金調達のコストである**資本コスト**は，**投資家にとっては投資に対するリターン**となります。つまり，資本コストを理解するためには，投資家が投資を行う資本市場を理解する必要があります。

●資金調達と資本市場

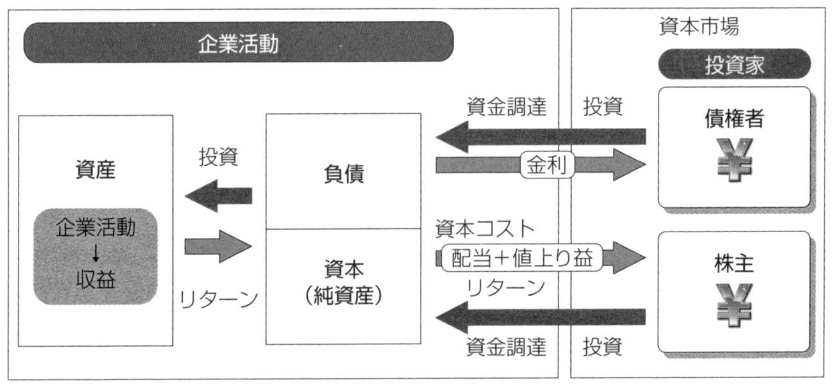

まとめcheck　□1　株式の資本コストが負債よりも割高なのはなぜか。

2 株式の資本コストは負債の資本コストより高い

資本コストを理解するために，簡単な例を考えてみましょう。

今回は，投資家の立場で考えてみます。投資家がA社に投資することを検討しています。ここで，A社に投資するためには，社債を購入するか，株式を購入する選択肢があります。

社債は利回りが５％としましょう。また，株式は株式市場で株価が決まるため，利回りは確定していません。しかし，A社の過去の実績と将来性を検討すると，配当と株式の値上りによる売却益（キャピタルゲイン）を合わせた利回りは，社債と同じ５％だと予測されています。

ここで，皆さんが投資家だったら，社債と株式のどちらに投資するでしょうか？

おそらく，ほとんどの人は社債を選ぶと思います。それは，社債のほうが，株式よりもリスクが少ないからです。社債や借入金などの負債は，基本的に会社が倒産しない限りは，確実に金利分を上乗せした額がリターンとして期待できます。一方，株式の配当は，負債の金利の支払いと税金の支払いが終わった後の税引後利益をもとにして行われます。そのため，企業の業績が悪くなれば配当も少なくなる可能性があります。また，株式の売却益についても，株価の変動は大きいためリスクが高いと言えます。

そのため，リスクの少ない社債と，リスクの大きい株式の期待するリターンが同じであれば，投資家はリスクの少ない社債を選ぶわけです。

これより，**投資家はリスクが大きい投資に対しては，大きなリターンを望む**ということがわかります。よって，投資家に株式に投資してもらうためには，企業は社債よりも大きいリターンを提供する必要があります。この例では，社債の利回り５％よりも大きいリターンを提供しないと，株式を購入してもらえないということです。

つまり**負債の資本コストよりも，株式の資本コストのほうが高くなる**ということです。

Answer　□1　投資家はリスクが大きい投資に対しては大きなリターンを望むから。

科目2 財務・会計

分野2 ファイナンス

　重要度 A B C

分野2　ファイナンス

2-5 資本コスト

ポイント　企業は，債権者と株主から資金調達をします。このときにかかるコストが資本コストです。

1 資本コストの求め方

債権者に対する資本コストは**金利**になります。金利は，借入や社債発行の条件として決められているため，求めるのは簡単です。

株主に対する資本コストは，**配当と株式の値上り益**（キャピタルゲイン）を**合計したもの**となります。なぜ株式の値上り益が資本コストとなるのかは，投資家の立場で考えると理解できます。投資家は配当だけでなく値上り益を期待してその株価で株を購入します。よって，企業は株主が期待する収益率以上の成績を上げる必要があるのです。そのため，株主に対する資本コストは，株主が求める**期待収益率**（**CAPM**：Capital Asset Pricing Model，キャップエム）となります。

よって，企業全体の資本コストは，債権者に対する金利と，株主に対するCAPMを組み合わせることで求めることができます。

2 WACC（加重平均資本コスト）

企業全体の資本コストは，**WACC**（Weighted Average Cost of Capital，ワック：**加重平均資本コスト**）と呼ばれ，次の式で計算できます。

$$\text{WACC} = \frac{\text{負債}}{\text{負債} + \text{資本}} \times (1 - \text{実効税率}) \times \text{負債利子率} + \frac{\text{資本}}{\text{負債} + \text{資本}} \times \text{CAPM}$$

└── 負債（債権者からの調達）で生じるコスト ──┘　└ 資本（株主からの調達）で生じるコスト ┘

まとめcheck　□1　WACCの式を述べなさい。

ここで，負債と資本の額は，貸借対照表の簿価ではなく時価を使用します。負債は簿価と時価が等しい場合が多いですが，資本については市場での時価総額（発行済株式数×現在の株価）を使用します。

また，負債については長期借入金や社債など長期負債のみを含めます。企業内での投資活動を支えているのは長期負債と考えるためです。

負債利子率は，「**利子支払額÷負債額**」で求めます。負債の期中平均が100万円，支払利息が５万円であれば，負債利子率は５％です。

負債利子率に「**１－実効税率**」を乗じるのは，**税金の影響を含めているから**です。負債から生じた利子の費用は損金となるため，その分税金が控除されることになります。例えば，支払利息が５万円で，実効税率が40％の場合，２万円分の税金が節約できることになります。よって，負債利子率が５％の場合は，２％分が控除され，負債の資本コストは３％となります。

3 CAPM

CAPMは，株主が求める期待収益率であり，株式市場全体の期待収益率や，個別の株式による変動要素を含めた式により計算されます。

例えば，負債の額が200，株式の時価総額が100，負債利子率が５％，CAPMが12％，実効税率が40％のときの，資本コストは次の式のように求めます。

$$\text{資本コスト} = \frac{200}{300} \times (1 - 0.4) \times 0.05 + \frac{100}{300} \times 0.12$$
$$= 0.02 + 0.04 = 0.06\ (6\%)$$

なお，**負債の比率が高いほど，資本コストは低くなります**。逆に，**株主資本の比率が高いほど，資本コストは高くなります**。この例で，もしすべて株式で資金調達をすると資本コストは12％となります。一方，すべて負債で資金調達すると資本コストは３％です。資本コストの観点からは，出資よりも借入を行うほうが資金調達にかかるコストが少なくなります。一方で，借入を増やしすぎると安全性は低くなりますので，バランスが重要です。

Answer

□1　$\text{WACC} = \frac{\text{負債}}{\text{負債}+\text{資本}} \times (1-\text{実効税率}) \times \text{負債利子率} + \frac{\text{資本}}{\text{負債}+\text{資本}} \times \text{CAPM}$

分野2　ファイナンス

2-6 企業価値

ポイント　会社を買収する場合，その会社をいくらで買ったらよいでしょうか？また，企業を売却する側はいくらで売るのが妥当でしょうか？
これを検討するのに必要なのが企業価値の評価です。

1 企業価値とは

企業価値は，**企業全体の価値**を金額で表したものです。M&Aや，関連会社への出資を行う際の金額の目安を求めることができます。

企業価値の評価方法には，さまざまなものが考えられてきました。その中でも**DCF法**，**収益還元法**，**簿価純資産法**について見ていきましょう。

2 DCF法（ディーシーエフ法）

DCF法は，**企業の投資が将来生み出すキャッシュ・フローを**，**資本コストを使って現在価値に割引いて**，**企業価値を計算**します。

この一連の流れは，**正味現在価値法による投資の評価と同様**で，将来のフリーキャッシュ・フローを予測し，企業の資本コストである**WACC（加重平均資本コスト）**を計算する必要があります。

●**DCF法による企業価値評価**

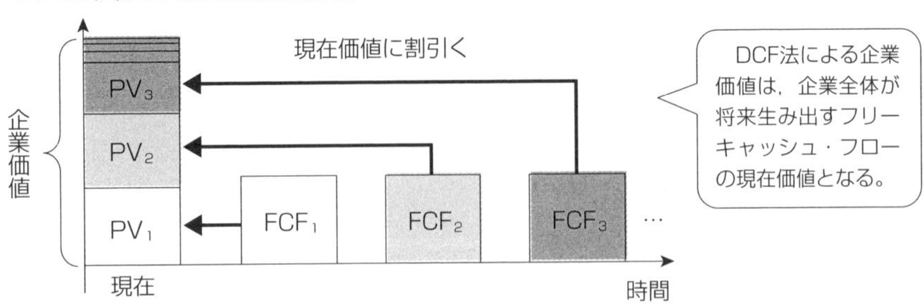

まとめcheck　□1　収益還元法の式を述べなさい。

3 収益還元法

収益還元法は，DCF法の簡易版のようなものです。DCF法では，フリーキャッシュ・フローを使いましたが，**収益還元法では会計上の利益を使います**。

収益還元法による企業価値は，「**予想税引後利益 ÷ 資本還元率**」で求めます。

ここで，予想税引後利益は，永続的に一定だという前提を置いています。資本還元率は，割引率を表しています。

この式は，DCF法の，毎年のキャッシュ・フローが一定の場合の式とよく似ていることがわかります。つまり，フリーキャッシュ・フローの代わりに税引後利益を用いて企業価値を計算する方法です。

4 簿価純資産法

次に，**企業の純資産に注目したアプローチ**である**簿価純資産法**を見ていきます。

簿価純資産法は，とても簡単な方法で，資産から負債を引いたもの（「**資産（簿価）－ 負債（簿価）**」）を株主価値とします。

ちなみに，この方法は，**会社を清算したときの価値**を表すと考えられます。

例えば，資産の簿価が100，負債の簿価が60の場合は，株主価値は40となります。これは，会社を清算したときの残りの価値が40ということです。

簿価純資産法は簡単ですが，実際の資産は時価評価すると価値が変わっていることがあります。例えば，土地や有価証券などは，取得した金額よりも，時価が大幅に低下していることがあるため，時価で計算しないと正しい価値になりません。

Answer　□1　企業価値＝予想税引後利益／資本還元率

分野2　ファイナンス

2-7 株式の評価

ポイント　理論株価と株式指標（PER，PBR）を学習します。

1 理論株価

いくらで株式を買ったらよいかを検討するのに役立つのが**理論株価**です。「**株主価値 ÷ 発行済株式数**」で計算できます。

上場している企業の場合は，株式は株式市場で取引されるため，株価は日々変動しています。しかし，長期的に見れば，企業価値の高い企業のほうが，企業価値の低い企業よりも株価は高くなると考えられます。そのため，理論株価は企業価値のうち株主価値の部分を基に計算しています。

企業価値は，負債価値と資本の株主価値を足したものになります。

よって，「**株主価値 ＝ 企業価値 － 負債価値**」も成り立ちます。

2 株式指標

理論株価よりも，実際の株価のほうが安ければ，その株は割安ということです。ただし，理論株価と株式市場による評価にはズレが生じます。そのため，株主はさまざまな指標によって株が割安なのか割高なのかを判断します。株価の指標にはさまざまなものがありますが，代表的な指標として，PER（株価収益率：Price Earning Ratio）と，PBR（株価純資産倍率：Price Book Value Ratio）があります。

①　PER（株価収益率）

PERは，収益面から株価を評価する指標で，「**株価 ÷ 1株当たり当期純利益（EPS）**」で求めます。

また，1株当たり当期純利益は，**EPS**（Earning Per Share）と呼ばれ，「**当期純利益 ÷ 発行済株式数**」で求めます。

PERは，株価が純利益の何倍になっているかを表す指標です。

まとめcheck　□1　PER，PBRの式を述べなさい。

企業価値の考え方

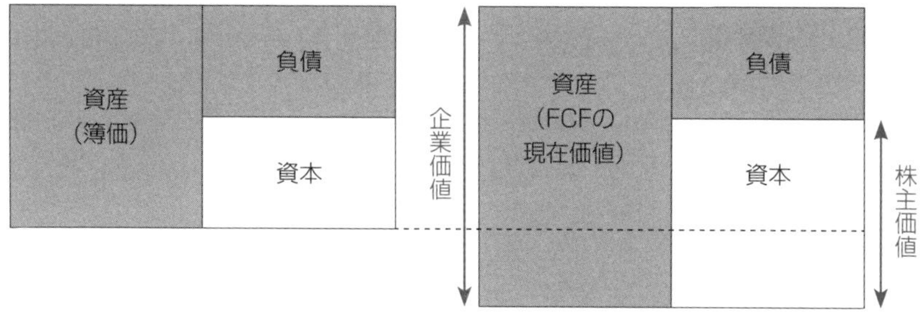

1株当たり当期純利益に比べて株価が安い株は割安，高い株は割高と考えられます。このように，株主から見た場合は，PERが低い株が買得ということになります。

② **PBR（株価純資産倍率）**

PBRは，資産面から株価を評価する指標で，「**株価 ÷ 1株当たり純資産額**」で求めます。

また，1株当たり純資産額は，**BPS**（Book-value Per Share）と呼ばれ，「**純資産額 ÷ 発行済株式数**」で求めます。

なお，純資産額は，貸借対照表の純資産の合計で，会社を清算した場合に残る価値と考えることができます。PBRが1倍の場合は，会社を清算したときの1株当たりの価値と，株価がちょうど同じになります。PBRが1倍よりも大きい場合は，会社を清算したときの1株当たりの価値よりも，株価が高くなっています。

よって，PBRは1を基準として，1よりも高いほど割高と判断できます。

理論上は，株価には将来の成長が織り込まれているはずなので，PBRは1倍よりも大きくなることが多いと考えられます。しかし，実際には，景気動向などの要因で株価は変動するため，PBRが1倍よりも低くなっている株もあります。

Answer　□1　PER＝株価÷1株当たり当期純利益
PBR＝株価÷1株当たり純資産額

過去問をピックアップ⑨ 重要度 ★★★ 難易度 ★★★

加重平均資本コスト（WACC） 令和３年第15問

以下の資料に基づき計算した加重平均資本コストとして，最も適切なものを下記の解答群から選べ。なお，負債は社債のみで構成され，その時価は簿価と等しいものとする。

【資　料】

株価	1,200円
発行済株式総数	50,000株
負債簿価	4,000万円
自己資本コスト	12%
社債利回り	4%
実効税率	30%

［解答群］

ア 6.16%　**イ** 7.68%　**ウ** 8.32%　**エ** 8.80%

解答・解説 正解：ウ

加重平均資本コスト（WACC）の公式は以下のとおりです。

WACC ＝ ｛負債 ÷（負債 ＋ 資本）×（1－ 税率）× 負債コスト｝
　＋ ｛資本 ÷（負債 ＋ 資本）× 資本コスト｝
　＝ ｛4,000万円 ÷（4,000万円 ＋ 6,000万円）×（１－0.3）×４%｝
　＋ ｛6,000万円 ÷（4,000万円＋6,000万円）×12%｝
　＝ 8.32%

したがって，選択肢ウが正解です。

計算をする際は，次のようにBOX図で計算するとケアレスミスが少なくなります。

資産	負債	
	4,000万円	$\frac{4,000}{10,000}$ ×（１－0.3）×４% ＝1.12%
10,000万円	自己資本	
	1,200円×50,000株 ＝6,000万円	$\frac{6,000}{10,000}$ ×12% ＝7.2%
		合計 8.32%

過去問をピックアップ⑩　重要度 ★★★　難易度 ★★★

回収期間法

平成25年第18問

A社では，生産コストの低減を目的として新規設備の購入を検討している。新規設備の取得原価は4,500万円であり，その経済命数は5年である。また経済命数経過後の残存価額はゼロと見込まれている。A社では定額法によって減価償却を行っており，同社の法人税率は40%である。A社は当該投資案に対して回収期間法によって採否を決定することとしており，採択となる目標回収期間を3年と定めている。新規設備が採択されるために最低限必要とされる年間の生産コスト低減額として最も適切なものはどれか。なお，貨幣の時間価値は考慮せず，年間の生産コスト低減額は毎期一定である。また，当該投資案によって減価償却費以外の追加的費用は発生しない。

ア　600万円
イ　900万円
ウ　1,500万円
エ　1,900万円

解答・解説　正解：エ

投資の回収期間は次の式で求められます。

回収期間 ＝ 投資額 ÷ 税引後キャッシュ・フロー

まず，投資から得られる毎年の税引後キャッシュ・フローを求めます。目標回収期間が3年，投資額が4,500万円ですので，次の式が成り立ちます。

3年 ＝4,500万円 ÷ 税引後キャッシュ・フロー
∴ 税引後キャッシュ・フロー ＝4,500万円 ÷3年
＝1,500万円

新規設備の取得原価は4,500万円であり，その経済命数は5年，経済命数経過後の残存価額はゼロ，定額法によって減価償却を行っているので，新規設備を採用することによって追加的に発生する毎年の減価償却費は，次のように計算されます。

毎年の減価償却費 ＝（取得原価 − 残存価額）÷ 経済命数
＝（4,500万円 −0）÷5
＝ 900万円

税引後キャッシュ・フローは，次のように計算されます。
税引後キャッシュ・フロー ＝ 税引後利益 ＋ 減価償却費
∴ 税引後利益 ＝ 税引後キャッシュ・フロー − 減価償却費
＝ 1,500万円 − 900万円
＝ 600万円

税引後利益は，次のように表されます。
税引後利益 ＝ 税引前利益 ×（1− 法人税率）
∴ 税引前利益 ＝ 税引後利益 ÷（1− 法人税率）
＝ 600万円 ÷（1−0.4）
＝ 1,000万円

新規設備が採択されるために最低限必要とされる年間の生産コスト低減額とは，税引前利益と減価償却費の合計に該当します。よって，次のようになります。

新規設備が採択されるために最低限必要とされる年間の生産コスト低減額
＝ 税引前利益 ＋ 減価償却費
＝ 1,000万円 ＋900万円
＝ 1,900万円

実際，生産コスト低減額が1,900万円で，当該投資案によって減価償却費900万円以外の追加的コストが発生しない場合，税引前利益は1,900万円−900万円＝1,000万円となり，税引後利益は1,000万円 ×（1−0.4）＝600万円となり，税引後キャッシュ・インフローは600万円 ＋900万円 ＝1,500万円となり，回収期間は4,500万円 ÷1,500万円 ＝3年となることが確かめられます。

以上より，選択肢エが適切であり，正解となります。

税引後キャッシュ・フローの計算は，正味現在価値法においても重要になります。しっかり計算できるようにしておきましょう。

科目3

運営管理

運営管理の攻略法

1．科目の全体像と試験の特徴

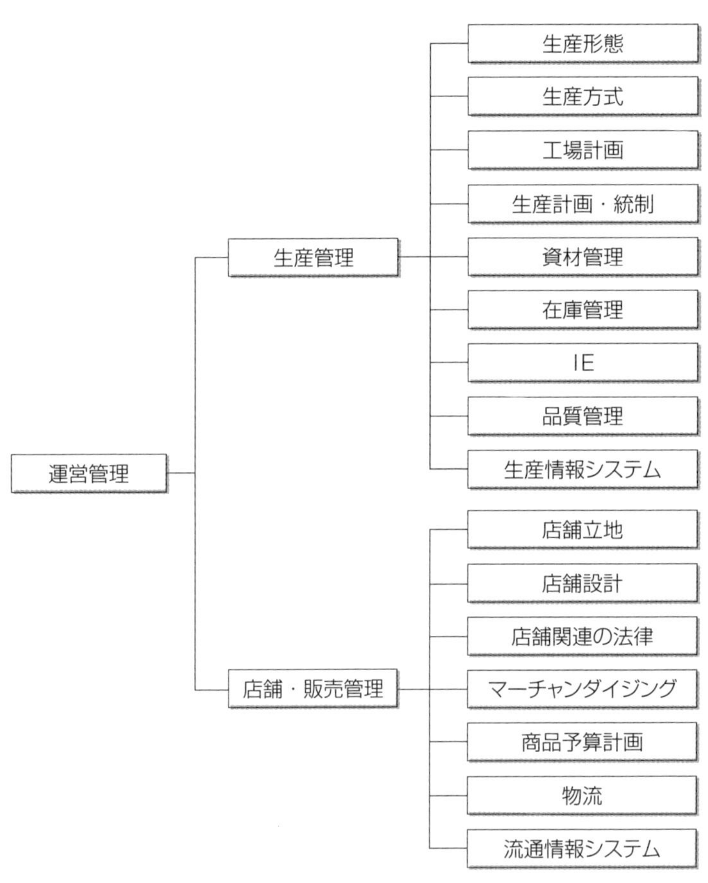

科目３ 運営管理は，生産と販売という，現場のオペレーション管理に関する知識が問われます。生産管理では製造業の生産オペレーション，店舗・販売管理では小売業などの店舗における店舗・販売管理を扱います。

実際の中小企業への経営コンサルティングでは，現場のオペレーションを知らなくては診断・助言ができません。そのため，本科目は，企業経営理論，財務会計と並んで重要科目と位置づけられます。

試験時間は，90分となっており，企業経営理論，中小企業経営・政策と並んで，時間が長く取られています。ただし，配点は100点で，他の科目と一緒です。

また，本科目は２次試験にも深く関係します（３頁参照）。２次試験の「事例Ⅲ：生産・技術」は，生産管理の内容に関係します。２次試験の「事例Ⅱ：マーケティング・流通」は，店舗・販売管理の内容（および企業経営理論のマーケティング論）に関係します。よって，企業経営理論，財務・会計に加えて，**本科目をマスターすることが，２次試験の合格につながります**。

２．科目の攻略法

本科目は，生産・店舗などの現場の運営に関する内容のため，覚えるべき知識が多いという特徴があります。よって，すべてを暗記しようとすると大変です。そのため，最初から細かい部分にこだわりすぎず，**全体的な体系や概要から理解**することと，**できるだけ具体的なイメージを持つ**ことがポイントです。

また，２次試験に関連する部分も多いことを考えると，重要分野は丸暗記ではなく，**理解することが重要**と言えます。用語の定義などをすべて丸暗記するのではなく，工場や店舗における具体例に置きかえて理解していきましょう。こうすることで，忘れにくくなり２次試験にも対応しやすくなります。

生産管理であれば，**工場のイメージを思い浮かべながら**学習したり，初めての方であれば，生産や工場の図解入りの入門書などを最初にざっと読んでもよいでしょう。

店舗・販売管理は，**身近な例がたくさんあります**。スーパーや衣料品店などに行ったときに，習ったことをその店舗に置きかえて観察してみましょう。店舗の立地，店舗設計，品揃え，陳列，マーチャンダイジング，物流，情報システムなどの具体例を観察することができます。

全体的な体系や基礎が理解できたら，あとは，過去問を解いて実力をつけていきます。専門的な問題（例えば，生産管理の生産技術など）もありますが，あまりそういった枝葉の部分には時間をかけないほうがよいでしょう。それよりも，よく出題される基礎的な分野の問題を確実に解けるようにしてください。枝葉の部分に時間をかけすぎて，他の部分を勉強する時間が少なくなってしまわないよう注意しましょう。

3．効率の良い勉強法

本科目には，①**生産管理**，②**店舗・販売管理**の２つの分野があります。１次試験では，この２つの分野からほぼ２分の１ずつ出題されます。

①生産管理は，幅広いテーマから出題されます。すべてを細かく勉強しようとすると，非常に時間がかかるため，出題傾向を基に，**優先度のメリハリをつけて勉強することが大切**です。

出題されやすい分野としては，まず，**生産形態と生産方式**があります。特に，受注／見込生産，個別／ロット／連続生産，ライン生産，セル生産など，基本的な生産形態・方式については，用語と特徴をしっかり理解してください。そうすれば１次試験では，生産管理用語の定義を知っていれば正解できる問題も多くなります。

また，**資材・在庫管理**や**品質管理**，**IE**からもよく出題されています。これらの分野は，ほぼ毎年出題されていますので，基本をマスターしてください。過去問も早めにチェックして，どのような問題が出題されているのかを確認しておきましょう。

逆に，優先度を下げてもよい部分としては，生産技術などが挙げられます。加工機械や素材などの内容は，勉強の時間対効果が低いので，後回しにするか省いてもよいと思います。

ちなみに，２次試験では，専門的な知識が必要な問題はほとんど出題されません。事例を基に，生産管理上（もしくは経営上）の問題点を分析し，基本的な対策案が提示できれば十分です。そのため，２次試験対策という点からも，細かい専門知識ではなく，生産管理の基本をしっかり押さえることと，現場をイメージできることが重要となります。

②店舗・販売管理は，**出題される分野がだいぶ絞られています。**

特に出題されやすいのは，**商品仕入・販売**（マーチャンダイジング）と**流通情報システム**です。この2つの分野は，毎年の試験でかなりの数の問題が出題されています。過去問を見て，よく出題される内容を確認しましょう。

物流管理からも，物流センターやサプライチェーンマネジメント等のテーマがよく出題されています。

逆に，優先度を下げてもよい分野としては，店舗設計などが挙げられます。照明などの問題が出題されたこともありますが，細かい内容を押さえるには時間がかかります。頻出分野ではないため，この分野は，基礎用語程度の勉強にとどめておき，他の分野に時間を回したほうが勉強の効率は良いと思います。

この分野でも，早めに過去問練習に取り組むほうが，無駄な勉強が必要なくなります。全体のイメージができたら，過去問練習を行いながら実力をアップしていきましょう。

分野1　生産管理

1-1 生産形態

ポイント　生産形態の分類について学習します。

1 受注生産と見込生産

生産形態は，生産のタイミングによって，注文を受けてから作る**受注生産**と受ける前に見込みで作る**見込生産**という分類ができます。

受注生産には，顧客の注文に応じて毎回設計から行う**個別受注生産**と，設計は事前に行っておき，注文を受けてから生産を行う**繰返し受注生産**があります。個別受注生産の例としては，注文住宅や，船舶などが挙げられます。繰返し受注生産の例としては，産業用の機械などが挙げられます。受注生産の重点課題は，**生産リードタイムを短縮**し，かつ**納期を守る**ことと，**受注をできるだけ平準化**して工場の操業度を高く保つことです。

見込生産では，需要を予想して製品をあらかじめ作って在庫しておき，注文を受けたら在庫から販売します。店頭に並んでいる家電や書籍などはその一例です。見込生産の重点課題は，**需要予測の精度を高めていく**ことと，**需要の変動に柔軟に対応できる生産体制を確立する**ことです。

2 品種・生産量による分類

生産形態を，製品の品種と生産量で分類すると，少ない種類の製品を大量に生産する**少品種多量生産**（ライン生産）と多品種の製品を少しずつ生産する**多品種少量生産**に分類できます。近年では，需要が多様化し，市場変化も激しいため，多種少量生産が多くなっており，中小企業でも多い形態です。

3 仕事の流し方による分類

生産形態を仕事の流し方で分類すると，**個別生産**，**ロット生産**，**連続生産**に分けられます。

まとめcheck
□1　少品種多量生産に向いた生産形態を何と言うか。
□2　多品種少量生産に向いた生産形態を何と言うか。

個別生産は，**個別の注文に応じて生産**する形態です。例えば，注文住宅やフルオーダーのスーツのように，個別の注文ごとに，1回限りの生産を行います。

ロット生産は，**一定の生産量の単位でまとめて生産**する形態です。ロット生産では，複数の製品が交互に生産されます。

連続生産は，**同じ製品を続けて生産**する大量生産に向いた生産形態です。

次の生産形態の特徴の表の設備レイアウトの項目において，**機能別レイアウト**は設備の機能を重視したもの，**製品別レイアウト**は製品ごとの加工の流れを重視したもの，**グループ別レイアウト**は同じような加工経路のグループ別にまとめたものを言います。

●生産形態の特徴

項目	個別生産	ロット生産	連続生産
生産量	少ない	中	多い
品種	注文の数だけある	複数	基本的に単一
生産形態（タイミング）	受注生産	受注生産／見込生産	見込生産
生産形態（品種・量）	多品種少量生産	中品種中量生産	少品種多量生産
設備レイアウト	機能別レイアウト	グループ別レイアウト	製品別レイアウト
段取り替え	多い：原則注文ごと	中：品種ごと（ロットサイズによる）	少：品種を切り替える場合に発生

4 段取り替え

段取り替えは，生産する品種を切り替えるときの準備作業のことです。特にロット生産では，ロットサイズが小さくなると，頻繁に段取り替えが発生するため，その時間短縮は，生産管理上の重要な課題となります。

また，段取り替えでは，生産ラインを停止する**内段取り**と，停止しない**外段取り**があります。生産リードタイムの短縮をするためには，できるだけラインを停止しない外段取りにするのが理想です。

Answer
□1　連続生産
□2　個別生産

重要度 **A** B C

分野1　生産管理

1-2 生産方式

ポイント　ライン生産方式とセル生産方式があります。

1 ライン生産方式

ライン生産方式は，**流れ作業による生産**です。製品がラインを移動することで加工が進みます。大量の製品を効率的に見込生産するのに向く方式です。

①　ライン生産のメリット／デメリット

ライン生産方式のメリットは，**生産性が高く，管理しやすい**ことです。また，工程別に分業を行うことで，単一工程のみ担当する**単能工で作業**できます。

デメリットは，製品や生産量の**変化に柔軟に対応しにくい**点が挙げられます。また，ラインを編成するときの**設備レイアウトの制約が大きい**，作業者の作業が単調になりがちで，モチベーションが低下するなどの**労務管理上の問題がおきやすい**という点もあります。

②　ラインバランシング

ライン生産方式では，ライン上の各工程（作業ステーション）の**作業時間をなるべく均一にすること**（ラインバランシング）がポイントです。

（右上図参照）

ライン1では，製品1個が完成する時間間隔は5分で一番遅い作業ステーションBと同じ速度となります。このとき，作業ステーションBの前には仕掛品が停滞し，作業ステーションCは，手待ちが発生します。

これを解消するために，ラインバランシングをしてみましょう。一番作業時間が長い作業ステーションBの作業の一部を作業ステーションAに移動すると，AとB両方の作業時間を4分にすることができます。

ラインバランシングをしたライン2では，製品1個が完成する時間間隔は4分に改善されます。また作業ステーションBの前に発生していた仕掛品は削減され，作業ステーションCで発生していた手待ちが解消されるため，効率の良いラインになります。

まとめcheck
- □1　作業ステーションの作業時間を均一にすることを何と言うか。
- □2　加工機械のグループを何と言うか。

●ライン生産におけるラインバランシング

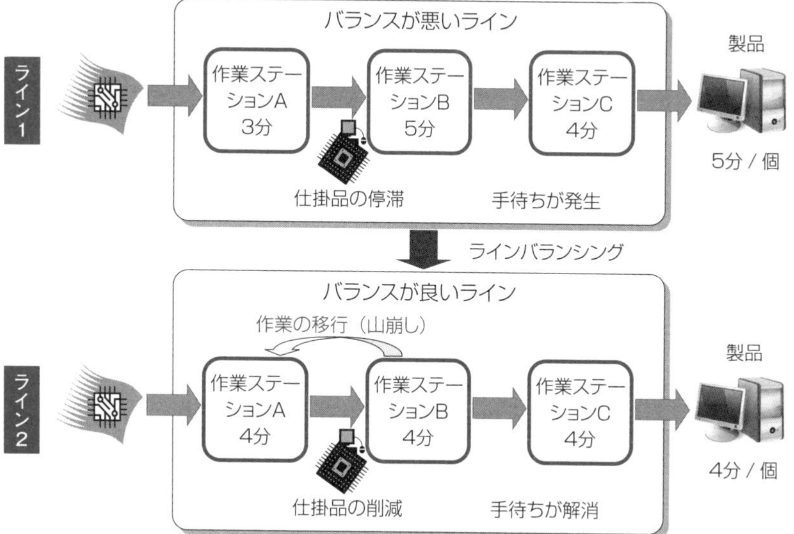

2 セル生産方式

セル生産方式は，**加工機械のグループ（セル）単位で工程を編成する方式**です。グループテクノロジーを利用して部品をグループ化することで，それらの生産に適した機械を配置します。**グループテクノロジー**とは，**多種類の部品をなんらかの類似性に基づいて分類することで，多品種少量生産に大量生産的効果を与える管理手法**です。U字ライン方式や１人生産方式などがあります。

U字ライン方式は，作業者のまわりをラインが取り巻き，１人で複数の工程を担当するため，**工程間の待ち時間が発生せず，バランスロス率を下げる**ことができます。また，生産計画を変更した場合に，作業者を増員したりレイアウトを柔軟に変更しやすいというメリットがあります。

それに対し**１人生産方式**は，１人で最初から最後までの作業を行います。よって，仕掛品が発生せず，作業者が自分のペースで作業を進めることができ，モチベーションを高めることができますが，**作業者の能力に大きく依存**します。

Answer　□1　ラインバランシング
□2　セル

分野1　生産管理

1-3 工場計画

ポイント　工場レイアウトには，固定式レイアウト，機能別レイアウト，製品別レイアウト，グループ別レイアウトという基本的な分類があります。また，工場レイアウトの設計をシステマティックに行う手法を，SLP（Systematic Layout Planning）と言います。

1 工場レイアウト

固定式レイアウトは，**製品を固定して，そこで作業を行う方式**です。船舶や大型の製品などに多く用いられます。

機能別レイアウトは，**機能が似ている設備をまとめて配置**する方式です。設備の「機能」を重視しています。よって，図にあるように，製品の「流れ」，すなわち加工経路は，製品によって異なる形になります。

製品別レイアウトは，**製品の加工の「流れ」を重視**した方式です。製品の加工の順番にそって直線的に設備を配置します。

グループ別レイアウトは，製品別レイアウトと機能別レイアウトの中間に位置づけられるような方式です。類似した製品をグループ化して，その**グループ化した製品に対して，共通のラインで生産**します。

●工場レイアウト

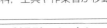

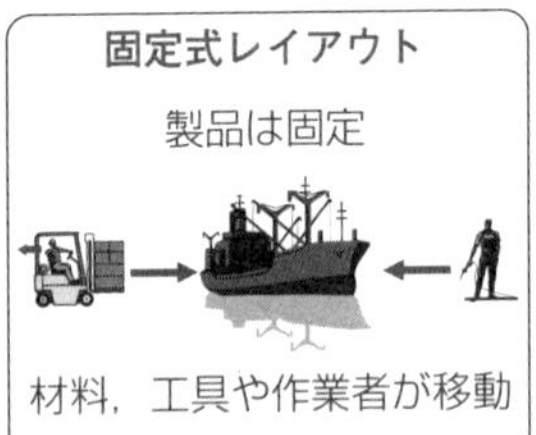

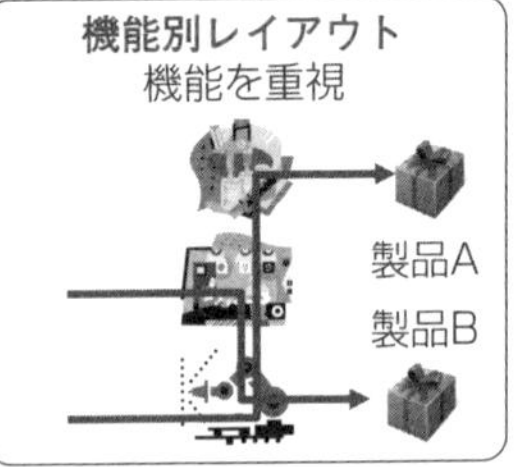

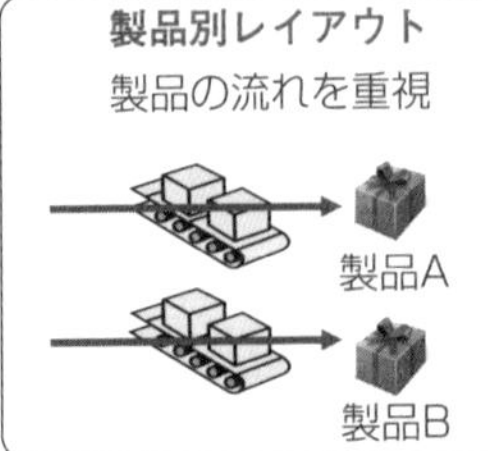

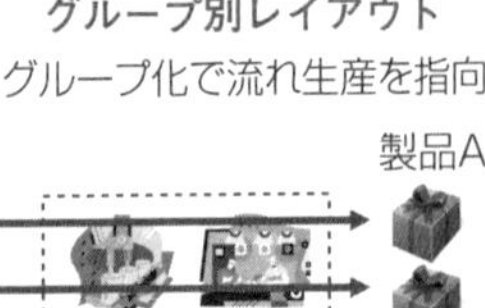

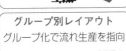

まとめcheck　□1　SLPで，工場内の構成要素のことを何と言うか。

2 SLP（Systematic Layout Planning）

SLPでは，設備や機械，材料，倉庫などの構成要素（**アクティビティ**）の配置を計画します。SLPでは，アクティビティの流れや，アクティビティ間の関連性を分析することで，最適なレイアウトを計画します。

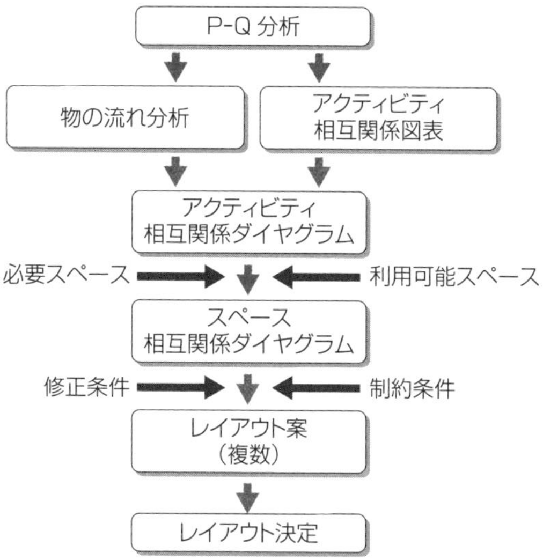

最初の手順は，**P-Q分析**です。P-Q分析では，どのような製品（Product）をどれだけ生産するのか（Quantity）を分析します。

●SLPの手順

P-Q分析
↓ ↓
物の流れ分析 / アクティビティ相互関係図表
↓ ↓
アクティビティ相互関係ダイヤグラム
必要スペース → ↓ ← 利用可能スペース
スペース相互関係ダイヤグラム
修正条件 → ↓ ← 制約条件
レイアウト案（複数）
↓
レイアウト決定

次に，**物の流れ分析**と，**アクティビティ相互関係分析**を行います。物の流れ分析は，どのような流れで製品を加工するかを分析するものです。アクティビティ相互関係分析では，アクティビティ間の関連性を分析します。

次に，これらを基に，**アクティビティ相互関係ダイヤグラム**を作成します。アクティビティ相互関係ダイヤグラムでは，アクティビティの配置を地理的に表します。

その後，実際の面積を考慮して，**スペース相互関係ダイヤグラム**を作成します。これを基に，実際の**レイアウト案**をいくつか作成し，最終的に1つのレイアウトに決定します。

科目3 運営管理
分野1 生産管理

Answer □1 アクティビティ

重要度 **A** B C

分野1　生産管理

1-4 生産計画・統制

ポイント　生産計画では，どのような製品を，いつ，どれだけ作るかを決定します。計画にそっているかを確認するのが統制です。

1 生産計画

生産計画は，製品の**生産量と生産時期を決定**するものです。

生産計画を業務別に分類すると，**手順計画**，**工数計画**，**日程計画**に分けられます。手順計画では，製品を生産するための作業や，工程の順序，作業条件などを決定します。次に，工数計画では，一定期間で生産する製品の納期や数量を一旦決定した後，その生産に必要な工数を計算します。最後に，生産のスケジュールに関する日数計画をします。

2 スケジューリング

スケジューリングの手法には，さまざまなものがあります。大きく分けると，**プロジェクトスケジューリング**，**ジョブショップスケジューリング**，**フローショップスケジューリング**があります。

プロジェクトスケジューリングは，**個別生産形態**で用いられるスケジューリング手法です。代表的なものとして，作業日程の計画と管理をするための**ガントチャート**があります。右下図のように，作業ごとのスケジュールを線で表します。

●ガントチャート

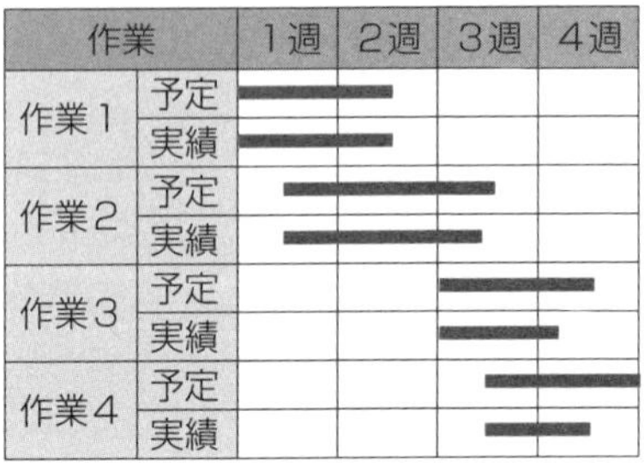

作業		1週	2週	3週	4週
作業1	予定	━━━	━		
	実績	━━━	━		
作業2	予定	━━	━━━	━	
	実績	━━	━━━	━	
作業3	予定			━━━	━
	実績			━━━	
作業4	予定			━	━━━
	実績			━	━━

ジョブショップスケジューリングは，**多品種少量生産形態**で，機能別レイアウトの場合に多く用いられます。製品ごとに工程が異なるため，加工経路が複雑で，スケジューリングも難しくなります。

フローショップスケジューリングは，

まとめcheck
□1　生産計画はどのような順序で立てるか。
□2　ガントチャートはどのような生産形態の計画に使われるか。

少品種多量生産形態で，製品別レイアウトの場合に多く用いられます。この場合は，製品が同じ経路で連続的に生産されるため，よりシンプルです。

3 需要予測

見込生産の場合は，生産計画を立てる前に，需要予測をすることが重要です。

需要予測の方法にはさまざまなものがあり，代表的な手法として，移動平均法や指数平滑法(しすうへいかつほう)が挙げられます。移動平均法には，さらに単純移動平均法と，加重移動平均法があります。

単純移動平均法では，過去の実績の**単純平均を，需要の予測値とします**。例えば，４月の売上が100万円，５月が80万円，６月が120万円のとき，７月の売上を予測してみましょう。単純移動平均法では，過去の平均値を予測値とします。４月，５月，６月の平均を計算すると100万円になります。よって，７月の売上の予測値は100万円です。

加重移動平均法も，過去の実績の平均を用いて予測値を求めますが，過去のデータに異なる重みをつけて加重平均値を取ります。

指数平滑法は，直近のデータに大きなウェイトを置いて，移動平均を算出します。**直近の実績を重視**して，予測値を求める方法です。

4 生産統制

生産統制では，生産計画にそって生産が行われているかを確認します。計画と実績に差異がある場合は原因を明確にして対応策を立て，計画に近づけていきます。大きく分けて，**進捗管理**，**現品管理**，**余力管理**から構成されます。

進捗管理は，日程計画に対して，仕事の進捗状況を把握し，**日々の仕事の進み具合を調整する活動**です。現品管理は，部品や仕掛品などの**運搬や保管の状況を管理する活動**です。余力管理は，工程や作業者について，現在の負荷状況と能力を把握し，余力や不足がある場合は，**作業の再配分を行う活動**です。

管理方法として代表的なものに，トヨタ自動車が開発した有名な**かんばん方式**があります。これは，後工程引取方式を実現するための情報伝達の手法で，後工程から前工程に生産指示が出されます。後工程が生産した分だけ，前工程で生産するため，無駄を極力排除することができます。

Answer
□1　手順計画→工数計画→日程計画
□2　個別生産

分野1　生産管理

1-5 資材管理

ポイント　資材管理の６つの機能とそのうちの資材計画について学習します。

1 資材管理

資材管理の主な機能は６つあります。それは，**資材計画**，**在庫管理**，**購買管理**，**外注管理**，**倉庫管理**，**運搬管理**です。

●資材管理の６つの機能

① 資材計画：生産計画を基に，必要な資材の品目や数量，時期などを決定。つまり，いつどれぐらいの資材が必要かを計画する。
② 在庫管理：各種の資材を適切な水準に維持するための活動。
③ 購買管理：実際に外部から資材を調達するための活動。このとき，適正な品質とコストの資材を，必要な時期に必要な量だけ調達することが重要。
④ 外注管理：外注することで外部の企業の技術や生産力を効果的に活用するための活動。
⑤ 倉庫管理：資材や製品の保管や入出庫を，効率的に行うための活動。
⑥ 運搬管理：工場内や工場間での資材の運搬や，それに必要な機器を管理する活動。

2 資材計画

資材計画では，生産に必要な資材が，いつ，どれだけ必要かを決定することが重要です。これを決定するのが，**MRP**（Material Requirement Planning：**資材所要量計画**）です。MRPは，製品の生産計画を基に，**資材の所要量と時期を計画**するための仕組みです。

①　基準生産計画（MPS）

基準生産計画は，製品の**生産計画**から**資材所要量を求めるシステム**です。ここで，パソコンなどの最終製品や個別に提供されるサービスパーツなどのことを**独立需要品目**，CPUやメモリのような製品を構成する部品のことを**従属需**

まとめcheck　□1　資材管理の６つの機能を述べなさい。

要品目と呼びます。資材所要量計画（MRP）は，独立需要品目の生産計画を基準生産計画として与え，従属需要品目の所要量と時期を計算します。

② **部品表（BOM）**

部品表は，製品を構成する部品の種類と数量をまとめたものです。製品を構成するすべての部品を階層型に表現した**ストラクチャ型**部品表と，製品を構成するすべての部品をリストで表した**サマリー型**部品表の２種類があります。

MRPでは最初に，基準生産計画と部品表を基に，**総所要量計算**を行います。総所要量とは，生産計画に従って生産するときに，必要になる部品の所要量のことです。部品表の**部品の個数を用いて，所要量を計算**します。

次の手順は，**正味所要量計算**です。総所要量から手持ちの在庫と発注残を引いて，足りない分の所要量を計算し，**できるだけ余分な部品を発注しない**ようにします。

次に**ロットまとめ**をします。**一定の規模の所要量をロットとしてまとめる**ことで，より経済的なオーダーにすることができます。

最後に，**先行計算**です。部品のリードタイム情報を基に，**購買と生産の計画オーダーを作成**します。作成された**計画オーダー**は，人間が確認した後に正式に発行されます。

●MRPの手順

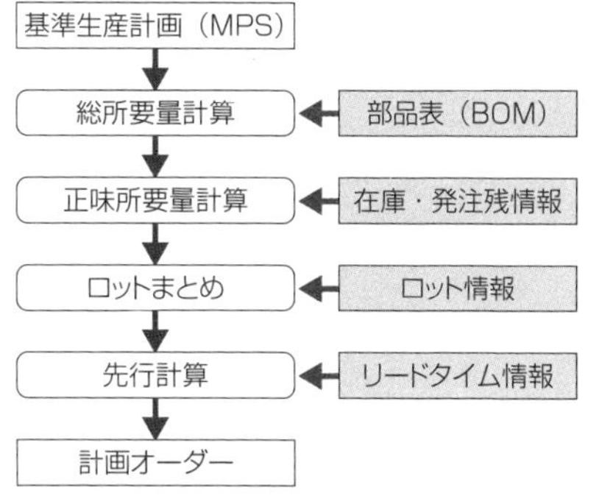

●部品表（BOM）

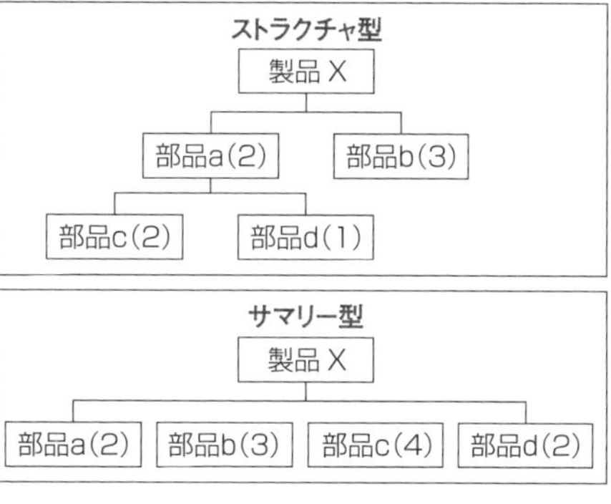

Answer □1 資材計画 在庫管理 購買管理 外注管理 倉庫管理 運搬管理

分野1　生産管理

1-6 在庫管理

ポイント　在庫管理は，各種の資材や製品などの在庫を，適切な水準に維持するための活動です。

1 在庫の発注方式

在庫の発注方式には，いくつかの種類があります。代表的な発注方式として，定量発注方式や定期発注方式，**ダブルビン方式**があります。ダブルビン方式は，**2つの入れ物を用意し，一方が空になったら発注するという，簡易的な方式**です。

2 定量発注方式

定量発注方式では，**在庫量が一定の水準になったときに，一定量を発注**します。この方式では，発注する量は毎回同じです。毎回発注する量のことを，**経済的発注量**と呼びます。また，発注するときの在庫の水準のことを**発注点**と呼びます。

初めに経済的発注量と発注点を決めておけば，あとは在庫量だけを見ていればよいため，**管理が自動化しやすく簡単**です。一方で，常に同じ量しか発注しないため，**需要の変動に対応しにくい**というデメリットがあります。**需要が安定しており，単価が低い品目**に向いています。

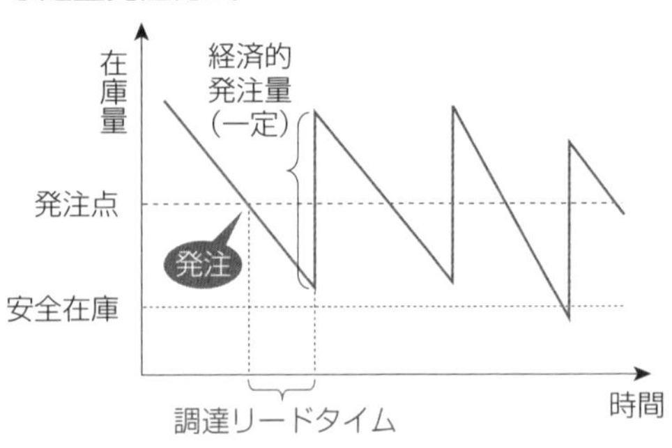

まとめcheck　□1　在庫の代表的な発注方式を挙げなさい。

3 定期発注方式

定期発注方式では，**一定期間ごとに，その都度発注量を決めて発注**します。この方式では，発注のたびに，需要の予測や在庫量を考慮して発注量を決定します。そのため，需要の変化に応じて，**発注量をきめ細かく変化**させることができます。一方で，発注のたびに発注量を計算する必要があるため，**管理が複雑で手間がかかります。単価が高く，在庫調整の必要性が高い品目**に向いています。

●定期発注方式

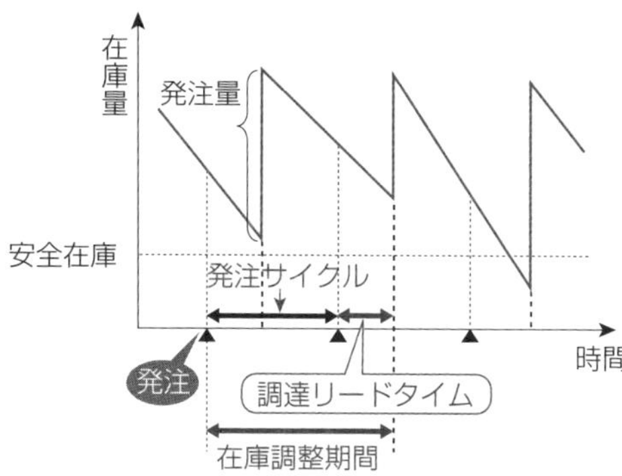

4 ABC分析

ABC分析では，在庫の品目を，在庫金額などの基準によって，A，B，Cの3つに分類します。この分類によって，適切な在庫管理を選択する方法です。

●ABC分析

Aグループ	重点管理をする品目。金額が大きいため，在庫水準を抑えるように，きめ細かく管理。発注方式は，**定期発注方式**が向いている。
Bグループ	重要度はAグループよりも低いため管理レベルを下げる。発注方式は，基本的には**定量発注方式**を採用。ただし単価が高い品目については，定期発注方式にする。
Cグループ	品目が多く重要度が低いため管理の手間を削減するようにする。発注方式は，**ダブルビン方式**など管理が楽な方式を採用。

Answer □1 定量発注方式 定期発注方式 ダブルビン方式

重要度 A B C

分野1　生産管理

1-7 IE① 方法研究

ポイント　IE（Industrial Engineering）は，簡単に言えば，生産性を高めるための工学的な手法の体系です。日本語では経営工学や生産工学，管理工学などと呼ばれます。

1 IEの体系

IEは**方法研究**と**作業測定**から構成されます。方法研究は，作業の方法を最適化する手法です。作業測定は，作業効率を測定し標準時間を設定するための手法です。

方法研究はさらに，**工程分析**と**動作研究**に分けられます。工程分析は，製品を生産したり，運搬する工程を分析する手法です。動作研究は，より細かく作業者の動作を分析し，最適な作業方法を求めるための手法です。

2 工程分析

工程分析には，**製品や作業者の工程分析**と，**運搬分析**があります。工程分析では，作業や物の流れを表すために，一般にJISで定められている工程図記号を使って工程図を作成します。

製品工程分析では，**製品が加工される流れを，運搬，検査，停滞を含めて表します**。製品工程分析では，右頁の図のように，工程ごとに，作業の種類を表す工程図記号を線で結んでいきます。こうすることにより，線の場所によって，どこに問題があるかが一目でわかります。

例えば，下から２番目の工程では，パレットの上で滞留しているため，工程図記号の「滞留」の所に線があります。これは，付加価値を生んでおらず，改善すべき部

●工程図記号

記号	名称	説明
○	加　工	元の原材料や部品の，形状や性質に変化を与える
□	数量検査	物の量や個数を測定する
◇	品質検査	物の品質特性を検査する
○ ⇨	運　搬	物の位置を変える
▽	貯　蔵	物を計画的に蓄えている
D	滞　留	物が計画に反して滞っている

まとめcheck
□1　製品工程分析で使用する記号を何と言うか。
□2　動作研究の代表的なものを挙げなさい。

●製品工程分析

工程	距離（m）	時間（秒）	工程系列					
			加工	運搬	貯蔵	滞留	数量検査	品質検査
材料倉庫			○	⇨	▽	D	□	◇
フォークリフトで搬送	10	45	○	⇨	▽	D	□	◇
材料を切断		20	○	⇨	▽	D	□	◇
コンベヤで搬送	3	10	○	⇨	▽	D	□	◇
プレス		30	○	⇨	▽	D	□	◇
移動	1	20	○	⇨	▽	D	□	◇
パレットの上で滞留		120	○	⇨	▽	D	□	◇
数量検査		35	○	⇨	▽	D	□	◇
…								

分になります。

運搬分析では，**物の移動や運搬を分析**します。運搬自体は，付加価値を生んでいないため，できるだけ削減したり，効率化することが重要です。手法の1つとして，**運搬工程分析**があります。物が運搬される工程を，運搬工程分析記号で表し問題点などを分析します。製品工程分析では，製品の加工を中心に分析しましたが，運搬工程分析では物の移動を中心に分析します。

3 動作研究

動作研究は，**作業者の動作を詳細に分析し，最適な作業方法を求める**ための手法の体系です。動作研究の代表的なものとしては，サーブリッグ分析，両手動作分析，連合作業分析があります。

サーブリッグ分析では，作業者の**動作を，18の基本動作に分解して分析**します。この18の基本動作のことをサーブリッグ（動素）と呼んでいます。

両手動作分析は，作業者の**両手の動作を分析**するものです。動作プロセスごとの左手と右手の動きを，工程図記号などを使って表していきます。

連合作業分析は，作業者と機械という組み合わせや，２人以上の作業者の組み合わせによる**連合作業を分析**する手法です。特に，作業者と機械の連合作業を分析する手法をマン・マシンチャート分析と呼びます。

Answer

□1　工程図記号

□2　サーブリッグ分析　両手動作分析　連合作業分析

重要度 A **B** C

分野1　生産管理

1-8 IE② 作業測定

ポイント　IEは方法研究と作業測定から構成されます。作業測定は，作業効率を測定し標準時間を設定するための手法であり，稼働分析と時間研究から構成されます。稼働分析は，作業者や機械の稼働を分析する手法です。時間研究は，作業の標準時間を設定するための手法です。これにより，作業を効率化します。

1 稼働分析

稼働分析は，作業者や機械の作業効率や無駄な稼働を分析する手法です。作業の効率は，**稼働率**（**実際稼働時間 ÷ 総時間**）で求めることができます。

実際稼働時間は，作業を実際に行っている時間です。非稼働の時間は付加価値を生まないため，非稼働の時間を減らし，稼働率を維持することが重要です。

稼働率を調査する方法には，**ワークサンプリング**と**連続観測法**があります。

●稼働率の調査

ワークサンプリング	ワークサンプリングは，作業を瞬間的に観測して，稼働状況を統計的に求める方法。この方法では，時々観測を行い，そのときの作業内容を記録。そして，最後に集計をすることで稼働内容や稼働率の分析を行う。
連続観測法	連続観測法は，観測対象につきっきりで観測する方法。そのため，詳細に作業を分析でき，問題点を細かく分析できるが，観測に大きな労力がかかる。

2 時間研究

時間研究は，**作業を分解し，各作業の標準時間を設定するための手法**です。**標準時間**を設定することで，作業時間の計画や，統制を適切に行っていくことができます。

標準時間は，ある作業単位を行うための標準的な時間で，**主体作業時間**と**準備段取作業時間**から構成されます。さらに，それぞれは**正味時間**と**余裕時間**か

まとめcheck　□1　稼働率を求める式を述べなさい。

ら構成されます。

主体作業時間は，ロットの間の主体となる作業時間です。つまり，材料を加工したり，部品を組み立てる時間です。準備段取作業時間は，ロットごと，もしくは始業や終業時に発生する，準備や段取，後始末などの時間です。

正味時間は，主体作業と準備段取作業を遂行するのに必要な時間です。余裕時間は，さまざまな理由で発生する遅れの時間です。機械の調整や打ち合わせ，休憩やトイレに行くなどといった時間です。

また，**レイティング**は，**実際に観測した作業時間を，正味時間に修正**することです。例えば，非常に作業が早い作業者を基に正味時間を設定すると，標準作業時間としては不適切になってしまいます。この場合は，**レイティング係数**という数値を使って時間の調整を行います。レイティング係数は，基準とする作業ペースを100%とした場合の，その作業者の作業ペースです。基準よりも早い場合は，100%よりも大きくなります。このレイティング係数を使うと，正味時間は次のように計算できます。

正味時間 ＝ 観測時間の代表値 × レイティング係数

例えば，ある作業者で観測したときの観測時間が100秒だったとします。この作業者は，とても作業が早くレイティング係数は120%です。このときの，正味時間は100秒に120%をかけて，120秒となります。

●標準時間の設定

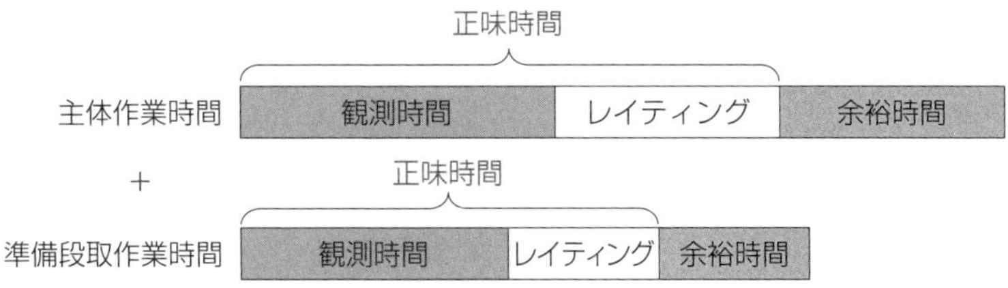

科目3 運営管理
分野1 生産管理

Answer □1 稼働率＝実際稼働時間÷総時間

　　重要度 A B C

分野1　生産管理

1-9 品質管理

ポイント　品質には，設計品質と製造品質の２つがあります。
設計品質は，**ねらいの品質**とも呼ばれ，製品の設計時にねらいとした品質です。製造品質は，**結果の品質**とも呼ばれ，製品の製造時の結果として生じた品質です。

1 品質管理の変遷

日本では，1950年代から，生産現場で不良を減らすことをテーマとした統計的品質管理が発展してきました。その後60年代には，範囲を拡張した**TQC**（Total Quality Control：**全社的品質管理**）が中心となりました。TQCとは，品質管理を効果的に実施するためには，生産現場だけではなく，製品の企画や設計，購買，アフターサービス，人事・教育など，製品を提供するすべての段階で全社的に行う必要があるという考え方です。これに関連して，**QCサークル**という小集団による品質改善活動が盛んに行われました。

80年代には，新しい概念として**TQM**（Total Quality Management：**総合的品質管理**）が米国で提唱されました。TQMは，顧客満足の向上を実現するために，戦略的に企業活動全体の品質を向上させる手法です。

2 QC７つ道具

QC７つ道具は，品質の改善活動をするための手法を集めたものです。高度な知識がなくても使いやすいため，QCサークルなどでもよく使われています。

①　管理図

管理図は，**測定した値を折れ線グラフにしたもの**です。この測定値が異常かどうかを判別するために，上下に**管理限界線**が引かれます。製品や工程が基準から外れていないかを管理します。

●管理図

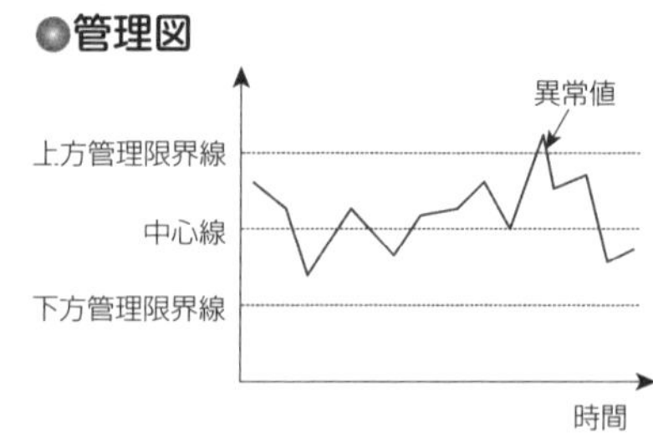

まとめcheck　□1　QC７つ道具を挙げなさい。

② **パレート図**

パレート図は，項目別に不良数などの件数を数えて，多い順に並べたグラフです。**取り組むべき重点課題を明確にする**のに役立ちます。例えば，不良原因別に不良数を表示するパレート図を作成することで，対策ができます。

●パレート図

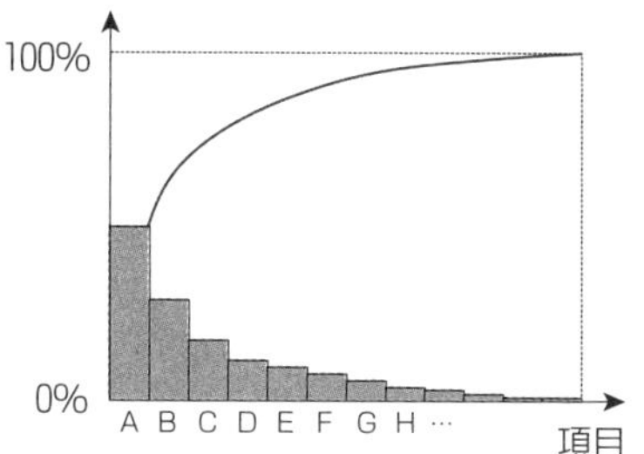

③ **ヒストグラム**

ヒストグラムは，データ範囲ごとのデータの個数，つまり度数を表示したグラフです。**度数分布図**とも呼ばれます。

●ヒストグラム

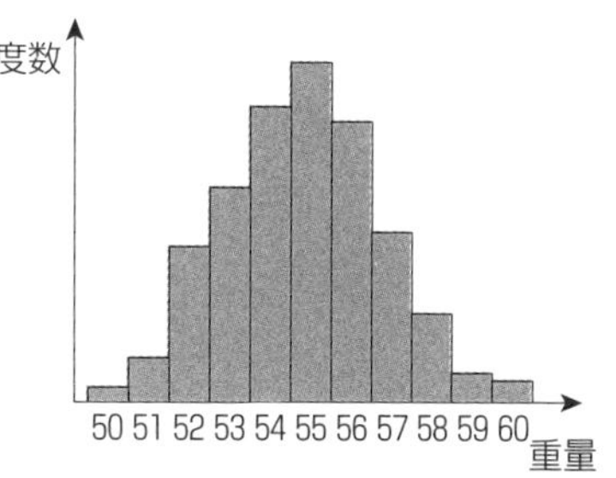

④ **散布図**

散布図は，2つの特性をX軸とY軸に取り，データを点でプロットしたものです。**2つの特性の間の相関関係を把握**するために使うことができます。

●散布図

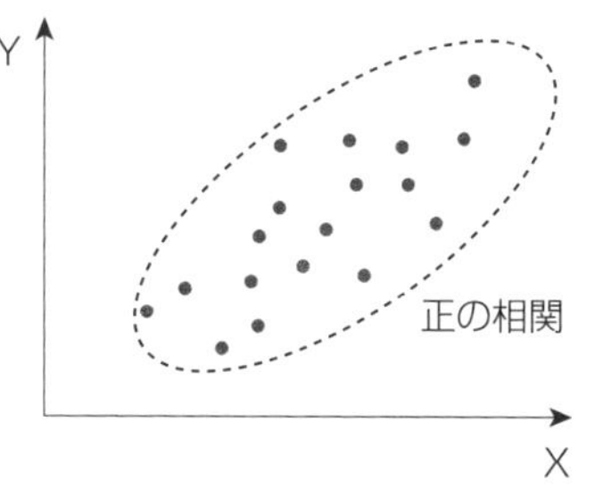

⑤ **特性要因図**

特性要因図は，ある特性と，それをもたらすさまざまな要因の関係を図で表したものです。例えば，品質が悪いという問題に対して，その原因となっている要因を魚の骨のような形に記入していきます。

⑥ **チェックシート**

チェックシートは，データを記録するためのシートです。点検のときに利用したり，分析に使うデータを記録するのに利用されます。

⑦ **層別**

層別は，①～⑥の手法とは少し異なり，特定の図などは存在しません。**データの母集団をいくつかの層に分割**することです。①～⑥の手法と組み合わせて使用します。

Answer　□1　管理図　パレート図　ヒストグラム　散布図　特性要因図　チェックシート　層別

　重要度 **A** B C

分野1　生産管理

1-10 生産情報システム

ポイント　情報システムは製品の開発から製造，販売まで不可欠です。

1 開発・設計の情報システム

製品の開発・設計では，設計や設計情報の管理に情報システムが利用されています。設計では，CAD，CAM，CAEというシステムが連携して使用されます。

●設計で使われるシステム

CAD (Computer-Aided Design)	**製品の設計をコンピュータを利用して行う**システム。作成した設計図は**モデル**と呼ぶ。モデルは設計データとして保存され，必要に応じて共有することが可能。
CAM (Computer-Aided Manufacturing)	**モデルの情報を，加工機械などに直接インプットする**システム。CAMでは，CADなどで設計したモデルを，生産できるようにNC工作機械などにインプットする。これにより，工程設計を支援することができる。
CAE (Computer-Aided Engineering)	モデルの情報を基に，**製品のシミュレーションを行う**システム。CAEは，製品を実際に作る前に，強度や安定性，性能などを，主に構造面からシミュレーションで評価するためのシステム。

2 製造の情報システム

製造工程では，生産設備がコンピュータにより自動化されるようになっています。ここでは，主な製造システムを見ていきます。

●主な製造システム

NC (Numerical Control)	**数値制御される工作機械**。CADなどで作成したモデルからプログラムを作成し，そのプログラムを使って工作機械が自動的に製品を加工。
MC (Machining Center)	機械に多数の工具がセットされており，**工具を自動的に使い分けながら加工する工作機械**。さまざまな加工が行える。
FMS (Flexible Manufacturing System)	**工程全体をコンピュータで管理する生産システム**。FMSは，複数のNCや自動搬送装置などから構成された工程を管理。FMSにより，1つの生産ラインでさまざまな製品を生産できるため，多品種少量生産に対応。

まとめcheck

□1　開発・設計に使われる代表的なシステムを述べなさい。
□2　材料から生産，販売を経て製品が顧客に渡るまでの一連の流れを何と言うか。

3 シミュレーション

製品の開発や製造のスピードをさらに向上する目的で，近年さまざまなコンピュータシミュレーション技術が発達しています。

●代表的なシミュレーション技術

バーチャル マニファクチャリング	現実に近い生産システムのモデルを作り，実際に生産する前に仮想的な生産を行うシミュレーション技術。製品の設計・開発・製造・検査など，生産に関わるすべての工程をコンピュータ内のモデルに構築し，シミュレーションを行う。
DMU （デジタルモックアップ）	設計段階で実物の試作品（モックアップ）を作らずに，三次元CADによる製品設計モデルを用いて，製品の外観や，内部構成，動作などの比較・検討を行うシミュレーション技術。

4 サプライチェーンマネジメント

サプライチェーンマネジメントは，材料から生産，販売を経て製品が顧客に渡るまでの一連の**サプライチェーン（供給連鎖）の全体を最適化**するための手法です。全体を最適化するために，需要情報や販売情報，生産情報などをリアルタイムで共有します。これにより，最適な量の製品を迅速に提供できるようになるため，在庫を削減し，リードタイムを短縮するなどの経営の効率化を図ることができます。その実現には，リアルタイムの情報共有や，MRPによる資材所要量の計画が必要になるため，ITの支援が重要となります。

Answer
□1　CAD　CAM　CAE
□2　サプライチェーン

過去問をピックアップ⑪ 重要度 ★★★ 難易度 ★★★

生 産 形 態

令和元年第2問

生産工程における加工品の流れの違いによって区別される用語の組み合わせとして，最も適切なものはどれか。

ア 押出型と引取型
イ 多品種少量生産と少品種多量生産
ウ フローショップ型とジョブショップ型
エ 見込生産と受注生産

解答・解説 正解：ウ

ア ×　引取型は，受注生産において顧客の注文が起点となり，順番に製造指示が行われます。押出型は見込生産において前工程が後工程に材料や部品を送り込んでいきます。つまり，製造指示の起点の違いであり，加工品の流れの違いではありません。

イ ×　多品種少量生産，少品種多量生産は生産形態の分類における「品種と生産量」の違いで，加工品の流れの違いではありません。

ウ ○　フローショップでは，すべてのジョブについて実行されるべき作業が類似のもので，機械の配置に沿って加工品が流されます。一方，ジョブショップはジョブについて実行されるべき作業内容や工程順序が異なるため，加工品の流れは複雑で錯綜したものになります。

エ ×　見込生産と受注生産は，生産形態の分類における「注文と生産の時期」での違いで，加工の流れの違いではありません。

過去問をピックアップ⑫ 重要度 ★★★ 難易度 ★★★

SLP

令和2年第3問

工場レイアウトの設計における体系的な進め方として，システマティックレイアウトプランニング（SLP）が知られている。

以下のａ～ｄは，SLPの各ステップで実施する事項である。SLPの実施手順として，最も適切なものを下記の解答群から選べ。

a　必要スペースと使用可能スペースの調整を行う。
b　生産品目と生産数量との関係を分析する。
c　実施上の制約を考慮して調整を行い，複数のレイアウト案を作成する。
d　物の流れとアクティビティを分析し，各部門間の関連性を把握する。

[解答群] **ア** a→b→d→c **イ** a→c→b→d **ウ** b→a→d→c
エ b→d→a→c **オ** d→c→a→b

解答・解説 正解：エ

SLPとは，アクティビティ相互関連度に基づいてレイアウトを設計するものです。なお，アクティビティとは，レイアウトを構成する諸要素です。

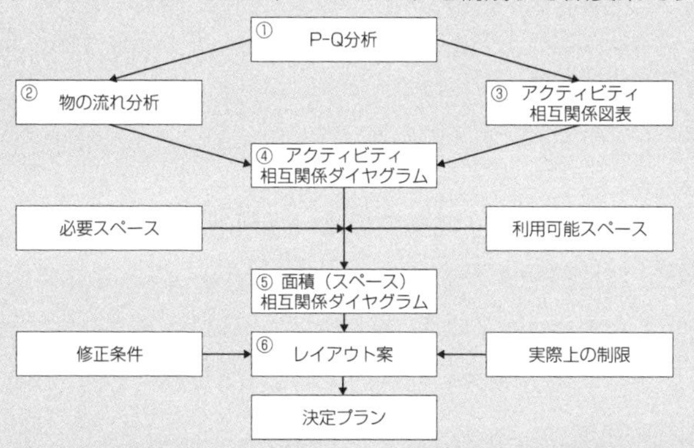

① P-Q分析：P（Product）は製品，Q（Quantity）は量です。P-Q分析をおこなって製品とそれらの量を正確に把握します。
② 物の流れ分析：物が移動する際の最も効率的な順序や工程経路を分析します。単純工程分析（オペレーション・プロセスチャート）や多品種工程分析（加工経路分析），フロムツーチャートを用います。
③ アクティビティ相互関係図表：アクティビティの相互関係を近接性の重要度で表した図表を用いて分析・検討します。
④ アクティビティ相互関係ダイヤグラム：②③に基づいてアクティビティの順序，近接性や工程経路を地理的配置に置き換えたアクティビティ相互関係ダイヤグラムを作成します。
⑤ 面積（スペース）相互関係ダイヤグラム：④の各アクティビティに見積もった面積を反映し，線図を作成します。
⑥ レイアウト案の作成：⑤を用いたレイアウト案を作成します。

aの「必要なスペースと使用可能スペースの調整を行う」は④アクティビティ相互関係ダイヤグラム，⑤面積（スペース）相互関係ダイヤグラムです。

bの「生産品目と生産数量との関係を分析する」は①P-Q分析，となります。

cの「実施上の制約を考慮して調整を行い，複数のレイアウト案を作成する」は⑥レイアウト案の作成となります。

dの「物の流れとアクティビティを分析し，各部門間の関連性を把握する」は②物の流れ分析，③アクティビティ相互関係図表となります。

したがって，b→d→a→cとなり，選択肢エが正解となります。

重要度 A B **C**

分野2 店舗・販売管理

2-1 店舗立地

ポイント　小売業では，店舗の場所，つまり立地は重要です。いくら品揃えや陳列方法などを工夫しても，顧客に来店してもらえないと売ることができないからです。

1 立地条件

小売業では，出店の際に**立地条件の良い場所を確保**しようとします。ただし，駅前などの好立地は競争が激しく地価や賃料が高く設定されますので，高いコストを回収できる売上が必要になります。このように，立地の選定では，来店客数だけでなく，**コストも含めて検討**する必要があります。

2 商圏

来店する顧客の地理的な範囲のことを，**商圏**と呼びます。つまり，商圏は，**自社の店舗に集客できる顧客の範囲**のことを表します。

通常の店舗では，店舗に近い住民のほうがより来店が多いと考えられます。来店客数の多さによって，１次商圏，２次商圏，３次商圏などというように分類することで，出店やマーケティング戦略に活用することができます。

商圏や都市の購買力については，昔からいろいろな研究が行われ，さまざまな理論が提唱されてきました。ここでは，代表的な理論を見ていきましょう。

①　ライリーの法則

ライリーの法則は，**２つの都市の間に存在する街から，それぞれどれぐらいの購買力を吸引するかを示した法則**です。例えば，東京と大阪の中間に，ある街があったとします。東京と大阪でしか対象とする商品が売っていなかった場合，この街から東京と大阪に流れる購買金額の割合はどうなるか，というのがライリーの法則の扱う問題です。ライリーの法則では，２つの都市に流れる購買金額の割合は，**都市の人口に比例し，距離の２乗に反比例する**ということを示しています。

まとめcheck　□1　商圏の意味を述べなさい。

② ライリー＆コンバースの法則

ライリー＆コンバースの法則は，ライリーの法則に基づいた，**２つの都市の間の商圏分岐点を計算するための法則**です。商圏分岐点は，２つの都市への吸引力がちょうど同じになる地点です。先ほどの例で言えば，東京と大阪に流れる購買金額が，ちょうど同じになる地点を求めるための法則です。

3 商業集積

商業集積とは，**店舗や関連する施設が複数集まっている地域**を表します。個別の店舗よりも，顧客に利便性を提供し，店舗は集客力を向上させることができます。商店街や，共同店舗，ショッピングセンターなどがあります。

① 商店街

商店街は，**店舗が自然発生的に集まって形成された商業集積**です。利便性，安全性，快適性，情報性，娯楽性，文化性，コミュニティなどの機能があります。

近年では，商業集積間の競争が激しくなっており，郊外の大規模ショッピングセンターなどに押されて，古くからの商店街が衰退する現象が見られます。

② 共同店舗

共同店舗は，複数の店舗が集まってテナントビルなどを作り，商業集積の機能を実現するものです。共同店舗にすることで，大型のショッピングセンターのようなワンストップショッピング機能を提供することができます。

③ ショッピングセンター

自然発生的に作られる商店街に対して，ショッピングセンターはデベロッパーなどによって計画的に作られた商業施設です。デベロッパーとは，ショッピングセンター開発の専門業者で，立地や店舗の選定，配置，施設の設計などを計画的に行うため，全体のコンセプトが統一された商業集積となります。

代表的なショッピングセンターの種類として，**アウトレットモール**，**パワーセンター**，**ホールセールクラブ**があります。

パワーセンターは，カテゴリーキラーと呼ばれる，ららぽーとなど特定の商品分野の品揃えが豊富で，かつ低価格で販売する大型専門店を複数集めたショッピングセンターです。また，ホールセールクラブは，コストコなど会員制の倉庫型の店舗のことを指します。

Answer　□1　自社の店舗に集客できる顧客の地理的範囲

　重要度 A **B** C

分野2　店舗・販売管理

2-2 店舗設計

ポイント　店舗の経営では，最初にストアコンセプトを明確にすることが重要です。

1 ストアコンセプト

ストアコンセプトとは，**誰に，何を，どのように販売するかに関する基本方針**です。ターゲットとする顧客，商品やサービスの構成，販売や接客などについて決めます。

2 店舗の外装

店舗の外装は，訴求機能や誘導機能を担っているため重要です。つまり，外装によって顧客の注意を引き，店内に誘導することが求められます。

●外装を構成する要素

ファサードは，**店舗の正面の外観**のことです。店舗の顔となり，店舗の存在を訴求していくものです。

似た言葉に，**店頭**があります。店頭は，広い意味ではファサードとほぼ同じですが，狭い意味では，ファサードのうち，パラペットよりも下の部分（シャッターボックスから下の部分）を指します。

パラペットは，ファサードの上部を意味し，**店の名前などの看板がある部分**となります。パラペット部分にある看板のことを，パラペット看板と呼びます。

3 売場レイアウト

店舗は，商品と販売員と売場から構成されます。**売場レイアウト**によって，商品の売れ行きや，販売員の作業効率が変わってきます。

売場レイアウトを設計する際には，動線を計画する必要があります。動線に

まとめcheck
- □1　店舗の正面の外観を何と言うか。
- □2　複数の棚がある陳列台を何と言うか。

は，**客動線**，**従業員動線**，**商品動線**があります。客動線はなるべく長くして，顧客が店内をくまなく回るように設計する必要があります。一方で，従業員動線は，従業員が店内で移動する経路ですので，短いほうが効率的に作業ができます。

通路には，多くの顧客が通るための幅が広い**主通路**と，主通路から枝分かれする幅が狭い**副通路**があります。主な客動線は，主通路を通る動線になります。

●**売場レイアウト**

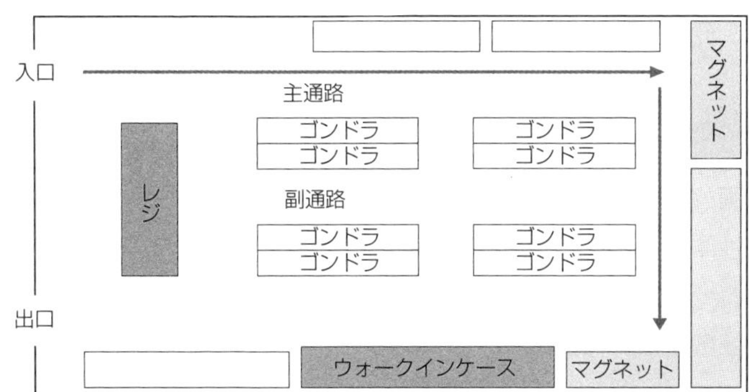

4 売場の什器

什器とは，売場の中で**陳列などに使用する器具**のことです。次のようなものがあります。

陳列台	商品を陳列するための台で，さまざまな種類がある。スーパーマーケットなどでは，**ゴンドラ**と呼ばれる複数の棚がある陳列台が多く使用される。
ショーケース	商品が見やすいようにガラスなどでできているケース。正面の扉が閉まるクローズド型のものと，正面にはガラスがないオープン型のものがある。
ウォークインケース	商品を後ろから補充する形の冷蔵庫。コンビニエンスストアの飲料やビールなどの陳列で使用される。
マグネット	売れ筋の商品や，話題の商品，季節性のある商品，特売品など。顧客を引きつけて，動線をコントロールするねらいがある。

Answer　□1　ファサード
□2　ゴンドラ

重要度 A B **C**

分野2　店舗・販売管理

2-3 店舗関連の法律

ポイント　店舗関連の法律では，**まちづくり3法**と呼ばれる3つの法律が重要です。まちづくり3法は，（改正）都市計画法，大規模小売店舗立地法（略して大店立地法），中心市街地の活性化に関する法律の3つを指します。これらの法律は，1998年から2000年にかけて順次施行され，2006年に都市計画法と中心市街地の活性化に関する法律が改正されています。

1 都市計画法

都市計画法は，まちづくりの計画である都市計画に関する法律です。**都市周辺での無秩序な開発を防ぎ，計画的な都市計画を図ることが目的**です。地域の特性に応じて，都市計画区域や準都市計画区域を指定しています。

都市計画区域は，都市計画制度上で，都市とされている範囲です。都道府県が指定し，都市計画区域ごとに，都市計画を定めて開発をしていきます。

都市計画区域では，さらに必要に応じて**市街化区域**と**市街化調整区域**に区分することができます。一般的にはこの区分のことを，線引きと呼んでいます。

市街化区域は，すでに市街地になっている地域や，今後計画的に市街化する地域です。市街化調整区域は，市街化地域とは逆に，市街化を抑制する地域です。このように地域を分けることで，それぞれに合ったまちづくりをしていきます。

また，**準都市計画区域**は，都市計画区域以外で，乱開発が懸念される地域を，都道府県が指定するものです。

2 大規模小売店舗立地法（大店立地法）

大店立地法は，**大規模小売店の出店の際に，周辺地域の生活環境の保持をするための法律**です。大店立地法は2000年に施行されました。

大店立地法の対象となるのは，店舗面積が**1,000平方メートルを超える店舗**です。このような大型店が出店すると，周囲には，騒音や駐車場に入る車が原因となる渋滞などが引き起こされます。そのため，大店立地法では，対象とな

まとめcheck　□1　まちづくり3法を挙げなさい。

る店舗について，渋滞や駐車・駐輪，騒音，廃棄物などの規制を定めています。また，規制の対象となるのは，飲食店を除く小売業です。

対象となる店舗に対しては，地域住民への説明会の開催が義務となっています。

3 中心市街地の活性化に関する法律

中心市街地の活性化に関する法律は，名前のとおり中心市街地を活性化させるための法律です。

国が作成した基本方針を基に，各市町村が中心市街地を定めて，その基本計画を作成します。そして，その基本計画に基づいて市町村や民間業者が，市街地の整備や商業の活性化などの事業を推進していきます。また，国による各種の支援措置が受けられます。

4 建築基準法

建築基準法は，**建築物の敷地や構造，設備，用途などの最低限の基準を定めたもの**です。一定の建築物を建築する際に，事前に指定確認検査機関の確認を受けないと着工できないという建築確認制度が設けられています。

試験では基本的な用語を中心に出題されます。

●建築基準法の用語

- 敷地面積：敷地の水平投影面積。敷地は，建築物のある土地のこと。水平投影面積は真上から見たときの面積。
- 建築面積：建築物の水平投影面積。
- 床 面 積：各階の床の水平投影面積。
- 延べ面積：建築物の各階の床面積の合計。
- 建ぺい率：敷地面積に対する建築面積の割合。
  建ぺい率 ＝ 建築面積 ÷ 敷地面積
- 容 積 率：敷地面積に対する延べ面積の割合。
  容積率 ＝ 延べ面積 ÷ 敷地面積

※ 建築基準法では，地域によって建ぺい率や容積率の上限が定められています。

Answer □1 都市計画法 大規模小売店舗立地法 中心市街地の活性化に関する法律

重要度 A **B** C

分野2　店舗・販売管理

2-4 マーチャンダイジング①　品揃え・仕入・価格設定

ポイント　マーチャンダイジングとは，ターゲット顧客に，何を，いくらで，どのように提供するかを計画し，実行，管理していくことです。

1 マーチャンダイジングの定義

マーチャンダイジングは，**5つの適正**を実現していく活動とも呼ばれます。5つの適正とは，**商品**，**価格**，**時期**，**数量**，**場所**です。つまり，最適な商品を，最適な価格で，最適な時期に，最適な数量を，最適な場所で販売するように計画し，実行していくことです。5つの適正を実現していくためには，品揃え，仕入，価格設定，陳列，販売促進などの活動を最適化していく必要があります。

2 品揃え

品揃えは，**商品ミックス**とも呼ばれます。商品ラインと商品アイテムをどのように揃えるかという商品ミックスの方針は，小売店の業態やストアコンセプトによっても変わってきます。

商品ラインの数のことを，商品ラインの**幅**と呼びます。また，**商品アイテムの数**のことを，商品アイテムの**深さ**と呼びます。

① **限定ライン戦略**

商品ラインの幅を狭く絞り込み，商品アイテムを深くすると，専門店型の店舗になります。これは，スポーツ用の靴の専門店のように，特定の品種の品揃えが豊富な形です。このような戦略を，**限定ライン戦略**と呼びます。

② **フルライン戦略**

商品ラインの幅を広くする戦略を，**フルライン戦略**と呼びます。例えば，百貨店は商品ラインが広く，商品アイテムも深い形態です。つまり，さまざまな品種についてたくさんのアイテムを揃えています。

まとめcheck　□1　商品ラインの幅を広くする戦略を何と言うか。

3 仕入

小売業が，メーカーや卸売業者から商品を仕入れるには，さまざまな方法があります。ここでは，代表的な仕入方法を見ていきましょう。

●代表的な仕入方法

買取仕入	小売業が商品を買い取って仕入れる方法。買い取った商品が売れ残るリスクは，小売店が負う形になる。量販店などにこの形態が多い。
委託仕入	メーカーなどの売り手が在庫の所有権を持ったまま，小売業が販売を行う方法。委託仕入では，商品が売れ残った場合には，メーカーなどの売り手に返品ができる。
消化仕入	別名を売上仕入と言い，店頭に商品を置き，売れた分を同時に仕入として計上する方法。売れない限り，仕入をする必要がないため，小売店は売れ残りのリスクを負わない。

4 価格設定

小売業で，**商品の販売価格を決定すること**を**値入（マークアップ）**と呼びます。値入は，コスト志向の価格設定方法で，商品の仕入価格に，どれだけ上乗せして販売価格にするかを決定します。**上乗せする割合**のことを**値入率**と呼び，**売価基準**と**原価基準**の２つがあります。

売価基準の値入率を求める式は，次のようになります。

売価値入率 ＝ 値入額 ÷ 売価

原価基準の値入率を求める式は，次のようになります。

原価値入率 ＝ 値入額 ÷ 原価

例えば，100円で仕入れた商品を，125円で販売した場合，値入額は25円になります。このとき，売価値入率は，25÷125で20％，原価値入率は，25÷100で25％となります。

Answer □1　フルライン戦略

重要度 A B C

分野2 店舗・販売管理

2-5 マーチャンダイジング② 陳列

ポイント　陳列のポイントについて学習します。

1 陳列の分類

陳列を大きく分けると，**量感陳列**と**展示陳列**に分類できます。

●陳列の分類

量感陳列	商品を豊富に並べることで，ボリューム感を出す方法。商品の豊富さを出すことで，購買意欲を高めるのが目的。食料品や日用雑貨などの最寄品でよく用いる。
展示陳列	テーマを決めて商品を演出する方法。ステージやショーウィンドウなどに，テーマを設定して商品を展示。手間がかかるが，店の重点商品や，買回品などに向いている。

2 陳列方法

次に，具体的な陳列方法を見ていきましょう。

ゴンドラ陳列は，ゴンドラに商品を並べる陳列です。スーパーマーケットなどで，定番品の陳列などに用いられます。通常は，手前のほうに商品が積み上がるように陳列する**前進立体陳列**にします。

エンド陳列は，ゴンドラの端である，**ゴンドラエンド**での陳列です。ゴンドラエンドは，目立ちやすいため**マグネットポイント**となります。ゴンドラエンドに，特売品や目玉商品を大量に陳列することで，顧客を引きつけ，非計画購買を促進することができます。

ジャンブル陳列は，**投げ込み陳列**とも呼ばれ，カゴの中に商品が大量に投げ込まれている陳列方法です。乾電池やガムなど単価の安い小物によく使用されます。小さい商品を1つずつ陳列する必要がないため陳列が容易です。

島出し陳列は，一部を通路側にはみ出して陳列する方法です。陳列に変化を

まとめcheck
□1　マグネットポイントとなるゴンドラ端の陳列を何と言うか。
□2　有効陳列範囲で手に取りやすい範囲を何と言うか。

与えることで活気を出し，顧客に注目させることができます。

レジ前陳列は，レジの直前に陳列する方法です。ついで買いや衝動買いを促進することができます。

●陳列方法

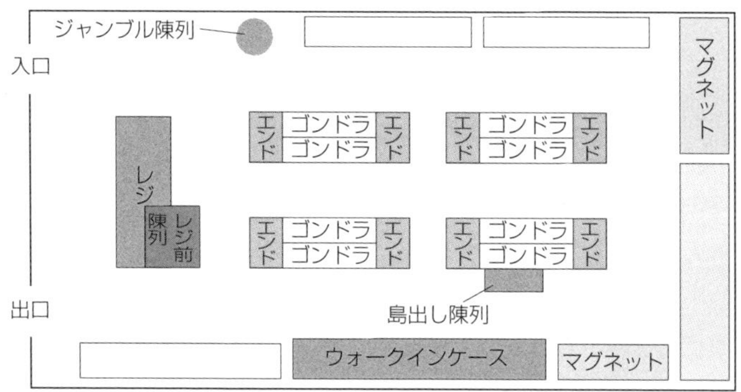

3 陳列範囲

陳列では，顧客に見やすく，手に取りやすい範囲に陳列するのがポイントです。

顧客の手に届く範囲のことを，**有効陳列範囲**と呼びます。有効陳列範囲は，一般的には**床から60cmの高さから，210cmの間**と言われています。基本的に，商品はこの有効陳列範囲の中に陳列する必要があります。

有効陳列範囲の中で，最も手に取りやすい範囲のことを，**ゴールデンゾーン**と呼びます。ゴールデンゾーンは，一般的には，**男性の場合は床から70～160cm，女性の場合は床から60～150cm**程度と言われています。ゴールデンゾーンにある商品は，無理なく手に取ることができるため，売れ筋の商品や，重点商品を配置するのが基本です。

●陳列範囲

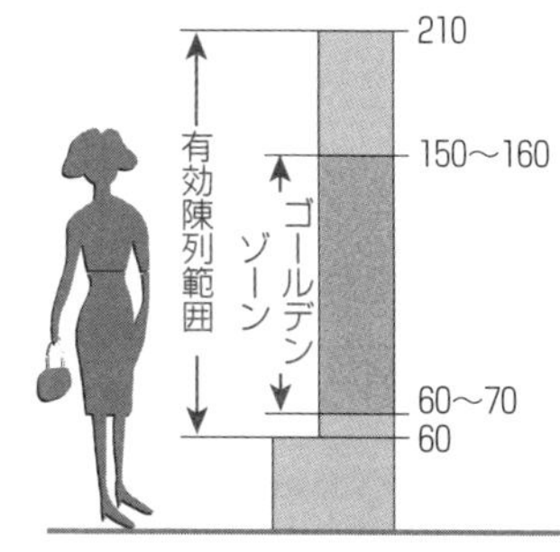

Answer
□1　エンド陳列
□2　ゴールデンゾーン

分野2　店舗・販売管理

2-6 マーチャンダイジング③ 販売促進

ポイント　販売促進の手法について学習します。

1 インストアマーチャンダイジング（ISM）

売上高は，「来店客数 × 客単価」という式に分解することができます。

インストアマーチャンダイジングは，小売店内で顧客への販売を促進するための科学的手法です。つまり，**客単価を上げるための手法を体系化したもの**です。

① 客単価の分解

客単価を分解すると，次のようになります。

客単価 ＝ 動線長 × 立寄率 × 視認率 × 買上率 × 買上個数 × 商品単価

② インストアプロモーション（ISP）

インストアマーチャンダイジングでは，客単価を上げるための方法を体系化しています。**インストアプロモーション（ISP）**と，**スペースマネジメント**から構成されます。

インストアプロモーションは，**小売店内で行う積極的な販売促進活動**です。価格対応ばかりでなく，顧客へのライフスタイル提案などを積極的に行い購買を促進しようと考えます。特売や値引き，ポイントカードやクーポンなどを使った**価格主導型**とデモ販売やサンプリング，クロスマーチャンダイジングを使った**非価格主導型**があります。

クロスマーチャンダイジング（CMD）は，関連商品をまとめて陳列・演出することで，買上個数を増やす活動です。**関連購買を促進**することで，１人当たりの買上個数を増やすことを目的としています。例えば，肉を単品で売るのではなく，焼肉のたれと並べて焼肉コーナーとして演出するなどです。

③ スペースマネジメント

スペースマネジメントは，**売場のスペース単位に売上・利益を最大化**してい

まとめcheck　□1　客単価を分解しなさい。

●客単価の分解

- 動線長：客動線の長さ。客動線が長くなるほど，たくさんの商品を見てもらうことができる。動線を長くする方法には，ゾーニングやレイアウトを工夫したり，マグネットポイントを設けることなど。
- 立寄率：それぞれの売場に立ち寄る率。立寄率を上げるには，ディスプレイや陳列を工夫することなど。
- 視認率：それぞれの商品を見てもらう率。視認率を上げるには，陳列の工夫やPOPによって商品を見やすくし，商品の情報をわかりやすく伝達することなど。
- 買上率：商品を買ってもらう率。買上率を上げるには，価格設定を工夫したり，POPでおすすめをしたり，デモ販売を行うことなど。
- 買上個数：まとめて多くの商品を買ってもらうこと。買上個数を増やすには，関連陳列を工夫したり，メニュー提案をしたり，セット販売にすることなど。
- 商品単価：より高い商品を買ってもらうこと。商品単価を上げるには，加工度を上げてより高い付加価値を提供することなど。例えば，食品であれば，加工して惣菜などにすることで，より高い単価で販売することができる。

く方法です。商品の陳列場所や，陳列量を販売データに基づいて計画し，コントロールをしていくことで，売場の生産性を向上させていきます。

スペースマネジメントは，売場の**配置計画**である**スペースアロケーション**と，**棚割計画**である**プラノグラム**から構成されます。棚割は，棚の中の陳列位置やフェイス数を決めることです。陳列位置やフェイス数を決定する際には，アイテムごとの粗利や商品回転率などの販売データを分析し，売場や棚の生産性が最も高くなるように計画します。

2 カテゴリーマネジメント

カテゴリーマネジメントは，顧客の視点から見た商品のカテゴリーを作り，その**カテゴリー単位で品揃え・陳列・販売促進などを行っていく手法**です。

例えば，オーガニックというカテゴリーを作って，各種のオーガニックの食品や，調味料，雑貨，化粧品，衣料品などを揃えることによって，オーガニックというライフスタイルを好む人は，関連購買をする割合が高くなります。

カテゴリーマネジメントを実現するためには，陳列や販売促進だけでなく，カテゴリー単位に経営管理を行う組織を編成する必要があります。

Answer　□1　客単価＝動線長×立寄率×視認率×買上率×買上個数×商品単価

重要度 **A** B C

分野2　店舗・販売管理

2-7 商品予算計画

ポイント　小売業では，利益の目標をGMROI（商品投下資本粗利益率：Gross Margin Return On Inventory Investment）で設定します。その後，GMROIの目標を達成するための各活動の予算を設定します。

1 GMROI（商品投下資本粗利益率）

GMROIは，**投下した商品に対する，粗利益の割合**を表します。GMROIが高いと，投下した商品から効率的に粗利益を得ていることになります。

GMROIは「**粗利益 ÷ 平均在庫高**」で求めますが，平均在庫高（原価）は，期首の商品の在庫高と期末の商品の在庫高を平均したもので，さらに次のように分解できます。

$$\text{GMROI} = \text{粗利益} \div \text{平均在庫高}$$
$$= \frac{\text{粗利益}}{\text{純売上高}} \times \frac{\text{純売上高}}{\text{平均在庫高（原価）}}$$
$$= \text{粗利益率} \times \text{商品投下資本回転率}$$

GMROIを高めるには，商品の単価を上げるなどして粗利益率を上げるか，商品をたくさん売ることで商品投下資本回転率を上げることが必要になります。商品投下資本回転率は，さらに次のように分解できます。

$$\text{商品投下資本回転率} = \frac{\text{売上高}}{\text{平均在庫高（原価）}}$$
$$= \frac{\text{売上高}}{\text{平均在庫高（売価）} \times (1 - \text{売価値入率})}$$
$$= \text{商品回転率（売価）} \times \frac{1}{1 - \text{売価値入率}}$$

ここで，商品回転率（売価）は，「**売上高 ÷ 平均在庫高（売価）**」で計算さ

まとめcheck　□1　GMROIはどのように算出するか。

れる，売価基準の回転率です。商品投下資本回転率は，原価基準で計算したものですので注意しましょう。売価値入率は，「**値入額 ÷ 売価**」を計算したものです。

これを，先ほどのGMROIの式に代入すると，次のようになります。

$$\text{GMROI} = \text{粗利益率} \times \text{商品回転率（売価）} \times \frac{1}{1 - \text{売価値入率}}$$

この式からわかるように，GMROIを高めるには，**粗利益率を上げるか，商品投下資本回転率を上げるか，売価値入率を上げる**ことが必要となります。

2 交差比率

GMROIの代わりに，**交差比率**という指標を使うこともあります。交差比率は，GMROIの分母の在庫を売価にしたものになります。交差比率は，「**粗利益 ÷ 平均在庫高（売価）**」で求められます。

3 在庫高予算

商品予算計画では，売上高予算を決定した後に，在庫高予算を編成します。在庫高予算によって，月初の適正在庫高を見積もることができます。月初の適正在庫高を決定する方法として，基準在庫法と百分率変異法があります。

① 基準在庫法

基準在庫法は，**商品回転率が6回以下の商品**に向いているとされています。基準在庫法による月初在庫高予算は，「当月売上高予算 ＋ 安全在庫」で計算します。ここで，安全在庫は，「年間平均在庫高 － 月平均売上高」で求められます。

② 百分率変異法

一方，**百分率変異法**は，**商品回転率が6回以上の商品**に向いているとされています。百分率変異法による月初在庫高予算は，年間平均在庫高に，各月のズレをかけて計算します。具体的には，次の式で計算します。

$$\text{月初在庫高予算} = \text{年間平均在庫高} \times \frac{1}{2}\left(1 + \frac{\text{当月売上高予算}}{\text{月平均売上高}}\right)$$

Answer　□1　GMROI＝粗利益÷平均在庫高

重要度 **A** B C

分野2　店舗・販売管理

2-8 物　流

ポイント　物流は，物的流通の略で，メーカーから消費者まで製品を届ける活動を表します。

1 物流の機能

物流は，さまざまな機能から構成され，**輸送**，**保管**，**荷役**（にやく），**包装**，**流通加工**があり，これが5大機能と呼ばれています。また，これらの機能を支えるための，物流情報処理機能があります。

2 物流センター

物流センターは，さまざまなメーカーの多種多様な製品を一旦集約し，保管，仕分け，流通加工などを行い，小売業の注文に合わせて配送するための拠点です。**入荷**，**保管**，**ピッキング**，**流通加工**，**仕分け**，**出荷**等の作業があります。

①　**入荷**

入荷では，最初にメーカーからトラック等で輸送されてきた商品を荷受けし，商品の種類や商品の数に間違いがないかを検品します。検品では多品種で大量の商品を正確に確認する必要があります。そのため，現在では**EDI**（159頁参照）**システム**を介して，メーカーから**事前出荷明細**（**ASN**：Advanced Shipping Notice）を受け取っておき，検品作業を効率化するようにしています。

②　**保管**

入荷した商品は，在庫として**保管**します。保管の際には，出荷オーダーにすぐに対応できるように，荷捌き（にさばき）を行った上で所定の場所に保管します。商品の場所を決めて，どこに保管されているかを管理することを，**ロケーション管理**と呼び，商品が先入先出しになるように情報を管理します。

③　**ピッキング**

ピッキングは出荷オーダーに従って，商品を棚から取り出す作業です。ピッ

まとめcheck
□1　物流の5大機能とは何か。
□2　複数のメーカーの商品を一括して小売店に配送する拠点を何と言うか。

キングによって，小売店舗などからの注文に応じた商品を揃えることができます。

ピッキングの方法には，複数のオーダーをまとめて品種別にピッキングして後で店舗別に仕分ける**種まき方式**と店舗単位（オーダー単位）でピッキングする**摘み取り方式**があります。

④　**流通加工，仕分け，出荷**

流通加工では，値札やラベル貼り，包装，検品など，さまざまな加工が製品になされます。**仕分け**は，店舗別に商品を分類する作業です。仕分け後，トラック等に積み込んで**出荷**します。

3 一括物流センター

複数のメーカーの商品を一括して小売店に配送することを**一括物流**と呼びます。また，それを実現する物流センターを**一括物流センター**と呼び，**在庫型**と**通過型**があります。

在庫型センターは，**在庫を持つセンター**です。各メーカーから卸売業者が運んできた商品を一旦センターの中に在庫として保持し，小売店舗ごとにピッキングや仕分けを行って，配送・納品します。

通過型センターは，在庫を持たずに商品の仕訳などを行いますが，さらに，**ベンダー仕分型**と**センター仕分型**があります。ベンダー仕分型は，センターに納品するベンダー（卸売業者）が，事前に店別に仕分けを行った上でセンターに納入する形態です。センターでは，検品した後にすぐに出荷場に運び，一括配送します。センター仕分型は，ベンダーは事前に仕分けを行わずにセンターに商品を持ち込み，センター内で店別にピッキング，仕分けを行う形態です。

●一括物流センター

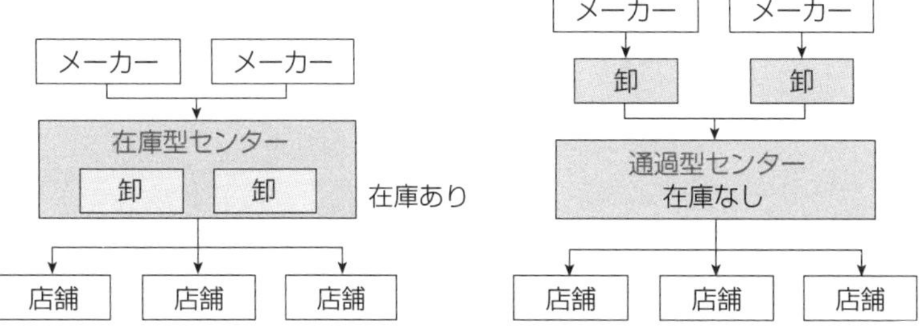

Answer
□1　輸送　保管　荷役　包装　流通加工
□2　一括物流センター

　　重要度 A B C

分野2　店舗・販売管理

2-9 流通情報システム

ポイント　流通において今や情報システムは欠かせません。

1 POSシステム

POSはPoint of Salesの略で，**販売時点の情報を収集・管理するシステム**です。商品にバーコードを付与しておき，レジで精算するときに読み取ることによって，単品ごとの販売情報を収集し，活用します。

バーコードは，後で説明するJANコードが広く用いられています。通常のJANコードは，商品を特定する情報は持っていますが，価格に関する情報は含まれていません。よって，POSレジでバーコードをスキャンする際には，店舗にある**ストアコントローラー**と呼ばれるコンピュータから価格情報を取得します。これを**プライスルックアップ**（PLU：Price Look Up）と呼びます。

2 バーコード

バーコードは，小売店舗でPOSに使用されたり，物流センターで物の管理に使われるなど，さまざまな用途・場所で使用されています。バーコードには，さまざまな種類があり，代表的なものはJANコードやITFコードです。

JAN（Japan Article Number）コードは，商品に幅広く使われているバーコードで，**商品共通コード**とも呼ばれます。

日本のJISによって規格化されており，**国際的な規格であるEAN（European Article Number）コードと互換性がある**13桁の標準タイプと，互換性がない8桁の日本独自の短縮タイプがあります。

標準タイプは，**初めの2桁が国のコード**（日本は49か45），次の5桁もしくは7桁がメーカーコード，その次の5桁もしくは3桁が，商品を表す商品コードです。最後の1桁は，**チェックデジット**と呼ばれる，誤読を防ぐためのコードです。

まとめcheck　□1　バーコードの代表的なものを挙げなさい。

●バーコード

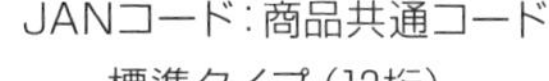

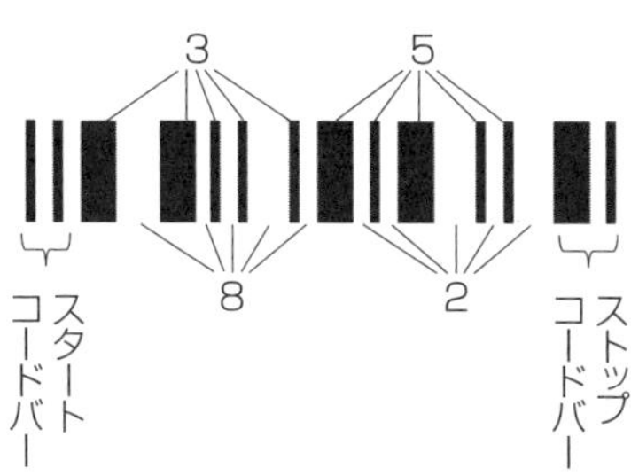

ITFコードは，荷物の段ボールによく印刷されている物流でよく使われているコードで，**標準物流コード**とも呼ばれます。

段ボールなどの包装容器に含まれている商品の数量や，商品のJANコードが含まれているため，**箱を開けずに中身を確認でき**，仕分けや検品などで活用されています。

黒いバーだけではなく，間の白いバーにも意味があり，たくさんの情報が盛り込まれています。

3 EOSとEDI

EOS（Electronic Ordering System）は，企業間の**オンライン受発注システム**です。**EDI**（Electronic Data Interchange）は，こういった取引のオンライン化を支えるためのインフラとなります。

EOSは，小売店からの発注業務を，卸売や本部などに対してネットワーク経由で行うシステムです。従来の受発注は，電話やFAXが中心でしたが，EOSにより，発注作業を省力化し効率的に行うことができ，手作業による発注ミスを防ぐことができます。

EDIは**電子データ交換**を表します。企業間の受発注だけでなく，見積りや，契約書，新商品などの情報を交換することができます。現在では，インターネットの発展に伴ってネットワークを使用し，ブラウザを使って情報をやり取りする**WEB-EDI**が増えてきています。そのため，コストが安く，中小事業者でも導入することが容易になっています。

Answer　□1　JANコード　ITFコード

過去問をピックアップ⑬　重要度 ★★★　難易度 ★★★

陳　列　方　法

令和２年第29問

店舗における売場づくりに関して，以下に示す【陳列手法】と【陳列の特徴】の組み合わせとして，最も適切なものを下記の解答群から選べ。

【陳列手法】
①　レジ前陳列
②　ジャンブル陳列
③　フック陳列

【陳列の特徴】
a　商品を見やすく取りやすく陳列でき，在庫量が把握しやすい。
b　非計画購買を誘発しやすく，少額商品の販売に適している。
c　陳列が容易で，低価格のイメージを演出できる。

［解答群］
ア　①とa　②とb　③とc
イ　①とa　②とc　③とb
ウ　①とb　②とa　③とc
エ　①とb　②とc　③とa
オ　①とc　②とa　③とb

解答・解説　正解：エ

陳列手法に関する問題です。基本的な知識を問う問題です。
①　レジ前陳列は非計画購買を誘発しやすく，少額商品の販売に適しています。したがって，bが適切な記述です。
②　ジャンブル陳列は陳列が容易で割安感を抱かせるもので，cが適切な記述です。
③　フック陳列は，フックバーに商品をかけて展開する陳列方法です。小型の文具等で使われることが多く，陳列されている商品の在庫量がわかりやすいというメリットがあります。したがって，aが適切な記述です。
以上より，①－b，②－c，③－aが適切な組み合わせですので選択肢エが正解となります。

過去問をピックアップ⑭ 重要度 ★★★ 難易度 ★★★

交差比率（交差主義比率）

平成27年第32問

商品予算計画に関する以下の用語とその算出方法の組み合わせとして，最も適切なものを下記の解答群から選べ。

<用語>

① GMROI
② 交差主義比率
③ 商品回転率

<算出方法>

a 粗利益÷平均商品在庫高（原価）
b 粗利益率×商品回転率
c 年間売上高÷平均商品在庫高（売価）

[解答群]

ア ①：a ②：b ③：c
イ ①：a ②：c ③：b
ウ ①：b ②：a ③：c
エ ①：b ②：c ③：a
オ ①：c ②：a ③：b

解答・解説 正解：ア

選択肢の用語と算出方法を見ていきましょう。

① GMROI（商品投下資本粗利益率：Gross Margin Return On Inventory Investment）

GMROIは，投下した商品に対する粗利益の割合を表します。仕入の側面から，投資の効率性を見る指標です。GMROIが高いと，投下した商品から効率的に粗利益を得ていることになります。

GMROI＝ 粗利益÷平均商品在庫高（原価）

よって，計算式はａが適切です。

② 交差主義比率

交差主義比率は，販売の側面から商品が効率的に粗利益を稼いでいるかを見る指標です。GMROIと同様に，投下した商品に対する粗利益の割合を表しますが，GMROIが商品在庫高を原価基準で計算するのに対して，交差主義比率では売価基準で計算します。

$$
\begin{aligned}
\text{交差主義比率} &= \text{粗利益} \div \text{平均商品在庫高（売価）} \\
&= \frac{\text{粗利益}}{\text{売上高}} \times \frac{\text{売上高}}{\text{平均商品在庫高（売価）}} \\
&= \text{粗利益率} \times \text{商品回転率}
\end{aligned}
$$

よって，計算式はｂが適切です。

③ 商品回転率

商品回転率とは，商品が一定期間にどれだけ回転（仕入→販売）したかを表すもので，販売の効率性を見る指標です。商品回転率の求め方には，売価ベース，原価ベース，数量ベースの３つの方法がありますが，本問題では売価ベースの算出方法が示されています。

商品回転率（売価ベース）＝ 売上高 ÷ 平均商品在庫高（売価）
商品回転率（原価ベース）＝ 売上原価 ÷ 平均商品在庫高（原価）
商品回転率（数量ベース）＝ 売上数量 ÷ 平均商品在庫高（数量）

よって，計算式はｃが適切です。

以上より，①：ａ　②：ｂ　③：ｃとなり，選択肢アが正解です。

科目4

経営情報システム

経営情報システムの攻略法

1．科目の全体像と試験の特徴

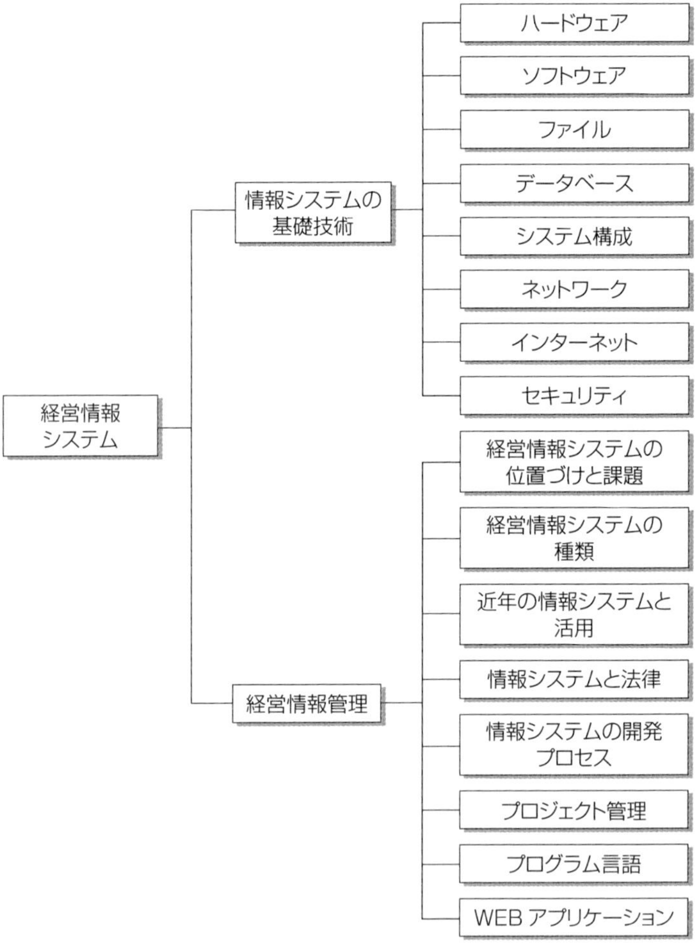

- 経営情報システム
  - 情報システムの基礎技術
    - ハードウェア
    - ソフトウェア
    - ファイル
    - データベース
    - システム構成
    - ネットワーク
    - インターネット
    - セキュリティ
  - 経営情報管理
    - 経営情報システムの位置づけと課題
    - 経営情報システムの種類
    - 近年の情報システムと活用
    - 情報システムと法律
    - 情報システムの開発プロセス
    - プロジェクト管理
    - プログラム言語
    - WEB アプリケーション

科目４　経営情報システムは，名前のとおり，情報システムに関する科目です。専門的な内容が多いため，得意，不得意が分かれやすい科目です。

現代の経営では，情報システムの活用は非常に重要になっています。そのため，経営全般のアドバイザーである中小企業診断士も，情報システムの基本的な知識を持ち，経営に活用できる必要があります。そのため，本科目では，**情報システムの基本知識**と，それを**経営に活用できるスキル**が問われます。

２次試験では，情報システムの技術について問われることは，ほとんどありません（３頁参照）。２次試験で情報システムに関連する問題が出題される場合は，経営課題を解決するための，情報システムの活用方法といった形で出題されます。例えば，業務を効率化するために管理すべきデータ項目や顧客関係を強化するためのインターネットの活用方法，顧客データのセキュリティの留意点というような形です。

２．科目の攻略法

本科目では，情報システムが元々得意な方とそうでない方で戦略が変わってきます。

情報システムが元々得意な方は，本科目が得点源になるようにします。例えば，システムエンジニアの方は，情報通信技術に関する基礎的知識の分野の問題は，取りこぼさないようにすれば高得点を取ることが可能です。

こういった方の基本戦略は，まず，**自分の知識が不足している分野**（自分の専門分野以外は，知らない部分があることが多いです）の知識を補充することと，どんどん過去問演習をすることで，問題に慣れ，本番試験で高得点が取れるようにすることです。

一方，情報システムが専門でない方は，本科目の目標は，60点取れれば十分で，最悪足切りの40点を回避すると割り切って勉強するほうが効率的です。高得点を取るにはかなりの勉強量が必要ですので，その時間を，２次に深く関連する重要科目（特に財務会計など）に配分したほうがよいと思います。

この目標を達成するための基本戦略は，**試験で重要なポイントに絞って勉強**

することです。情報システムの技術は，日々進化しており，専門家でも追随していくことは大変です。そのため，すべて理解しなければと考える必要はありません。最低限の基礎知識を覚えたら，過去問演習を行い，よく出題されている事柄，簡単に覚えられる事柄から覚えるのが効果的です。複雑で理解できないと感じた所は，後回しもしくは捨てるほうがよいでしょう。

また，情報システムに苦手意識を感じる理由として，**省略語**が多いということがあります。CPU，RAM，SQL，HTML，……といったように，情報システムの分野は省略語のオンパレードです。省略語は，繰り返すことで慣れるのがポイントです。無理に省略前の言葉（例えば，CPUの元の言葉であるCentral Processing Unit）を覚える必要はありません。省略語でも何回も繰り返しているうちに，だんだんその言葉に慣れてくるでしょう。言葉に慣れてくれば，過去問の解説を読んだときに理解できるようになってきます。

3．効率の良い勉強法

本科目には，大きく2つの分野，①情報システムの基礎技術と，②経営情報管理があります。

①情報システムの基礎技術の分野では，まず，**ハードウェアやソフトウェアの基本知識**を確認しておきましょう。

また，**ネットワーク**，**インターネット**，**データベース**の分野からも毎年出題されています。ただし，出題には偏りがあるので，基礎知識の勉強は早めに終わらせて，あとは過去問を見ながら勉強したほうが効率的です。

例えば，データベースの分野では，SQLが出題されることがありますが，ほぼ，同じようなSELECT文であることが多いです。そのため，最初はこういった部分に絞って覚えたほうが効率が良いでしょう。

②経営情報管理の分野では，**情報システムの開発**のテーマからよく出題されています。情報システムの開発の流れや手法の基本を押さえておきましょう。

また，プログラム言語など，特に専門性が高いテーマは，あまり時間をかけず，基本的な問題（各言語の基本的な特徴など）に対応できるようにしたほうがよいでしょう。

分野1 情報システムの基礎技術

1-1 ハードウェア① CPU・記憶装置

ポイント　記憶装置とその実行をするCPU（Central Processing Unit）について学習します。CPUは，コンピュータの頭脳にあたる部分で，制御機能と演算機能から構成されています。中央演算処理装置と呼ばれることもあります。

1 CPU（シーピーユー）

CPUは，記憶装置から命令である**プログラムを読み込んで，その命令を実行**します。命令にはさまざまな種類がありますが，単純な命令を繰り返すことで複雑な処理をしていきます。

①　レジスタ

CPUでデータの演算を行うときには，データを一時的に置いておく場所が必要です。CPUの中で，演算のためにデータを格納しておく場所を**レジスタ**と呼びます。レジスタは，**非常に高速で小さいメモリ**です。

通常のデータや命令は，主記憶装置の大きなメモリに格納されています。CPUでデータを処理するときには，主記憶装置からレジスタにデータを取ってきます。そのデータを演算装置で演算し，結果を再びレジスタに書き込みます。

②　クロック周波数

CPUは，一定のリズムで演算を処理しています。このリズムのことを，**クロック周波数**と呼びます。クロックは，音楽のメトロノームのように，一定のリズムをきざむものです。このクロック周波数に合わせてCPUは動作します。

クロック周波数が大きいほど，CPUは高速に動作します。そのため，クロック周波数は，**CPUの性能の基準**として使われています。クロック周波数の単位はヘルツ（Hz）で表されます。ヘルツは1秒間に実行される演算の数を表しています。

まとめcheck
- □1　CPUの中で，演算のためにデータを格納する場所を何と言うか。
- □2　パソコンなどの主記憶装置に使われる，メモリを何と言うか。

2 記憶装置の階層構造

記憶装置には右図のような階層構造があります。

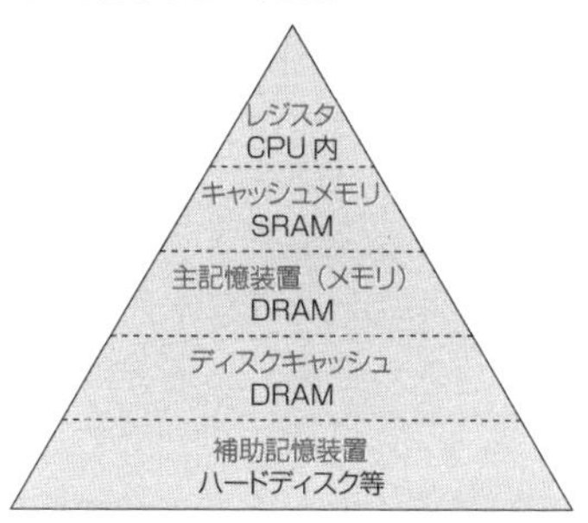

一番上は，**CPU内**にある**レジスタ**です。レジスタは主記憶装置に比べて数十倍～数百倍も高速ですが，とても小さいものです。

その下の階層は，**キャッシュメモリ**です。キャッシュメモリは，CPUと主記憶装置の間に位置し，この2つの速度の差を埋めるためのものです。キャッシュメモリは，主記憶装置よりも高速にアクセスできます。

その下が，**主記憶装置**です。主記憶装置は**メモリ**と呼ばれ，プログラムで使われる主要なデータを格納しておく領域です。一般的に，主記憶装置は，通常はコンピュータの電源を消すと消去されます。

その下の階層は，**ディスクキャッシュ**です。ディスクキャッシュは，**メモリとハードディスクなどの補助記憶装置の間に位置**し，この2つの速度の差を埋めるためのものです。ディスクキャッシュは，ハードディスクよりも高速にアクセスできます。

その下の階層が，**ハードディスク**などの**補助記憶装置**です。ハードディスクは，主記憶装置に比べて速度は遅いですが，安価で，電源を消してもデータが消去されないという特徴があります。

メモリには，大きく**RAM**（ラム）と**ROM**（ロム）という種類があります。パソコンなどの**主記憶装置**は，**通常はRAM**となっています。RAM（Random Access Memory）は，データを自由に読み書きできますが，**電源を消した場合には内容が消える**タイプのメモリです。

一方で，ROM（Read Only Memory）は，**電源を消しても内容が消えない**タイプのメモリです。ROMは，元々は文字どおりに読み込み専用のメモリでしたが，最近では書き込みができるタイプのものもあります。ROMの一種として，フラッシュメモリが普及してきています。これは，書きかえが可能なROMです。

Answer
□1　レジスタ
□2　RAM

分野1 情報システムの基礎技術

1-2 ハードウェア② インタフェース

ポイント　コンピュータの入出力装置には，キーボード，マウス，ディスプレイ，プリンタなどさまざまなものがあります。こういった周辺機器とコンピュータをつなぐ仕組みをインタフェースと呼びます。

1 インタフェースの分類

インタフェースは，**コンピュータと周辺機器を接続するための規格**を言い，時代と共に進化してきており，さまざまな種類があります。インタフェースを大きく分けると，**シリアル伝送**と**パラレル伝送**に分類されます。

シリアル伝送は，**1本の信号線でつなぐもの**です。それゆえ，データを順次転送する形になります。

パラレル伝送は**複数の信号線でつなぐもの**です。パラレル伝送では，データを並列に転送します。そのため，シリアル伝送に比べて，一度に送信できるデータ量が多くなります。

2 インタフェースの種類

シリアル伝送のインタフェースには，下記のものがあります。

①　USB（ユーエスビー）

USBは近年よく使われるようになったインタフェースです。マウスやキーボード，プリンタ，ハードディスク，USBメモリなど**さまざまな機器との接続**で使われています。

USBハブを使うことで最大127台までの周辺機器を接続できます。USBハブは，1つのUSBケーブルから，複数のUSBポートに分岐するための装置です。

②　IEEE1394（アイトリプルイーイチサンキューヨン）

IEEE1394は，**マルチメディア機器などを接続するための，高速なインタフェース**です。IEEE1394は，デジタルビデオカメラを接続する際の標準的な規格となっています。

まとめcheck　□1　インタフェースとは何か。

③ IrDA（アイアールディーエー）

IrDAは，**赤外線を使った無線通信**の規格です。携帯電話にも多く内蔵されており，メールアドレスなどの情報を携帯電話間で交換する際にも使われます。この場合は，2つの携帯電話の赤外線通信のポートを向かい合わせにする必要があります。IrDAは，赤外線を使用するため，通信する機器の間に障害物があると，通信ができなくなります。

④ Bluetooth（ブルートゥース）

Bluetoothも，**無線通信**の規格です。Bluetoothは，IrDAと違い**電波を使って通信**します。そのため，機器の間に障害物があっても，近距離であれば通信を行うことができます。Bluetoothは，コンピュータ間で無線でデータを転送したり，さまざまな周辺機器と無線接続するときに使われます。

⑤ SCSI（スカジー）

パラレル伝送の代表的なインタフェースにはSCSIがあります。SCSIは，**外付けのハードディスクとの接続などに用いられる，高速なインタフェース**です。

最近では，外付けのハードディスクでも安価なUSBを使うものが多くなっています。

●インタフェース

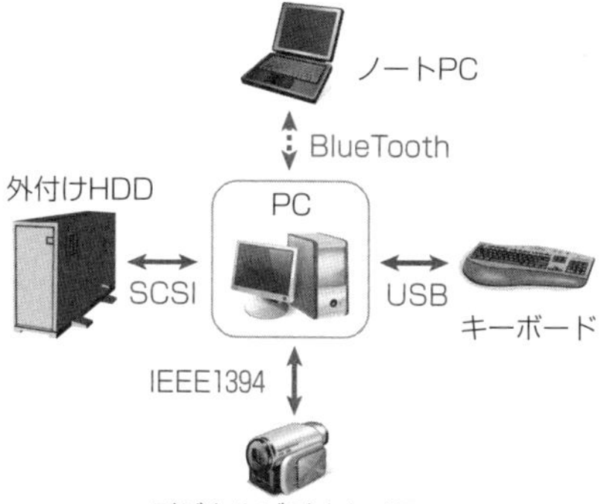

科目4 経営情報システム
分野1 基礎技術

Answer □1 パソコンと周辺機器を接続するための規格。大きく分けるとシリアル伝送とパラレル伝送がある。

　重要度 A B C

分野1 情報システムの基礎技術

1-3 ソフトウェア

ポイント　ソフトウェアは，OS，ミドルウェア，アプリケーションソフトウェアに分類されます。

1 ソフトウェアの分類

① OS（オーエス）

OS（Operating System）は，**ハードウェアを制御し**，**基本的な機能を提供**するためのソフトウェアで，Windowsなどが代表的です。

② ミドルウェア

ミドルウェアは，**OSとアプリケーションソフトウェアの間に位置するソフトウェア**です。さまざまなアプリケーションソフトウェアで必要になる共通的なサービスを提供します。例えばデータベース管理システムなどがあり，OSの上で動作します。

③ アプリケーションソフトウェア

アプリケーションソフトウェアは，**ユーザが直接利用するソフトウェア**です。例えば，表計算ソフトやインターネットブラウザ，給与計算ソフトなど，目的に応じてさまざまなものがあります。

アプリケーションソフトウェアも，OSの上で動作します。また，必要に応じてミドルウェアにアクセスします。

2 OSの種類など

① OSの種類

OSには，代表的なWindowsの他に下記のものがあります。

まず，企業などが使うサーバ向けの**UNIX**（ユニックス）というOSがあります。信頼性が高く，細かい管理ができることから大規模システムなどで使われます。

また，近年では**LINUX**（リナックス）というオープンソースのOSもあり，企業でも使われ

まとめcheck　□1　OSの代表的な種類を挙げなさい。

るようになってきました。**オープンソースというのは，プログラム自体が公開されているフリーソフト**のことです。LINUXはUNIXと似ており，かつ導入コストが安いという特徴があります。

② ジョブとタスク管理

OSは，ソフトウェアのジョブやタスクを管理することで，複数のソフトウェアを同時に動作させています。**ジョブ**は，**プログラムを実行するときの処理の単位**です。**タスク**は，**ジョブをさらに細かく分けたもの**です。

CPUは，一度に1つの処理しかできませんが，OSではタスクを細かく分けて，複数のタスクを交互に実行することで，ユーザから見るとあたかも複数のプログラムを実行しているように制御しています。このように，複数のタスクを交互に実行することを**マルチタスク**と呼びます。

③ 入出力管理

また，OSでは，入出力インタフェースの管理も行っています。

キーボードやプリンタなどの周辺装置と，OSの間で情報をやり取りするには，**デバイスドライバ**という特別なソフトウェアを使用します。デバイスドライバは，**入出力を制御するためのソフトウェア**です。

デバイスドライバは，プリンタなどの周辺機器を購入すると，CD-ROMなどの形で付属しています。このデバイスドライバをインストールすることで，周辺機器が使えるようになります。

④ GUI（ジーユーアイ）

GUI（Graphical User Interface）とは，ユーザに対する情報の表示にグラフィック（アイコン）を多用して，**大半の基礎的な操作をマウスなどのポインティングデバイスによって行うユーザインタフェース**のことです。

近年ではGUIを利用するための基本的なプログラムをOSが提供することにより，アプリケーションソフトの操作感の統一や，開発負担の軽減などが図られています。

GUIを実装したOSには，Microsoft社のWindowsシリーズやApple社のMac OSなどがあります。UNIX系のOSの場合は，OS自体はGUI機能を持っていないことが多いですが，X Window Systemなどのソフトウェアを組み込んでGUI機能を追加することができます。

Answer　□1　Windows　UNIX　LINUX

重要度 

分野1 情報システムの基礎技術

1-4 ファイル

ポイント　ファイルには，さまざまな種類があり，用途，形式で分類できます。

1 ファイルの分類

ファイルは用途別に**プログラムファイル**と**データファイル**に分けられます。

プログラムファイルは，**ソフトウェアの命令が記述されたファイル**です。例えば，WindowsのOSやEXCELなどのソフトウェア自体が含まれているものです。プログラムファイルは，通常は利用ユーザにはあまり意識されません。

データファイルは，**ソフトウェアで使う各種のデータが格納されたファイル**です。例えば，商品の情報や，注文の履歴などが格納されます。データファイルは，さらに**マスタファイル**と**トランザクションファイル**に分類できます。

●マスタファイルとトランザクションファイル

マスタファイル	商品台帳や得意先台帳などの，**台帳**のような情報を格納するファイル。マスタファイルは，1つの情報が1箇所に記録される。例えば，ある得意先に関する情報は，得意先台帳の中で1件だけ記録される。
トランザクションファイル	売上履歴のように，**取引**を記録するファイル。トランザクションファイルは，取引のたびにデータが追加されるため，頻繁に更新される。

2 形式別の分類（テキストファイルとバイナリファイル）

ファイルは形式別に**テキストファイル**と**バイナリファイル**に分けられます。

テキストファイルは，**文字データが格納されているファイル**です。テキストファイルには，**可変長**（かへんちょう）と**固定長**（こていちょう）という形式があります。

①　可変長ファイル

可変長ファイルは，**カンマやタブなどで区切られた**ファイルです。例えば，

まとめcheck
□1　テキストファイルにはどのような形式があるか。
□2　バイナリファイルとは何か。

顧客情報のファイルの場合，行のデータがカンマで区切られて格納されます。

顧客番号，顧客名，住所，……

顧客名や住所の長さは，顧客によって変わりますので，1行の長さは行ごとに異なります。このように区切り文字が「，（カンマ）」になっているものを，**CSV形式**と呼びます。CSVファイルは，EXCELなどの表計算ソフトで編集することができます。

② 固定長ファイル

固定長ファイルは，データの区切りがなく桁数で区切りを判別するもので，**データの長さが固定**されています。行のデータは，

```
1 2 3 4 5 6 7 8 9 0 1 2 3 4 5 6 7 8 9 0 1 2 3 4 5 6 7 8 9 0
顧客番号          顧客名          住所
```

というように，**データ長**で項目が指定されます。データの長さが足りない場合は空白で埋められるので，1行のデータ長は同じになります。従来の汎用機では固定長ファイルが一般的です。

③ バイナリファイル

バイナリファイルは，コンピュータで使用される**2進数（バイナリ形式）でデータが格納されているファイル**で，画像ファイル，動画ファイル，音声ファイルなどさまざまなものがあります。

BMPは，Windowsで標準的に使われる画像ファイルです。基本的には圧縮されていないため，ファイルのサイズが大きくなります。

JPEGや**GIF**も画像ファイルですが，**圧縮されている**のが特徴です。圧縮するとサイズが小さくなるため，WEBサイトなどでよく使用されています。

動画を保存するには，**MPEG**がよく用いられます。動画はデータ量が大きくなるため，MPEGでは動画データを圧縮して格納しています。

WAVは，Windowsで標準的に使われる音声ファイルです。通常は圧縮しないため，音質は高いですが，サイズが大きくなります。

MP3は，音声を圧縮して格納する方式です。サイズが小さくなるため，インターネットでよく使われています。

科目4 経営情報システム
分野1 基礎技術

Answer
□1 可変長ファイル 固定長ファイル
□2 コンピュータで使用される2進数（バイナリ形式）でデータが格納されるファイル

重要度 A B C

分野1 情報システムの基礎技術

1-5 データベース

ポイント　複数の人で共用するデータベースと，データベースにアクセスするための言語について学習します。

1 リレーショナルデータベース（RDB）

データベースは，複数の人でデータを共用するためのものです。現在は，**リレーショナルデータベース**という種類が一般的に使われています。複数の**表**と，表の間の**関係（リレーション）**でデータを表します。例えば，受注処理に関係するデータを，リレーショナルデータベースに格納することを考えてみましょう。

右下のように，受注Noや受注日，顧客Noという列を持つ受注表を作成することで，１件ごとの受注データを格納することができます。また，顧客Noで表される顧客の明細情報は，別の顧客表に格納しています。ここで，受注表の顧客No列から，顧客表の顧客No列を参照することで，２つの表の間の関係を表します。また，１件の受注に対して，どの商品が何個購入されたかを表す明細を，受注明細表に格納することができます。受注明細表の受注No列は，受注表の受注No列を参照しています。

このように，データをある一定のまとまりの表に分割し，表の間の関係を定義することで，さまざまなデータを格納することができます。ここで，表の間の関係を**リレーション（関係）**，参照元の列のことを**外部キー**と呼びます。こ

●リレーショナルデータベース

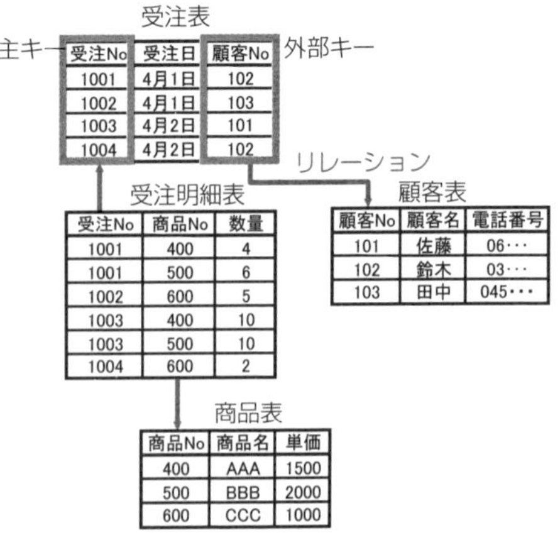

受注表

受注No	受注日	顧客No
1001	4月1日	102
1002	4月1日	103
1003	4月2日	101
1004	4月2日	102

受注明細表

受注No	商品No	数量
1001	400	4
1001	500	6
1002	600	5
1003	400	10
1003	500	10
1004	600	2

顧客表

顧客No	顧客名	電話番号
101	佐藤	06･･･
102	鈴木	03･･･
103	田中	045･･･

商品表

商品No	商品名	単価
400	AAA	1500
500	BBB	2000
600	CCC	1000

まとめcheck　□1　データベースにアクセスするための言語を何と言うか。

の例では，受注表の顧客No列が顧客表の顧客No列を参照しているため，受注表の顧客No列がこのリレーションの外部キーです。また，各表で，その列の値によって１件のデータが特定できる列のことを**主キー**と呼びます。

2 SQL（エスキューエル）

データベースは，EXCELなどのファイルと違い，データベースにアクセスするための言語が必要です。この言語のことを**SQL（Structured Query Language）**と呼びます。大きく分けて，データベースや表の作成などを行う，管理用の**データ定義言語**（**DDL**：Data Definition Language）と，データの参照や更新などを行う，操作用の**データ操作言語**（**DML**：Data Manipulation Language）があります。

DMLには，**SELECT**（**検索**），**INSERT**（**挿入**），**UPDATE**（**更新**），**DELETE**（**削除**）の４つの種類があります。

●SQL

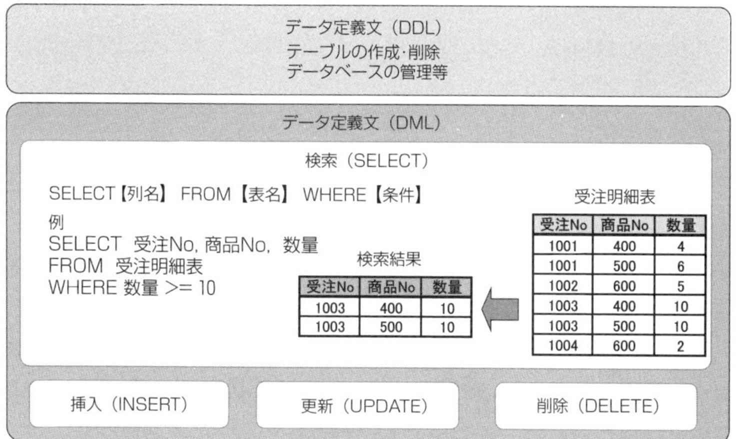

検索結果

受注No	商品No	数量
1003	400	10
1003	500	10

受注明細表

受注No	商品No	数量
1001	400	4
1001	500	6
1002	600	5
1003	400	10
1003	500	10
1004	600	2

SELECT文でデータベースに検索することにより，データを表の形で取り出すことができます。SELECT文の**基本的な構文**は，「**SELECT【列名】FROM【表名】WHERE【条件】**」のようになります。それぞれ**句の後**には，検索したい列名，表名，条件を記入します。

Answer □1 SQL

重要度 **A** B C

分野1　情報システムの基礎技術

1-6 システム構成

ポイント　情報システムの処理形態，性能や信頼性を評価する指標について学習します。

1 情報システムの処理形態

① OLTPとバッチ処理

情報システムの処理形態を，処理のタイミングで分類すると，**OLTPとバッチ処理**に分類されます。OLTP（On-Line Transaction Processing）は，取引のたびに**リアルタイムで処理**する方式です。バッチ処理は，ある程度の**処理をまとめて一括**で行う方式です。

OLTPの例は，銀行のATMや，ネットでのオンライン販売などが挙げられます。これらの処理は，処理要求が発生するたびにすぐに情報処理を行い，結果を端末に返します。

バッチ処理の例は，月末の売上集計処理や，夜間のバックアップ処理などが挙げられます。

② 集中処理と分散処理

情報システムの処理形態を，処理の分散の度合いで分けると，**集中処理**と**分散処理**に分類されます。

集中処理は，**中心のホストコンピュータがすべての処理を行う**方式です。従来の企業の情報システムでは，メインフレームと呼ばれる大規模なコンピュータで，集中処理を行うことが一般的でした。

分散処理は，ネットワーク上の**複数のコンピュータで処理を分散**して行う形態です。分散処理では，処理を分散することで，ハードウェアなどの費用を抑えることができます。また，一部に障害が発生しても，影響範囲を少なくすることができます。

まとめcheck
□1　レスポンスタイムとは何か。
□2　情報システムの信頼性を評価する際に使う基準は何か。

2 情報システムの性能

情報システムの性能の目標設定や評価をするための指標には，下記の種類があります。

① **レスポンスタイム**

レスポンスタイムは，**処理要求を送ってから，初めの結果が返ってくるまでの応答時間**です。主にOLTP処理の性能を表す指標として使用されます。

例えば，残高照会処理では，確認ボタンを押してから，結果の表示が始まるまでの時間が該当します。

② **ターンアラウンドタイム**

ターンアラウンドタイムは，**処理要求の入力を開始してから，すべての処理結果が出力されるまでの時間**です。主にバッチ処理の性能を表す指標として使用されます。

3 情報システムの信頼性

情報システムの信頼性を評価するときには，**RAS**(ラス)という用語がよく使われます。RASは，**R**eliability（信頼性），**A**vailability（可用性），**S**erviceability（保守性）の頭文字を取ったものです。この３つの基準で，情報システムの信頼性をチェックできます。

① **信頼性（Reliability）**

Reliability（信頼性）は，**故障しない**ということを表します。信頼性を測定する指標は，**MTBF**（Mean Time Between Failure：**平均故障間隔**）が使用されます。MTBFは，故障が発生した場合に，**故障を修理して回復してから，次の故障が発生するまでの平均時間**を表します。MTBFは，次の式で求めることができます。

MTBF ＝ 稼働時間の合計 ÷ 故障回数

MTBFは，大きいほうが故障しにくいことを表し，信頼性が高くなります。

② **可用性（Availability）**

Availability（可用性）は，利用ユーザから見たときに，常にシステムが**利**

Answer
□1　処理要求を送ってから，初めの結果が返ってくるまでの応答時間
□2　RAS

用できるということを表します。可用性は，障害が発生しにくく，障害が発生してもすぐに修復できる場合に高くなります。可用性を測定する指標は，**稼働率**が使用されます。稼働率は，システムの運用時間に占める，稼働時間の割合です。式で表すと，次のようになります。

稼働率 ＝ 稼働時間の合計 ÷ 運用時間

稼働率は，大きいほうが，利用者が常に利用できることを表し，可用性が高くなります。

③　**保守性（Serviceability）**

Serviceability（保守性）は，故障したときに，**早く回復できる**ことを表します。めったに故障しなくても，故障した場合に復旧に時間がかかる場合は，保守性は低いと判断されます。保守性を測定する指標は，**MTTR**（Mean Time To Repair，エムティーティーアール：**平均修理時間**）が使用されます。**故障が発生した場合に，修理にかかる平均時間**を表し，次の式で求めることができます。

MTTR ＝ 修理時間の合計 ÷ 故障回数

MTTRは，小さいほうが修復に時間がかからないことを表し，保守性が高くなります。

分野1 情報システムの基礎技術

1-7 ネットワーク

ポイント　企業でネットワークを使用する際には，企業の内部のネットワークと，企業外部とのネットワークを構成する必要があります。

1 LAN（ラン）

①　WAN（ワン）とLAN（ラン）

企業外部とのネットワークのことを，**WAN**（Wide Area Network）と呼びます。WANは，他の企業や顧客と**オンラインで取引**をしたり，**インターネットに接続**する際に必要になります。

企業内部のネットワークのことを**LAN**（Local Area Network）と呼びます。LANを構成することで，企業内部のパソコンやサーバ，さらにプリンタなどの**周辺機器との間で通信**することができます。

②　接続形態（トポロジ）

LANでは，大きく３つの接続形態があります。この接続形態のことを**トポロジ**（Topology）と呼ぶことがあります。この３つの接続形態は，**スター型**，**バス型**，**リング型**です。

スター型は，中心に**ハブ**という装置を置き，そこから各種のコンピュータや周辺機器を線でつなぐ方式です。ハブさえ準備すれば簡単に構成でき，機器が増えたときにも拡張が簡単なため，現在では最もよく使用されています。ただし，ハブが故障した場合は全体が停止してしまいます。

バス型は，１本のケーブル（バス）に，コンピュータや周辺機器を接続する方式です。構成が簡単ですが，信頼性はあまり高くないため，小規模なネットワークに向いています。

リング型は，リング状にしたケーブルに，コンピュータや周辺機器を接続する方式です。光ファイバーを使った大規模なネットワークに多く使われています。

●LANの形態（トポロジ）

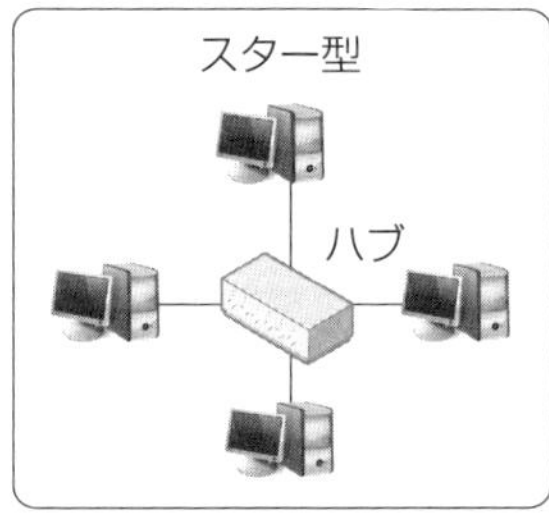

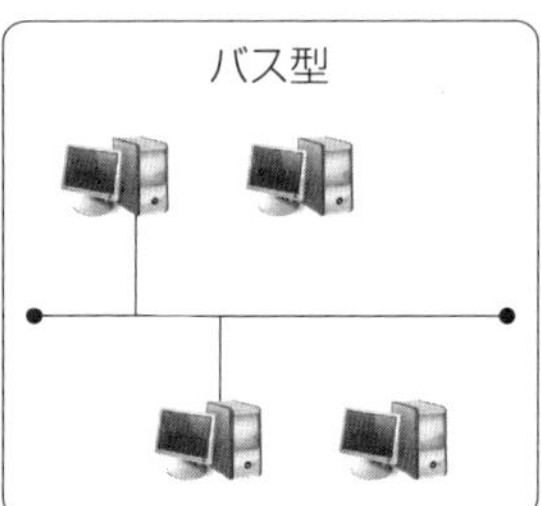

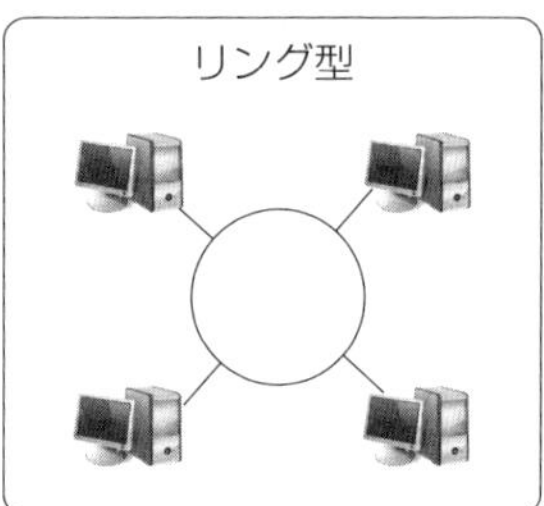

2 LANの接続機器

LANを構成するためには，必要に応じた接続機器を使用します。

① **ネットワークインタフェースカード（NIC）**

コンピュータやプリンタなどの機器には，ネットワークに接続するための**ネットワークインタフェースカード**が必要です。

ネットワークインタフェースカードには，住所を表す**MAC**（マック）**アドレス**という識別番号が割り当てられており，この住所を使って宛先に送信できるようになっています。

② **ハブ**

スター型の接続形態でLANを構成するには，**ハブ**という機器が必要です。

ハブは，**複数のケーブル**を束ねる役割を果たします。ハブには，機器を接続するためのコネクタがいくつかついています。このコネクタのことを**ポート**と呼びます。

ハブには，さらに**リピータハブ**と**スイッチングハブ**という２種類があります。

まとめcheck　□１　企業内部・企業外部のネットワークの名称は何か。

●ハブの種類

リピータハブ	ハブに来たデータを，単純にすべてのポートに流す。データの中には，宛先のMACアドレスが含まれているため，自分の宛先のコンピュータはそのデータを受け取る。自分の宛先でないコンピュータのデータは無視。
スイッチングハブ	各機器のMACアドレスを記憶しており，データの宛先のポートだけにデータを送信。関係ないデータが流れることがなくなるため，データの衝突を減らし，伝送速度を向上させることができる。

③ ルータ

インターネットと社内LANを接続するには，**ルータ**という機器を使用します。ルータは，**インターネットとLANや，異なるLAN同士を接続するための機器**です。

インターネットの回線では，さまざまなデータが**パケットという小さい単位**で流れています。ルータは，パケットに含まれる宛先のアドレスを参照して，適切な経路にデータを転送します。このような機能を**ルーティング**（経路選択）と呼びます。

Answer □1 企業内部：LAN 企業外部：WAN

分野1 情報システムの基礎技術

1-8 インターネット

ポイント　インターネットはプロトコルに基づいたネットワークになっています。プロトコルとは，通信の約束事を表します。**TCP／IPプロトコル**という約束事に基づいて，世界中のネットワークをつないだものがインターネットです。

1 IP（アイピー）

IPは，Internet Protocol（インターネット・プロトコル）の略です。つまり，これがインターネットの基本となっている部分です。IPは，通信する際のデータの最小単位である**パケット**を，相手に送信する役割を果たします。

パケットの宛先は，**IPアドレス**というアドレスで記載されています。IPアドレスは，**ネットワークに接続されるコンピュータや通信機器に対して，一意の番号として割り当てられます。**

現在，一般的に使われているIPアドレスは，4つに区切られた32ビットの数値となっています。10進数で表すと，例えば192.168.36.123というように表記されます。IPアドレスを機器に対して割り当て，通信する際の宛先として使用することで，パケットを相手に届けることができます。

2 TCP（ティーシーピー）

IPでは，IPアドレスを宛先として使用することで，パケットを特定のコンピュータに送信することができました。**TCP**（Transmission Control Protocol）は，さらに**ポート番号**を使用することで，コンピュータの上のアプリケーション（プログラム）を特定します。例えば，IPアドレスが建物の住所とすれば，ポート番号は部屋番号のようなイメージです。

IPは，基本的にデータを送信するだけですが，TCPでは，到着の確認やエラーの訂正などを行い，通信を正確に行うように制御します。TCPとIPを組み合わせることで，基本的な通信機能を実現できます。

まとめcheck　□1　IPの役割とは何か。

3 アプリケーション層のプロトコル

TCP／IPプロトコルは，通信の基本機能を提供しますが，その上で，さまざまなアプリケーション層のプロトコルが動作します。

① HTTP（エイチティーティーピー）

HTTP（Hyper Text Transfer Protocol）は，WEBページの**元データであるハイパーテキストを送受信**するためのプロトコルです。WEBブラウザでWEBページにアクセスする場合，「http:」から始まるURLを指定します。

② FTP（エフティーピー）

FTP（File Transfer Protocol）は，**ファイルを転送**する際のプロトコルです。例えば，インターネットで大きなファイルをダウンロードするときにFTPを使用することがあります。また，パソコン上で作成したWEBページを，WEBサーバに転送するときにFTPソフトを使用して転送することがあります。

③ 電子メール関連のプロトコル

また，電子メール関連のプロトコルとして，**SMTP**（エスエムティーピー）や**POP**（ポップ），**IMAP**（アイマップ）などがあります。これらは，電子メールの送受信を行うプロトコルです。

アプリケーション層のプロトコルの上で，各種のソフトウェアが動作します。こういったプロトコルが存在することで，ソフトウェアはネットワークの各種手続を意識せずに，離れた相手と通信をすることができます。

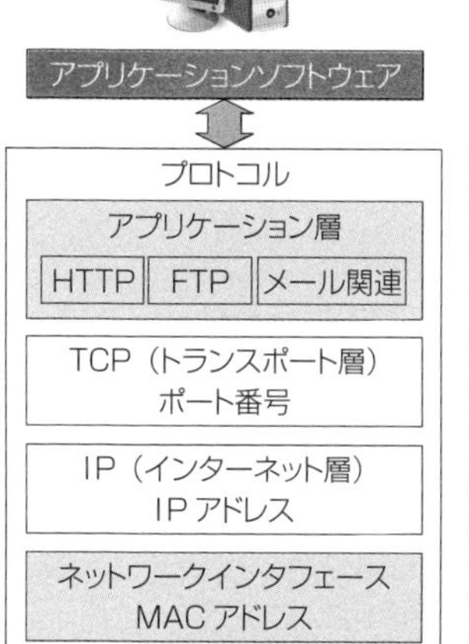

Answer □1 通信する際の最小単位であるパケットを相手に送信する。

分野1 情報システムの基礎技術

1-9 セキュリティ

ポイント　インターネットは世界中とつながっているため，外部からの不正アクセスのリスクがあります。ここではセキュリティについて学習します。

1 ファイアウォール

ファイアウォールは，**企業の外部からの不正アクセスを防ぐための仕組み**です。設置することで，外部との情報のやり取りを監視し，不正なアクセスを検出，遮断できます。

●ファイアウォール

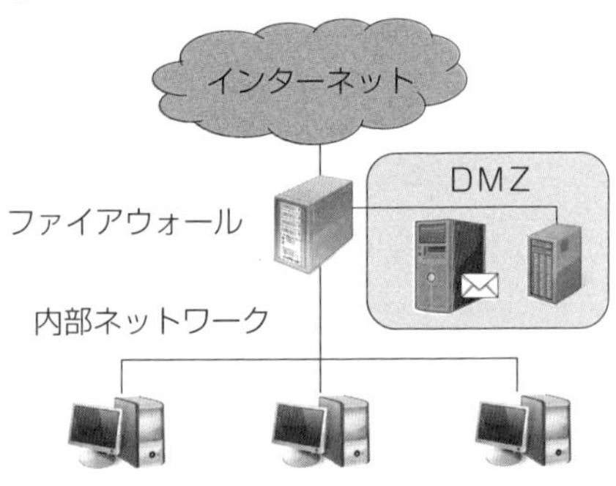

ファイアウォールには，データの単位であるパケットを，取捨選択する**パケットフィルタリング**の機能があります。パケットには，宛先や送信元のIPアドレスが含まれ，この情報により，通して良いパケットは通過させ，許可されていないパケットを遮断します。

メールサーバやWEBサーバは，外部に公開する必要がありますので，これを内部と同じ場所に置くと，不正アクセスのリスクが高まります。そのため，外部と内部の中間的な区域を設けて，そこにメールサーバやWEBサーバを置くことがあります。このような区域を**DMZ**（DeMilitarized Zone：**非武装地帯**）と呼びます。DMZを設けることで，万が一DMZに置かれているサーバに不正アクセスがあっても，企業内部まで被害が及ぶことを防ぎます。

2 暗号化

暗号化は，**データを解読不可能な状態に変換して通信すること**です。送信するデータを「鍵」を使って暗号化します。暗号化したデータは「鍵」がない限

まとめcheck　□1　ファイアウォールのパケットを取捨選択する機能とは何か。

りは解読できず，受け取った相手は，「鍵」を用いて暗号を元のデータに戻します。「鍵」の使い方により，暗号化には次のような2つの方式があります。

① **秘密鍵暗号方式**

秘密鍵暗号方式は，**暗号化と復号化に同じ鍵を使う方式**です。秘密鍵暗号方式では，データを送信する前に，あらかじめ自分の秘密鍵を送っておく必要があります。秘密鍵を持っていれば，誰でも復号化できるので安全な経路で送る必要があります。

② **公開鍵暗号方式**

公開鍵暗号方式は，**暗号化の鍵と，復号化の鍵が異なる方式**です。ペアの鍵を用意しておき，暗号に使う鍵を公開鍵として公開しておき，復号に使う鍵を知られないように秘密鍵として管理しておきます。暗号化したデータを送信する場合は，送信者は，受信者が公開している公開鍵を使ってデータを暗号化します。暗号化されたデータを受け取った受信者は，自分で管理している秘密鍵を使って復号化します。

暗号化を使った技術として，SSLやデジタル署名があります。

SSL（Secure Socket Layer，エスエスエル）は，インターネット上で，**データを暗号化して送受信**するためのプロトコルです。SSLを使用することで，WEBページのデータを暗号化して送信することができます。SSLは，ネットショップの決済のページなどでよく使用されています。

デジタル署名は，ネットワーク経由で受信したデータが**「正しい相手か」と「改ざんされていないか」を保証する**ための技術です。デジタル署名を利用するには，最初に**認証局**（CA：Certificate Authority）という第三者機関から，デジタル署名を発行してもらう必要があります。デジタル署名は，印鑑や身分証明書のように，本人であることを証明するものです。

●暗号化

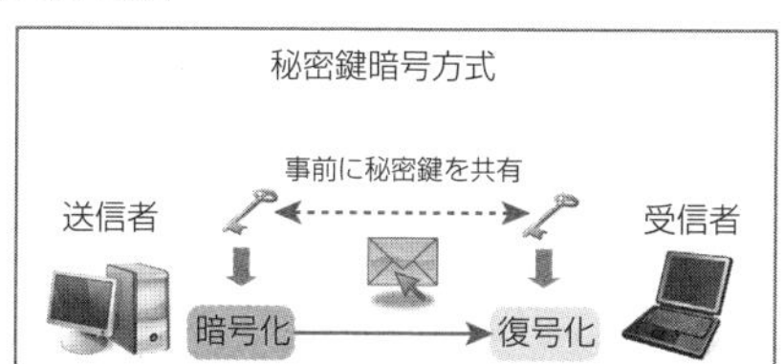

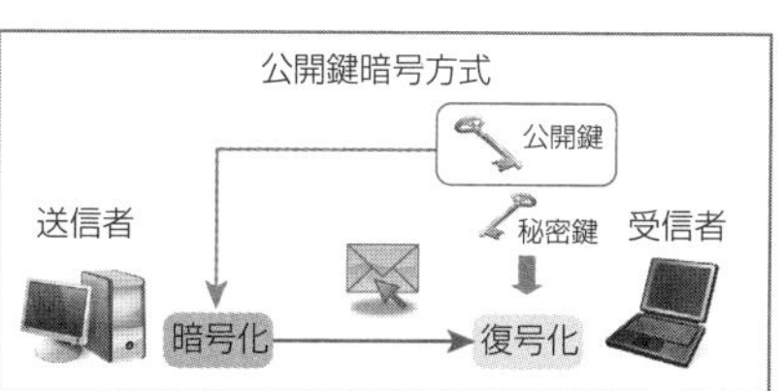

Answer □1 パケットフィルタリング

過去問をピックアップ⑮　重要度 ★★★　難易度 ★★☆

さまざまなインタフェース

平成30年第1問

パーソナルコンピュータ（PC）の利用においては，業務内容に応じてハードディスクドライブ（HDD）などのさまざまな種類の周辺機器をPC本体に接続することがある。周辺機器を接続するインタフェースに関する記述として，最も適切なものはどれか。

ア　e-SATAは，PC本体の電源を切らずに外付けHDDの接続が可能なシリアルインタフェースである。

イ　SCSIは，外付けHDD，モデムやマウスの接続が可能なシリアルインタフェースである。

ウ　USBは，PC本体の電源を切らずに外付けHDDの接続が可能なパラレルインタフェースである。

エ　シリアルATAは，外付けHDD，モデムやマウスの接続が可能なインタフェースである。

解答・解説　　正解：ア

ア　○　eSATAについて問われています。eSATA（external Serial ATA）は，SATAを外付け機器向けに拡張した規格であり，名称にもあるとおり，シリアルインタフェースです。SATA（Serial ATA）は，PCにハードディスクや光学ドライブを接続するためのインタフェース規格です。また，eSATAはPC本体の電源を切らずに外付けHDDの接続が可能です。

イ　×　SCSIについて問われています。SCSIは，外付けのHDDの接続などに用いられるインタフェースであり，パラレルインタフェースです。また，一般的にモデムやマウスの接続には利用されません。

ウ　×　USBについて問われています。USBは，マウスやキーボード，プリンタ，ハードディスク，USBメモリなどさまざまな機器との接続で使われているインタフェースです。また，PC本体の電源を切らずに外付けHDDの接続が可能です。ただし，USBはシリアルインタフェースであり，この点がウの記述と異なります。

エ　×　シリアルATAについて書かれています。シリアルATAはPCに内蔵するハードディスクや光学ドライブを接続するためのインタフェース規格です。モデムやマウスを接続することはできません。

過去問をピックアップ⑯　重要度 ★★★　難易度 ★★☆

戦略情報システムの信頼性

令和元年第13問

ある中小企業では，情報システムの導入を検討している。最終的に，2つの情報システム（AとB）を比較検討することになり，それぞれのRASIS (Reliability：信頼性，Availability：可用性，Serviceability：保守性，Integrity：保全性，Security：安全性）に注目することにした。

このとき，情報システムAの平均故障間隔（MTBF）は480時間，平均修理時間（MTTR）は20時間であった。一方，情報システムBの平均故障間隔は532時間，平均修理時間は28時間であった。

これら2つのシステムのRASISに関する記述として，最も適切なものはどれか。

ア　安全性は，システムAのほうがシステムBよりも優れている。
イ　可用性は，システムAのほうがシステムBよりも優れている。
ウ　信頼性は，システムAのほうがシステムBよりも優れている。
エ　保全性は，システムAのほうがシステムBよりも優れている。

解答・解説　**正解：イ**

ア　×　システムAとシステムBの安全性の優劣について問われています。安全性は，不正なアクセスをされないことなどを表します。問題文に与えられた指標であるMTBFとMTTRからは判断できません。

イ　○　システムAとシステムBの可用性の優劣について問われています。可用性は稼働率で測定できます。稼働率は「MTBF÷（MTBF＋MTTR)」の式から求めることができます。この式をもとに，システムAとシステムBの稼働率を計算すると，システムAの稼働率は0.96 (96%)，システムBの稼働率は0.95（95%）となります。稼働率は大きいほど良いため，可用性はシステムAのほうがシステムBより優れています。

ウ　×　システムAとシステムBの信頼性の優劣について問われています。信頼性はMTBFで測定できますので，それぞれのMTBFを比較すると，システムBのほうが大きく，信頼性が高いことがわかります。

エ　×　システムAとシステムBの保全性（完全性）の優劣について問われています。保全性は，情報やシステムの正確さを表します。問題文に与えられた指標であるMTBFとMTTRからは判断できません。

重要度 A **B** C

分野2　経営情報管理

2-1 経営情報システムの位置づけ

ポイント　情報システムは，経営の重要な一部です。経営戦略の中で情報システム戦略も含めて検討する必要があります。

1 経営情報システムの位置づけ

情報システム戦略を経営戦略の中心に位置づけている企業は増えてきています。ダイレクトモデルで有名な**デルコンピュータ**や，**アマゾン**などは代表的な例です。こういった革新的な企業にならって従来からの企業も情報システム戦略を重視するようになっています。

ここで，情報システムの導入の際の主な課題を整理しておきましょう。

2 情報システムを戦略的に管理する組織体制

現代では，経営戦略として，情報システムをどのように活用していくかを検討する組織体制が必要です。そのため，**CIO**（Chief Information Officer）と呼ばれる**情報戦略担当の役員**を置く企業もあります。

3 情報システムの投資評価

経営戦略の観点からすると，情報システムの投資効果を評価できる必要があります。例えば，事務効率を向上させるシステムであれば，削減した時間や，低減した事務コストなどを積み上げて成果とします。

投資額は，購入したハードウェアやソフトウェアだけでなく，導入にかかる人件費や運用費用など，情報システムにかかるすべての費用を含めて考える必要があります。

① TCO（ティーシーオー）

このような，**情報システムの導入と維持にかかるすべてのコスト**を，**TCO**（Total Cost of Ownership：**総所有コスト**）と呼びます。

まとめcheck　□1　情報戦略担当の役員を何と言うか。

通常，情報システムを開発する場合は，ハードやソフトの費用や，システム開発費を予算として計上するためこれらのコストはわかりやすいですが，情報システムを所有するにはこれら以外の隠れたコストもかかっています。例えば，保守やエンドユーザへの教育にかかる情報システム部の人件費，エンドユーザ自身の人件費，システムのアップグレードの費用などです。これらの隠れたコストを含めた総コストがTCOです。

情報システム投資を考える際には，TCOを考慮する必要があります。つまり，導入費用が安くても，運用費用が高ければTCOは大きくなります。

② TCOの削減

TCOを削減する選択肢として，アウトソーシングやASP，オフショア開発などがあります。

アウトソーシングは，**情報システムに関連する業務を外部に委託**することです。例えば，従来は社内の情報システム部が行っていた，情報システムの運用や保守などを外部に委託するのがアウトソーシングの典型的な例です。

ASP（Application Service Provider：アプリケーション・サービス・プロバイダ）は，**インターネット経由で業務アプリケーションを提供する業者，もしくはサービス**です。例えば，社員のスケジュール管理などを行うグループウェアなどがあります。企業は月額のサービス利用料をASP業者に支払うことで，インターネットでグループウェアなどを使用することができます。

オフショア開発（Offshore Development）は，**システム開発を海外の企業に委託**する方法です。一般的には，人件費の安いインドや中国などのアジア諸国に開発を外注することが多くなっています。人件費が安いため開発コストを削減できますが，言葉や習慣の違いが原因で，要求仕様が正確に伝わらなかったり，品質や納期に問題が発生するリスクがあります。

Answer □1 CIO

　重要度 A **B** C

分野2　経営情報管理

2-2 経営情報システムの種類

ポイント　経営情報システムには，さまざまな種類があります。ここでは，代表的なものを説明します。

1 ERP（イーアールピー）

ERP（Enterprise Resource Planning）は，企業の**基幹業務を統合的に管理するパッケージ**です。ERPの対象とする基幹業務はさまざまですが，代表的な業務に，会計，販売，生産，購買，物流，人事などがあります。こういった企業の主要な業務を，１つのパッケージソフトで管理できることがERPの特徴です。

ERPでは，自社ですべて開発せずに，主にあらかじめ定義されているパッケージの機能を使用するため，**開発コストを削減**することが期待できます。また，パッケージに組み込まれている，世界的な企業のビジネスプロセスを取り込むことができるため，**BPR（ビジネスプロセス・リエンジニアリング）の実現手段**として位置づけられることがあります。

2 BI（ビーアイ）

BIは，企業に蓄積されたさまざまな**データを，意思決定などに活用するための仕組み**や情報システムです。BIでは，ERPなどの基幹系システムで発生したデータを蓄積し，企業内のあらゆる階層で情報の検索や分析ができるようにします。BIを実現するには，データウェアハウスやOLAP，データマイニングなどの技術を活用します。

①　データウェアハウス

データウェアハウス（Data Warehouse：DWH）は，基幹系システムで発生した**データを蓄積して，意思決定に活用できるようにしたデータベース**です。

ちなみに，データウェアハウスを直訳すると「データの倉庫」となります。

まとめcheck　□1　ERPのメリットとは何か。

●BI

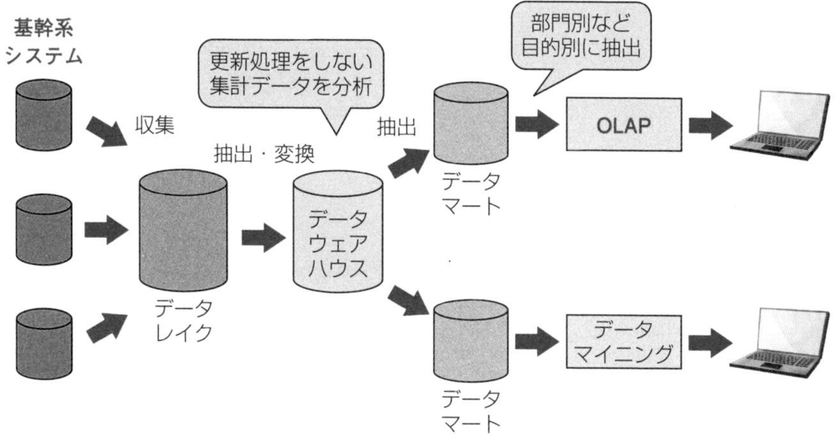

基幹系システムでは，通常は古くなったデータは順次削除されます。また，データが分析用に整備されていないため，そのままでは利用ユーザが意思決定に活用するのは大変です。

データウェアハウスでは，基幹系システムのデータを抽出し，ユーザにとって利用しやすいように加工した上で，時系列で蓄積します。こうすることで，利用者がいつでも過去から現在のデータを利用できるようになります。

ただし，データウェアハウスを構築するためには，業務システムごとに異なっているデータ属性やコード体系を統一する**データクレンジング**が必要な場合があります。

データウェアハウスは，全社のデータを蓄積します。データソースとなる基幹系システムなどから収集してきたデータを加工せずそのまま保存しておくリポジトリを**データレイク**と言います。データソースから取得した生データをそのまま保存しておくことで，後に別のデータが必要になった場合も対応できるようになります。

さらに，場合によっては，テーマ別にデータを抽出して**データマート**（Data Mart）を作成することがあります。データマートを作成することで，特定の部門の情報ニーズに対応しやすくなります。

例えば，同じ販売データであっても，営業部門とマーケティング部門では，

Answer　□1　開発コストの削減　BPRの実現手段

データの利用目的が異なる場合があります。このような場合は，営業部門では営業の進捗管理用のデータマートを作成し，マーケティング部門では販売促進の効果測定をするためのデータマートを作成すると，それぞれのユーザはデータを利用しやすくなります。

② **OLAP（オーラップ）**

データをさまざまな視点で分析するシステムを**OLAP**（On-Line Analytical Processing）と呼びます。OLAPは，データウェアハウスやデータマートに蓄積されたデータを，ユーザが分析するための仕組みです。

OLAPでは，データを多次元の構造で表します。例えば売上データを商品次元，顧客次元，時間次元の３つの次元で構成することで，売上を商品別，顧客別，時系列で分析することができます。

OLAPツールは，見た目はEXCELなどの表計算ソフトに似ています。簡単な操作で，表やグラフによってデータを分析することができ，さまざまな分析機能があります。代表的には，**ドリルダウン**，**スライシング**，**ダイシング**があります。

ドリルダウンは，データを掘り下げる機能です。例えば部門別の売上データを見たときに，ある部門の売上が低い場合は，その部門の詳細を見ることで売上低下の原因を分析できます。このような場合は，部門をドリルダウンすることにより，部門の下の課のデータを見ることができます。

スライシングは，多次元データをある断面で切る（スライスする）操作です。４月の売上表を表示していた場合に，５月に変更することがその一例です。

ダイシングは，表示される次元を入れ替える機能です。「サイコロ（ダイス）を振る」という意味で，サイコロを転がすように，多次元データの軸を入れ替えて分析します。例えば，行が商品次元，列が時間次元の表をダイシングすることで，行に顧客次元を持ってくることができます。こうすることで，分析の視点を変えて，データをさまざまな側面から分析することができます。

③ **データマイニング**

データマイニング（Data Mining）は，データの中から隠れた因果関係やパターンを見つけるためのツールです。「マイニング」は，「鉱山で採掘する」という意味です。つまり，データマイニングは，企業に蓄積された大量のデータ

まとめcheck　□1　OLAPツールの代表的な機能を挙げなさい。

から，役立つ知識を発見するための技術です。

データマイニングは，さまざまな企業で活用されています。例えば，POSデータを基に，どの商品とどの商品が一緒に購買されたかを分析する，ショッピングバスケット分析を行うことができます。このような分析では，データの関連性を人間の目で発見するのは大変ですが，データマイニングツールでは，統計的な手法を基に，コンピュータで関連の強い商品を発見することができます。その他，データマイニングは，過去の販売データから需要予測を行ったり，顧客アンケートの結果からパターンを見つけ出すなど，幅広い分野で使われています。

3 EC（イーシー）

ECは，**電子商取引**を表します。近年では，インターネットの普及により，さまざまなECが発展しています。

① **B to B（ビートゥビー）**

B to Bは，**企業間の電子商取引**です。例えば，取引先との受発注や入出荷などを電子商取引で行うことがB to Bの代表例です。

② **B to C（ビートゥシー）**

B to Cは，**企業と消費者の間の電子商取引**です。インターネットの普及により，さまざまな形のB to Cビジネスが発展しています。例えば，**ネットショップ**では，消費者はインターネット上の店舗から注文や決済をすることができます。

③ **C to C（シートゥシー）**

C to Cは，**消費者同士の取引**です。C to Cでは，企業は取引の場を提供することで，手数料や広告収入などの収益を得る形となります。例えば，ネットオークションでは，オークション事業者のオークションサイトの上で，消費者同士がオークションの取引をすることができます。オークションでは，売り手が商品を出品し，最も高い値をつけた買い手が競り落とすことができます。

Answer □1 ドリルダウン スライシング ダイシング

重要度 **A** B C

分野2　経営情報管理

2-3 近年の情報システムと活用

ポイント　近年のキーワードを押さえましょう。

1 クラウドコンピューティング

クラウドコンピューティングは，**インターネットを介してアプリケーションなどを利用するシステム形態**を表します。従来のシステムでは，手元のコンピュータにソフトウェアやデータを保存して利用する形態が一般的でした。これに対してクラウドコンピューティングでは，ソフトウェアやデータはインターネット上のサーバに置いておき，ユーザはインターネットを介してそれらを利用します。ユーザにとっては，ソフトウェアの購入やシステムの開発をする必要がないため，大規模な初期投資が不要なことで，業務の変更や成長に合わせて，柔軟にサービスを組み替えたり，処理性能を向上させたりできます。

クラウドコンピューティングを利用したサービスを分類すると，**SaaS**（サーズ）(Software as a Service)，**PaaS**（パーズ）(Platform as a Service)，**IaaS**（イアース）(Infrastructure as a Service) があります。

●サービスの提供形態

SaaS	**ソフトウェア**をサービスとして利用できるようにしたもの。ユーザが必要な機能のみを選択して，インターネットを介してソフトウェアを利用する。 例：メールソフトや，地図ソフトなど
PaaS	アプリケーションを稼働させるための**プラットフォーム**をサービスとして利用できるようにしたもの。プラットフォームは基盤という意味で，**OS**，データベースなどの**ミドルウェア**，**開発環境**などを表す。
IaaS	システムを構成するための**インフラ**をサービスとして利用できるようにしたもの。インフラは，コンピュータやネットワークなどのハードウェアそのものを表す。IaaSを使えば，利用者は手元にコンピュータがなくても，ネットワークを介して仮想的なコンピュータを利用できる。

まとめcheck　□1　クラウドコンピューティングのサービスにはどのようなものがあるか。

2 ビッグデータ

ビッグデータとは，その名前のとおり「巨大なデータ」を表しており，近年注目を集めています。具体的な活用場面としては，B to C（ビー ツー シー）（B2C）やM to M（エム ツー エム）（M2M）が挙げられます。

B to Cでは，インターネットを通じた売買データなどを用いて，ビジネスに活用している例が多くあります。例えば，アマゾンや楽天といったECショップでは，会員データや購買履歴，クリックした商品情報などのデータを収集し解析することで，顧客1人1人におすすめ商品や売れ筋商品等の情報を提案します。**M to M**とは，Machine to Machineの略であり，**機器同士の通信**のことです。例えば，工場内での工作機械の集中制御や，自動販売機の在庫状況の遠隔監視などが挙げられます。

3 ソーシャルメディア

ソーシャルメディアは，インターネット上で，ユーザ同士がコミュニケーションをすることで成り立っているメディアのことです。主なソーシャルメディアの種類には，**電子掲示板**，**ブログ**，**動画共有サイト**（YouTube等），**SNS**（Social Networking Service）等があります。

ソーシャルメディアは，企業のマーケティング活動でも利用されつつあります。具体的には，SNSで新商品の情報やイベント開催の告知を行う，動画共有サイトでCMのメイキング映像を公開して認知度を高めるといった活用がなされています。

ただし，ソーシャルメディアを使用するリスクも存在します。例えば，社外秘の情報や不適切な情報を掲載してしまった場合に，その情報を削除したとしても情報が不特定多数の人に広がっている可能性があります。また，なんらかの不祥事や問題をきっかけとして，ソーシャルメディアに非難や誹謗中傷などのコメントが殺到する可能性があります。このような事態を「炎上」と言います。

このようなリスクへの対策としては，まず，ソーシャルメディアの利用に関して，ルールやガイドラインを定めることが重要です。次に，そのルールを従業員に周知するために教育などを行う必要があります。

Answer □1 SaaS PaaS IaaS

4 スマートフォンとタブレット

最近では，従業員が**個人で保有するスマートフォンやタブレットを社内に持ち込んで，それらを利用する**ことも増えています。このような利用形態を**BYOD**（Bring Your Own Device）と言います。業務で利用する端末を会社が調達して支給するのに比べて，BYODでは，**会社は端末購入費などのコストを削減**することができます。社員にとっては，端末を２台持つ必要がないというメリットがあります。その一方で，**情報漏えいやセキュリティなどのリスクを考慮**する必要があります。

5 仮想化技術

仮想化とは，物理的なコンピュータの枠にとらわれることなく，１台のサーバコンピュータの中で独立した環境を分けて複数の機能を持つサーバを構築する技術のことです。

仮想化技術により，１台のコンピュータをあたかも複数台のコンピュータであるかのように構成し，異なったOSやアプリケーションソフトウェアを動作させるような使い方が可能になります。クラウドコンピューティングでは，主にこの仮想化技術が利用されています。

主な仮想化技術には，**ホストOS型**，**ハイパーバイザー型**があります。そして昨今では，**コンテナ技術**も利用されることが増えています。なお，仮想環境のことをVM（Virtual Machine：仮想マシン）と呼ぶこともあります。

① ホストOS型

ホストOS型は，ホストOS上で仮想化ソフトウェアを実行させ，その上にゲストOSを稼働させる仮想化方式です。

ホストOSと異なるOSをゲストOSとしてインストールすることができ，ホストOS側で別途アプリケーションを平行稼働させることが可能，というメリットがあります。

② ハイパーバイザー型

ハイパーバイザー型は，**ハードウェア上で直接仮想環境を動作させる仮想化方式**です。

ホストOSが不要で，ハイパーバイザーと呼ばれる仮想化ソフトウェアがハードウェアのリソースを仮想的に分割して仮想環境を作り，それぞれの仮想環境にメモリやCPUといったリソースを割り当てます。

各仮想環境で**ゲストOSを自由に選べる**というメリットや，ハードウェアを直接制御できるので仮想環境を動かす際にはハイパーバイザーのオーバーヘッドのみ考慮すればよい，というメリットがあります。

一方で，サーバを起動する際にはゲストOSも同時に立ち上げる必要があり，**起動に時間がかかる**というデメリットがあります。

また，**仮想化ソフトウェアのオーバーヘッドが発生する**点もデメリットと言えます。

③　コンテナ技術

コンテナ技術とは，OS上に**コンテナ**と呼ばれる空間を作成し，**コンテナごとに異なるOS環境を実現する技術**です。

コンテナはコンテナエンジンというプロセスを用いてCPUやメモリなどのリソースを隔離し，仮想的な空間を構築します。コンテナでは起動しているホストOSのカーネルを共有してハードウェア資源を節約し，効率的に利用することができます。

各コンテナにはゲストOSが不要であることから**サーバの起動が速い**というメリットがあります。また，コンテナはホストOSのプロセスのうちの1つに過ぎないことから，軽量で比較的少ないリソースで動作させることができ，**移動や保存が容易**であるというメリットもあります。

一方で，ホストOSを使用するためOSを選択することができず**柔軟性に欠ける**というデメリットがあります。しかし，メリットが大きいことからコンテナ型を採用するケースが増えています。

なお，実際のシステムでは複数台のサーバにまたがりコンテナを実行・管理する場合があります。そのような場合には，複数台のサーバにまたがる**コンテナの管理**，**死活監視**，**負荷分散**を行う**コンテナオーケストレーション**という機能を実現するソフトウェアを使用して運用，管理します。

分野2　経営情報管理

2-4 情報システムと法律

ポイント　情報システムの役割が重要になるにつれて，管理の統制や，法律遵守がより重要になってきました。ここでは，情報システムに関する法律やガイドラインのポイントを説明します。

1 内部統制とIT統制

内部統制は，**企業が違法行為やミスやエラーなどがなく，適切に管理されていることを監視・保証する仕組み**です。そのうち，**IT統制**は，内部統制の一部を構成する要素で，**ITの適切な運用や法律遵守を**チェックします。

米国では，大企業の粉飾決算や破綻の問題をきっかけに，2002年にSOX（ソックス）法（サーベンス・オクスリー法）が制定され，内部統制システムを構築・運用することが企業の義務となり，内部統制を監査することが監査法人の義務となりました。

日本でも，日本版SOX法と呼ばれる**金融商品取引法**が2006年に制定され，2009年３月期から上場企業に対して内部監査報告書の提出が求められています。

現在の企業の業務プロセスは，ITに大きく依存しているので，内部統制のうちでもIT統制は非常に重要です。特に，**情報漏えい**や，**システムトラブル**などのリスクを明らかにして，それらのリスクに対して適切な対応をしていく必要があります。

2 電子帳簿保存法

電子帳簿保存法は，以前は紙媒体で保存しておく必要があった**国税関係の帳簿**を，**電子データとして保存**することを認めた法律です。

従来は，会計関係の記録は紙媒体で一定期間保存しておく必要がありました。しかし，現在では取引関係のデータなどは情報システムで電子的に管理されていることが多いため，これを紙媒体に出力したり，物理的に保管することは不便になっていました。

まとめcheck　□1　ISMSを認証する機関はどこか。

電子帳簿保存法は，このような取引や会計に関するデータを，電磁的記録，もしくはマイクロフィルムとして管理することを認めたものです。つまり，CDやMO，磁気テープなどの媒体で保存することができます。

3 不正アクセス防止法

不正アクセス防止法は，**アクセス権限のない情報システムに，不正に侵入する行為を禁止**する法律です。他人のIDやパスワードを盗んでなりすましてシステムに侵入したり，それ以外の不正な手段を使ってシステムに侵入することは犯罪となります。

また，直接的に不正アクセスするだけでなく，間接的に不正アクセスを助長する行為も禁止されています。例えば，なんらかの手段で入手した他人のIDやパスワードを，本人に無断で別の人に教えることは，不正アクセスを助長する行為として禁止されています。

4 個人情報保護法

個人情報保護法（個人情報の保護に関する法律）は，**個人情報を不正に流用したり，ずさんな管理によって流出することを防止**するための法律です。インターネットなどによる個人情報の流出や売買などの問題を背景に，2005年に施行されました。個人情報を扱う事業者が，本人の同意なしに，個人情報を他人に提供することは禁止されています。また，個人情報の流出や紛失がないように，適切に管理することが義務づけられています。

5 ISMS（アイエスエムエス）

ISMS（Information Security Management System：**情報セキュリティマネジメントシステム**）は，基本方針である**セキュリティポリシーを定め，それに基づいて情報資産と，リスクを管理**します。また，1回きりの対策ではなく，継続的なリスクマネジメントを行うことが重要です。

一般社団法人 情報マネジメントシステム認定センター（ISMS-AC）が，企業を認定する制度で，**ISMS認証**を受けることで，セキュリティを強化したり，取引先からの信頼を高めることができます。

科目4 経営情報システム
分野2 経営情報管理

Answer □1 一般社団法人 情報マネジメントシステム認定センター（ISMS-AC）

重要度 **A** B C

分野2　経営情報管理

2-5 情報システムの開発プロセス

ポイント　情報システム開発の基本的な流れは，基本計画，設計，開発，テスト，運用・保守の手順となります。

1 情報システム開発の流れ

まず，**情報システムの基本計画を作成**，つまり，要件を明確にします。これを，**要件定義**や要求定義と呼び，経営戦略上の課題や利用ユーザの要求を確認し，情報システムに対する要件を整理します。また，現状の業務プロセスや情報システムを調査し，改善します。

次の**設計**では，基本計画で定義した要件に基づき，情報システムの**機能を設計**します。外部設計と内部設計があり，**外部設計**には，**ユーザインタフェースの設計**や**データベースの設計**などが含まれます。ユーザインタフェース設計では，画面の入力項目や，出力画面などを設計書として定義します。データベース設計では，使用するデータ項目を洗い出し，E-Rモデルなどの設計書を作成します。**内部設計**では，プログラムの機能や処理内容を設計書に記述し**内部の仕様**を設計します。

開発では，設計書を基に，データベースや各種のプログラムなどを開発し，初めて**実際に動作する情報システムを作成**します。

テストでは，開発で作成した**プログラムなどが仕様どおりに動作するか**を見ます。動作が確認できたら，情報システムの稼働を開始します。

最後の段階は，**運用・保守**です。情報システムが稼働した後でも，定期的なバックアップや，利用者からの問合せ対応などの運用業務は必要です。また，運用後に不具合が発見された場合は，それを修正する必要があります。

2 開発手法

開発の手順を大きく分類すると，次の3通りになります。

まとめcheck　□1　代表的な開発手法を3つ挙げなさい。

システム開発手法

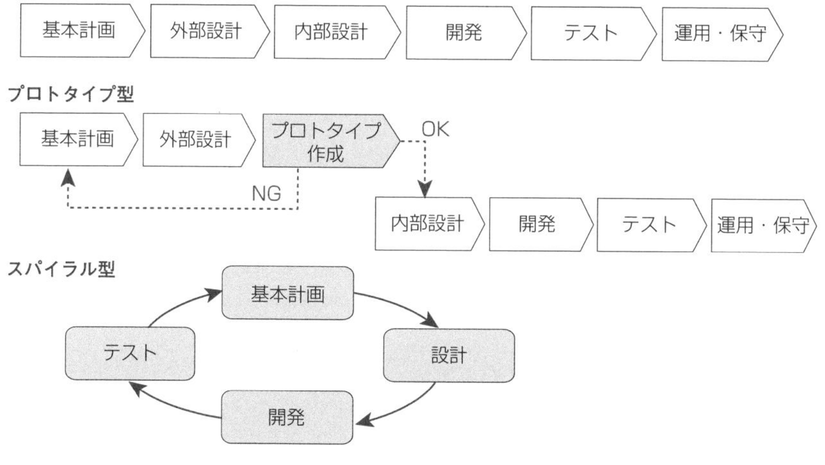

① ウォータフォール型

水が上から下へ落ちるように，**上流工程から順番に実施**していく方法です。プロジェクトが管理しやすいため，古くから利用されている開発手法です。

ただし，最初の基本計画段階で要件の漏れや間違いがあった場合，それが発見されるのは最後のテスト段階となり，最悪の場合はもう一度作り直す必要が生じます。この問題を解決するために考えられたのが，次の2つの開発手法です。

② プロトタイプ型

プロトタイプ型は，プロジェクトの早い段階で，**プロトタイプ（試作品）**を作成し，それを利用ユーザが確認してから本格的に開発する方法です。要件の間違いや，工程の後戻りなどを減らすことが期待できます。

③ スパイラル型

スパイラル型は，**設計，開発，テストという手順を何度も繰り返す**ことで，徐々にシステムを成長させていく開発手法です。最初に核となる小さい部分を開発します。そして一旦この部分が完成してから，次にそのまわりの機能を開発します。このような開発プロジェクトを繰り返して，最終的に目指す情報システムを開発していきます。

Answer　□1　ウォーターフォール型　プロトタイプ型　スパイラル型

分野2　経営情報管理

2-6 プロジェクト管理

ポイント　プロジェクト管理の方法を体系的にまとめたものとして，PMBOK（Project Management Body of Knowledge）があります。また，進捗管理をする方法の1つに，EVMS（Earned Value Management System）があります。

1 PMBOK（ピンボック）

PMBOKは，米国プロジェクトマネジメント協会（PMI）が配付している，**プロジェクト管理の知識体系**です。PMBOKは，情報システムに限定しておらず，あらゆるプロジェクトに対応しています。

PMBOKには，大きく10の知識エリアがあります。

●PMBOK

- 統合マネジメント
  - スコープマネジメント
  - タイムマネジメント
  - コストマネジメント
  - 品質マネジメント
  - 組織マネジメント
  - コミュニケーションマネジメント
  - リスクマネジメント
  - 調達マネジメント
  - ステークホルダー・マネジメント

① **スコープマネジメント**

スコープは，プロジェクトの**範囲**を表します。**スコープマネジメント**では，**プロジェクトの成果物を決めたり，途中でスコープを変更する場合の変更管理を行います。**

プロジェクトの最終成果物を作成するには，途中でさまざまな成果物を作成します。例えば，会計システムの開発であれば，最終成果物は会計システムそのものです。途中の成果物は，会計処理のフローなどから構成される要件定義書や，それを基にした画面やデータベース，プログラムの設計書，テストの計画・報告書，ユーザマニュアルなどが考えられます。

このような各種の成果物や仕事を階層構造にしたものを，WBS（Work Breakdown Structure）と呼びます。

まとめcheck　□1　WBSとは何か。

プロジェクトを計画するときに，WBSを作成することで，プロジェクトのタスクや成果物を明確にすることができます。また，WBSは工数の見積りや，スケジュール作成などのベースとなります。

② **タイムマネジメント**

タイムマネジメントでは，**作業の手順を決めた上で工数を見積もり**ます。それを基に，納期に間に合うようにスケジュールを計画し，プロジェクトの進捗管理を行います。スケジュールの管理は，生産管理でも学習した**ガントチャート**（126頁）などで行います。

③ **コストマネジメント**

コストマネジメントでは，必要な資源とコストを見積もった上で予算化し，それに基づいて**コスト管理**を行います。

④ **品質マネジメント**

品質マネジメントでは，最初に**品質のレベルを計画し，それを達成**できるように品質管理を行います。

⑤ **その他の知識エリア**

他の知識エリアには，**プロジェクトの組織**に関する組織マネジメント，**報告や情報伝達**に関するコミュニケーションマネジメント，**リスクへの対応**に関するリスクマネジメント，**資源の調達**に関する調達マネジメント，**利害関係者の協力**を促すステークホルダー・マネジメントがあり，**すべての知識エリアを統合して管理**する統合マネジメントがあります。

2 EVMS（イーブイエムエス）

EVMSとは，出来高管理システムと言い，**作業の進捗度を金額で表現することで管理**します。作業の進捗を金額で表したものを**アーンドバリュー**と言います。

EVMSでは，プロジェクト計画の際に，WBSの作業をすべて金額に換算します。この計画のことを**ベースライン**と呼びます。また，すべての作業の金額を積み上げたものが，プロジェクトの予算となります。プロジェクトの実行時には，作業の進捗度合いをアーンドバリューとして金額で表します。これを計画であるベースラインと比較することで，進捗度合いを定量的に把握することができます。

Answer □1 プロジェクトのすべての作業を階層構造で表したもの

　重要度 **A** B C

分野2　経営情報管理

2-7 プログラム言語

ポイント　コンピュータによる情報処理は，CPUで実行されます。CPUが理解できる命令は**機械語**（マシン語）というプログラム言語で書かれた命令だけです。

1 プログラム言語の概要

機械語では，命令を**0と1から構成**される**2進数**で表します。しかしこれを人間が理解してプログラミングするのは至難の業です。人間がわかる単語に対応させたのが**アセンブリ言語**です。ただし，この言語では，1つの命令では，ごく簡単な演算や，小さいデータの移動などしかできず，単純な処理を実行するだけでも，相当な数の命令を組み合わせる必要があります。

そこで，機械語やアセンブリ言語のような**低水準言語**をより人間にわかりやすくした**高水準言語**が数多く考えられました。高水準言語では，1つの命令で，まとまった処理を実行することができます。

2 言語プロセッサ

高水準言語で作成したプログラムを，CPUで実行するためには，**言語プロセッサ**と呼ばれるソフトウェアで**プログラムを機械語に変換**する必要があります。

ここで，人間が**プログラム言語でテキストエディタなどを使って作成したプログラム**を**ソースプログラム**と呼びます。これを，言語プロセッサで翻訳することで，機械語に変換します。ここで，言語プロセッサが作成した**翻訳語のプログラム**のことを**オブジェクトプログラム**と呼びます。

●言語プロセッサ

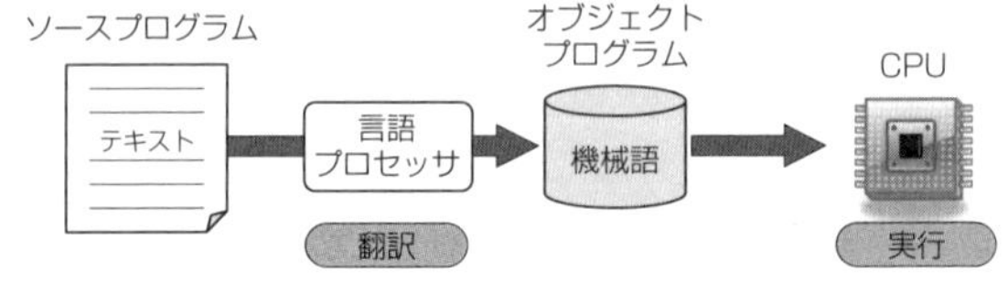

まとめcheck　□1　ソースプログラムを言語プロセッサが翻訳した後のプログラムを何と言うか。

3 プログラム言語の種類

① **手続型言語**

機械語と**アセンブリ言語**の次に登場したのは，**手続型**と呼ばれる各種の言語です。手続型の言語では，処理の順番にそって１つずつ命令を記述します。代表的な手続型言語には，次のようなものがあります。

COBOL（コボル）は，事務処理用に広く使われている言語で，古くからメインフレームで使われています。**事務処理**と覚えておきましょう。

C言語は，ISOやJISで標準として採用されている，広く普及している手続型言語です。古くから多くのアプリケーションの開発に用いられています。C言語は，**標準規格**と**UNIX**と覚えておきましょう。

FORTRAN（フォートラン）は，史上初めての高水準言語で，科学技術計算に向いています。**科学技術計算**と覚えるのがポイントです。

BASICは，初心者向けのインタプリタ型の言語です。元々はコンピュータ教育用に開発されたものです。**インタプリタ型**と**初心者向け**と覚えておきましょう。

手続型言語でプログラムを作成するには，処理の順番を細かく考えて，そのとおりに記述する必要があります。この処理の手順が**アルゴリズム**です。

② **非手続型言語**

一方，こういった細かい処理手順をあまり意識せずに，実現したい機能を中心に記述するプログラム言語を**非手続型**と呼びます。手続型後に登場し，C++やJavaなどのオブジェクト指向言語が代表的です。

C++は，**C言語にオブジェクト指向の特徴を加えた言語**です。オブジェクト指向では，データとそれを操作する処理を一体化します。これによって，オブジェクトを部品のように組み合わせて開発できます。C++は，**オブジェクト指向**と覚えておきましょう。

Javaは，**C++で導入されたオブジェクト指向を，さらに強化したオブジェクト指向言語**です。Javaから派生したさまざまな技術は，インターネット上のアプリケーションで広く用いられています。Javaは，**オブジェクト指向**と**インターネットで活用**と覚えておきましょう。

Answer　□1　オブジェクトプログラム

分野2　経営情報管理

2-8 WEBアプリケーション

ポイント　WEBアプリケーションには，3つの階層があり，実行には2つの方法があります。

1 WEBアプリケーションの3つの階層

WEBアプリケーションには，**WEBブラウザ**，**WEBサーバ**，**データベース**の3つの階層があります。

WEBブラウザは，利用者のコンピュータで実行される，**WEBページを表示するためのソフトウェア**です。

WEBサーバでは，WEBページの基になる**HTML文書を管理**します。また，クライアントのWEBブラウザからの要求に応えて，HTML文書を送信します。

データベース層では，**各種のデータを一元的に管理**し，WEBサーバ上のプログラムからの要求に応えて，データの入力や変更，検索などを行います。

2 サーバサイドとクライアントサイド

プログラムの実行には，WEBブラウザで実行する**サーバサイドアプリケーション**とクライアントのWEBブラウザで実行する**クライアントサイドアプリケーション**があります。

サーバサイドアプリケーションを作成するには，**ASP**（Active Server Pages）や**JSP**（Java Server Pages）といったプログラム言語や，**CGI**（Common Gateway Interface）という仕組みを使用します。

ASPや**JSP**を使用すれば，**さまざまなHTMLを動的に生成するプログラムを開発**することができます。**CGI**は，**WEBサーバから外部のプログラムを実行する仕組み**です。特定のWEBページが表示されたときに，外部のプログラムを実行するように設定できます。

クライアントサイドアプリケーションを作成するには，**JavaScript**（ジャバ

まとめcheck　□1　WEBアプリケーションの3つの階層を述べなさい。

スクリプト）や**Javaアプレット**などの言語を使用します。JavaScriptは，**WEBページに動きや機能を埋め込むためのスクリプト言語**です。JavaScriptのプログラムを，HTML言語の中に埋め込むことで，WEBページ上のボタンの動作や，入力チェック，画像の表示などを制御できます。

Javaアプレットは，**Java言語で作成したプログラムを，WEBブラウザで実行する**ものです。WEBページを表示する際に，WEBサーバ上からJavaアプレットがダウンロードされ，ブラウザ上で実行されます。

●WEBの処理形態

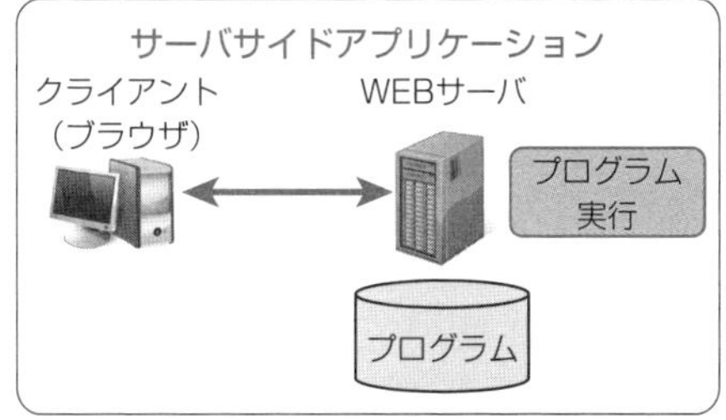

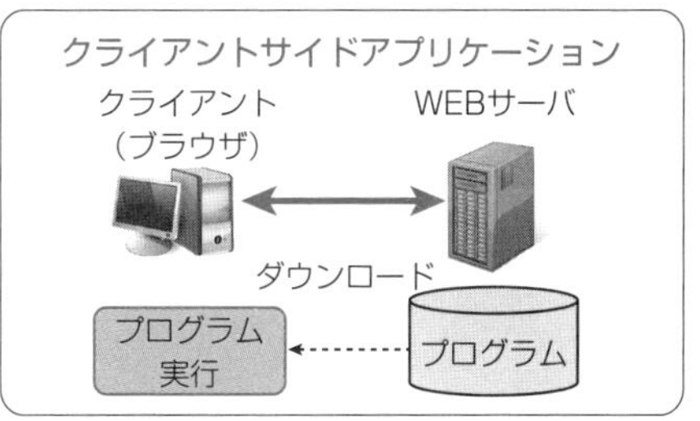

3 マークアップ言語

マークアップ言語は，**文章の構造や見た目を指定するためのプログラム言語**です。**タグ**という文字列を記述することで，文章の構造や見た目を指定することができます。代表的なマークアップ言語には，**HTML**や**XML**があります。

HTML（HyperText Markup Language）は，**WEBページを記述する言語**です。これだけでは静的なページしか作成できませんが，文書にJavaScriptなどによるスクリプトを埋め込むことで，動的なページを作成できます。

XML（Extensible Markup Language）は，**独自のタグを作ることができる**言語です。HTMLでは，タグの意味はあらかじめ決まっていましたが，XMLではタグを自由に定義できます。この特徴から，**電子商取引**など，異なるアプリケーション間でデータのやり取りをするときによく使われますが，取引相手と共通のタグを使う必要があります。そのため，さまざまな業界で，タグの標準化をする取組みが行われています。

Answer □1 WEBブラウザ WEBサーバ データベース層

過去問をピックアップ⑰ 重要度 ★★★ 難易度 ★★☆

ERP

令和元年第15問

「ERP（Enterprise Resource Planning）システム」に関する記述として，最も適切なものはどれか。

ア 基幹業務プロセスの実行を，統合業務パッケージを利用して，必要な機能を相互に関係づけながら支援する総合情報システムである。
イ 基幹業務プロセスをクラウド上で処理する統合情報システムである。
ウ 企業経営に必要な諸資源を統合的に管理するシステムである。
エ 企業経営の持つ諸資源の戦略的な活用を計画するためのシステムである。

解答・解説 正解：ア

ア ○ ERPシステムについて，基幹業務プロセスの実行を統合業務パッケージを利用し，必要な機能を相互に関連づけながら支援する総合情報システムであることが書かれています。ERPシステムとは，会計・販売・生産・購買・物流・人事などの企業の主要な業務を1つのパッケージソフトで総合管理できるものです。

イ × ERPシステムについて，基幹業務プロセスをクラウド上で処理する統合情報システムであることが書かれています。しかし，ERPシステムとは必ずしもクラウド上で処理するものではありません。実際に，クラウドではなく，ユーザ企業が自社に保有するサーバ上でERPシステムを稼働させているケースもあります。

ウ × ERPシステムについて，企業経営に必要な諸資源を統合的に管理するシステムであることが書かれています。ERPの考え方としては適切な内容です。しかし，設問では「ERPシステム」について問われていますので，統合業務パッケージに言及した選択肢アのほうがより適切です。

エ × ERPシステムについて，企業経営の持つ諸資源の戦略的な活用を計画するためのシステムであることが書かれています。ERPシステムは，情報を総合的に管理することはできますが，戦略的な活用を計画することまではできません。

本問では，ERPに関する深い知識を問われているため，判断が難しい部分もあったと思います。難易度が高い問題においては，それぞれの選択肢を精査することで，消去法で選択肢を絞る手法を身につけておくことが有効です。

過去問をピックアップ⑱　重要度 ★★★　難易度 ★★☆

システム開発の方法論

令和４年第13問

システム開発の方法論は多様である。システム開発に関する記述として，最も適切なものはどれか。

ア　DevOpsは，開発側と運用側とが密接に連携して，システムの導入や更新を柔軟かつ迅速に行う開発の方法論である。

イ　XPは，開発の基幹手法としてペアプログラミングを用いる方法論であり，ウォーターフォール型開発を改善したものである。

ウ　ウォーターフォール型開発は，全体的なモデルを作成した上で，ユーザにとって価値ある機能のまとまりを単位として，計画，設計，構築を繰り返す方法論である。

エ　スクラムは，動いているシステムを壊さずに，ソフトウェアを高速に，着実に，自動的に機能を増幅させ，本番環境にリリース可能な状態にする方法論である。

オ　フィーチャ駆動開発は，開発工程を上流工程から下流工程へと順次移行し，後戻りはシステムの完成後にのみ許される方法論である。

解答・解説 正解：ア

ア ○ DevOpsについて問われています。DevOpsは，開発を意味するDevelopmentと，運用を意味するOperationsを組み合わせた用語です。そして，具体的には，開発側と運用側とが密接に連携して，システムの導入や更新を柔軟かつ迅速に行う開発の方法論を意味します。

イ × XP（Extreme Programming：エクストリーム・プログラミング）について問われています。開発の基幹手法としてペアプログラミング（二人一組となってプログラミングをします）を用います。ただし，ウォーターフォール型開発を改善したものではなく，アジャイル開発プロセスの具体的な手法の1つになります。

ウ × ウォーターフォール型開発について問われています。水が上から下へ落ちるように，上流工程から順番に実施していく方法で，基本計画を最初に実行し終了してから，設計に移ります。設計が終了した後に開発に移り，最後にテストを実行して運用を開始します。全体的なモデルを作成した上で，ユーザにとって価値ある機能のまとまりを単位として，計画，設計，構築を繰り返す方法論は，スパイラル型開発です。

エ × スクラムについて問われています。スクラムは，チームで仕事を進めるためのフレームワークであり，モデリング段階とコーディング段階を往復しながらソフトウェア開発を行います。

オ × フィーチャ駆動開発について問われています。フィーチャ駆動開発は，フィーチャと呼ばれる機能を短期間で繰り返し開発していくものです。記述は，ウォーターフォール型開発に関する内容になっています。

科目5

経済学・経済政策

経済学・経済政策の攻略法

1．科目の全体像と試験の特徴

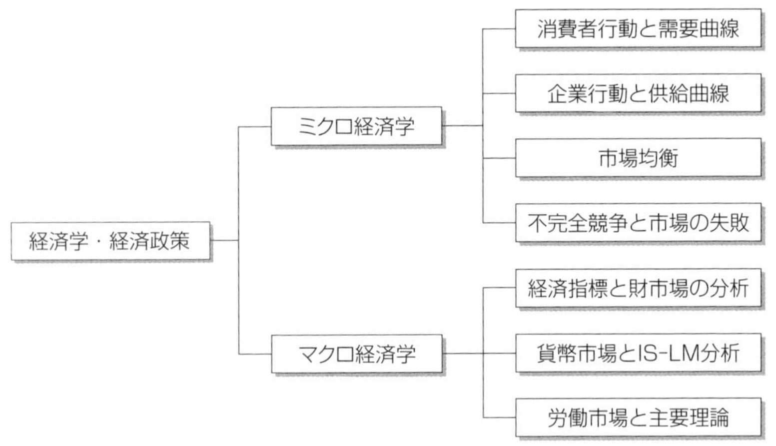

経済学は，さまざまな経済活動を理論的に説明する学問です。例えば，経済学ではデフレ，インフレなどの経済動向や，商品の価格がどのように決定されるのかなどの経済活動を扱います。企業経営でも，経済動向を把握し，経営戦略を立案するためには経済学的な考え方が必要です。

中小企業診断士試験では，科目５ 経済学・経済政策は**最初の１次試験科目**です。最初の科目の結果が不安になると，その後の試験に影響する可能性があります。そのため，ある程度の自信をつけておきたい科目と言えます。

本科目の特徴は，**数式を使った理論的な内容**が多いことです。そのため，暗記ではなく理解していないと解けない問題がほとんどであり，苦手意識を持たれる方も多いようです。

また，試験では，**問題数が少ないこと**が特徴です。最近の試験では，計25問（問題と設問を合計した数）が出題されています。１問当たりの配点が４点と大きいため，１問の影響度が大きくなっています。

一方，本科目は２次試験には，ほとんど関係しない科目ですので，**１次試験で足切りにならない点を確実に取る**ことが重要です。

２．科目の攻略法

経済学を攻略するポイントは３つあります。

１つ目のポイントは，**数式を図で理解する**ことです。経済学では，経済活動を数式で表します。しかし，数式を丸暗記するのは大変ですし，応用が利きません。そのため，数式をグラフなどの図で理解することがポイントです。

２つ目のポイントは，できるだけ**具体例で理解**することです。経済学は，現実の経済現象をモデル化し，数式として単純化したものです。よって，現実の身近な例に置きかえて考えることで，より理解しやすくなります。

数式や図だけで覚えようとすると，うっかり前提を１つ間違っただけで答えが正反対になることもあります。特に試験で緊張しているときには，「どっちだったかな？」と，不安になったり，ケアレスミスをする可能性があります。

数式や図を具体的な現象として理解しておけば，こういったケアレスミスを防ぐことができます。

３つ目のポイントは，試験に**頻繁に出題されている箇所**を重点的に学習することです。経済学は，理論的な学問のため，基礎から順番に理論を積み上げていく必要があります。そのため，科目の最後にたどり着くまでに時間がかかりやすい科目です。よって，多くの受験生は，科目の始めのほうを中心に学習し，最後のほうの学習がおろそかになりがちです。

しかし，試験で出題される場所は，ある程度決まっており，それは科目の後半にある場合が多いです。よって，出題されやすい分野をしっかり学習することが重要です。そのためには，最初に科目全体の流れをつかんでおくことが重要です。全体の流れを理解した上で，重要な箇所をしっかり学習するとよいでしょう。また，過去問を早めに見ることで，どこが重要なのかを確認することも重要です。

これらのポイントにそって学習すれば，初めて学ぶ方でも十分合格点に到達することが可能です。

3．効率の良い勉強法

経済学・経済政策には，①ミクロ経済学と②マクロ経済学という２つの分野があります。

①ミクロ経済学は，個別の消費者や企業の経済活動を扱います。消費者がどのように商品の購入を決定するのか，企業がどのように生産の意思決定をするのかを検討します。基本概念をしっかり理解することが重要です。ミクロ経済学は，**需要**（消費者）と**供給**（生産者）の理解が基本になります。需要に関係する無差別曲線や，需要曲線，価格弾力性，所得効果と代替効果などをしっかり理解しましょう。同じく，供給に関係する，費用曲線，利潤最大化，供給曲線をマスターします。そして，需要と供給の均衡を理解しましょう。

その後，課税や自由貿易，独占，外部効果といったさまざまなパターンによって均衡がどのように変わるかを学習します。これが理解できれば，ミクロ経済学は合格点が取れるようになります。また，個別テーマとしては，ナッシュ均衡や，逆選択とモラルハザードについて，よく出題されています。これらのテーマは数式を使わなくてよいため，点を取りやすい部分です。そのため，出題されたら得点できるように勉強をしておきましょう。

②マクロ経済学は，国全体の経済活動を扱います。景気動向や物価，景気対策などを考えます。まずGDPの概念を理解することが基礎になります。GDPの三面等価「生産＝分配（所得）＝支出（消費）」について，理解してから学習を進めてください。

また，マクロ経済学では，３つの市場を扱います。**財市場**，**貨幣市場**，**労働市場**です。これらの３つの市場は，お互いに関連しています。最終的には，すべての市場を関連させて理解する必要がありますが，学習するときには，３つの市場を順番に学んでいくほうが混乱しなくてすみます。それぞれの市場を学習するときには，最初はその市場のことだけを考えて学びます。その後で，他の市場との関係を学習することで，着実に理解することができます。

よく出題されるテーマとしては，政策の効果が挙げられます。財政政策や金融政策を実施したときに，各市場でどういった効果が起こるのかを理解することが重要です。

重要度 A B C

分野1　ミクロ経済学

1-1 ミクロ経済学の全体像

ポイント　ミクロ経済学では，個々の消費者や企業の経済活動を扱います。経済学で基本となるのは需要と供給という考え方です。

1 消費者の需要と企業の供給

ミクロ経済学では，消費者の需要と企業の供給の関係を学習します。需要とは，ある商品を消費者が買いたいと思う量です。供給とは，ある商品を企業が生産する量です。

消費者は，家計の予算の制約の中で商品を購入します。よって，一般的な商品では価格が安くなればたくさん買いたいと思います。そのため，需要は増加します。一方，価格が高くなれば需要は減少するでしょう。

それに対し，企業は商品の価格が高くなれば，売れば儲かるため，生産設備などに投資してたくさん生産したいと思います。一方，価格が安くなれば，あまり生産しなくなるでしょう。

2 需要曲線と供給曲線

●需要曲線と供給曲線

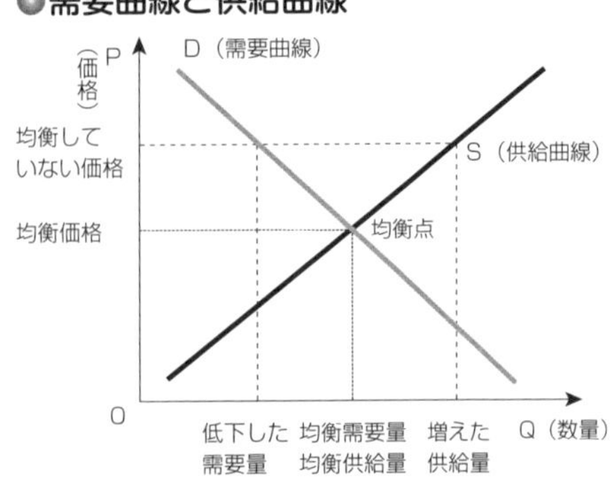

このような，消費者の需要と企業の供給の関係を図で表したのが，**需要曲線**と**供給曲線**です。ミクロ経済学の基礎です。

消費者の需要を表す需要曲線は，右下がりの形になっています。これは，価格が安くなるほど，需要である商品の購入数量が増えることを表します。

企業の供給を表す供給曲線は，

まとめcheck　□1　需要曲線と供給曲線が一致する点を何と言うか。

右上がりの形になっています。これは，価格が高くなるほど，供給である商品の生産数量が増えることを表します。

需要曲線と供給曲線が**一致する点**を**均衡点**と呼びます。経済学では，経済活動は需要と供給が一致する均衡点に落ち着くという原則があります。このように，需要と供給が**一致している状態**を**市場均衡**，均衡点での価格のことを**均衡価格**と呼びます。

3 均衡価格

例えば，仮に均衡価格よりも商品の価格が高くなったとします。均衡点では，100円だったパンが200円になったとしましょう。この場合，消費者は，パンを買う量を減らすでしょう。これはさきほどの図では，均衡需要量から，左側の低下した需要量まで需要が減ることになります。

一方，生産者は，価格が上がればもっとパンを生産したいと思います。これは，図の例では，均衡供給量から，右側の増えた供給量まで供給が増えることになります。

こうなった場合は，需要と供給にはギャップが生じます。消費者はあまり買いたくない一方で，生産者はたくさん生産しています。このような状態は，**供給超過**と呼びます。供給超過になると，売れ残りが増えていきます。そのうち，困った生産者は，安売りをして在庫を処分することを考えます。こうして価格は再び，均衡価格まで下がっていきます。

逆に，均衡価格よりも価格が低下した場合は，消費者の需要が増え，生産者の供給が少なくなります。このような状態は，**需要超過**と呼びます。需要超過になると，パンが買いたくても買えない状態になります。このような場合は，市場でのパンの価格が上昇し均衡価格に近づいていきます。

このように，ミクロ経済学では，**価格は市場での需要と供給の均衡によって決まる**と考えます。つまり，誰かが価格を決めるのではなく，市場の自由競争の中で，需要と供給がちょうど一致するような均衡価格に落ち着くのです。

ただし，経済学は現実を単純化しているため，実際には当てはまらない場合もあります。

Answer □1 均衡点

分野1　ミクロ経済学

1-2 効用と無差別曲線

ポイント　経済学では，消費者の好みを表すために，効用という言葉を使います。

1 効用

効用（Utility）は，消費者が**その財を消費することで感じる満足度**を表します。例えば，ビールが好きな人は，ワイン1杯よりもビール1杯のほうが，効用が高いと言えます。また，ビール1杯よりもビール2杯のほうがより効用が高いと言えます。

ある財の効用を，他の財の効用と比較することで，その財を好む度合いを表すことができます。つまり，その人がビールをどれぐらい好むかは，例えばワインなどの他の財の効用と比較することで表すことができます。

2つの財を消費することで得られる効用は，2つの財の消費量に依存すると考えられます。ここで，2つの財の消費量をそれぞれ，x，yと置くと，効用Uは次の関数で表現することができます。

$$U = U(x, y)$$

この関数のことを，**効用関数**と呼びます。効用関数は，2つの財の消費量が与えられたときの，消費者が感じる効用を表します。

2 無差別曲線

ここで，2つの財の消費量と効用をグラフで表すとどうなるでしょうか？

①　3次元の無差別曲線

X軸に財xの消費量x，Y軸に財yの消費量y，Z軸に効用Uを置き，グラフで表すと次頁左側のような3次元の立体グラフを描くことができます。

ここで，同じ効用の点を結んだ曲線を**無差別曲線**と呼びます。財x，財yの消費量の組み合わせは無限にありますが，**消費量の組み合わせをさまざまに変**

まとめcheck　□1　2つの財の消費量と効用を表したグラフを何と言うか。

えたときに，効用が同じになる組み合わせを結んだのが無差別曲線です。

下の図の例では，効用がU_1，U_2，U_3のときの，それぞれの無差別曲線が表されています。これは，地図の等高線を思い浮かべると理解しやすいでしょう。この図を見ると，無差別曲線U_1よりも，無差別曲線U_2やU_3のほうが，効用が高くなっていることがわかります。よって，財xと財yの消費量が増えると，効用が高くなることがわかります。

② 通常の無差別曲線

この３次元の無差別曲線は，通常は２次元のグラフで表します。

２次元の無差別曲線では，横軸に財xの消費量，縦軸に財yの消費量を取ります。もう１つの効用については，２次元では表すことができませんので，平面上に複数の無差別曲線を描きます。これは，３次元の無差別曲線を真上から見た図となっています。地図の例で言えば，３次元の地図ではなく，通常よく見る平面の地図として表したものです。

３つの無差別曲線は，それぞれ効用がU_1，U_2，U_3の点を結んだ線になっていることに注意しましょう。これは，地図の等高線をイメージすればわかりやすいでしょう。U_1よりもU_2のほうが効用が高く，U_2よりもU_3のほうが効用が高くなっています。

●無差別曲線（３次元で表したもの）

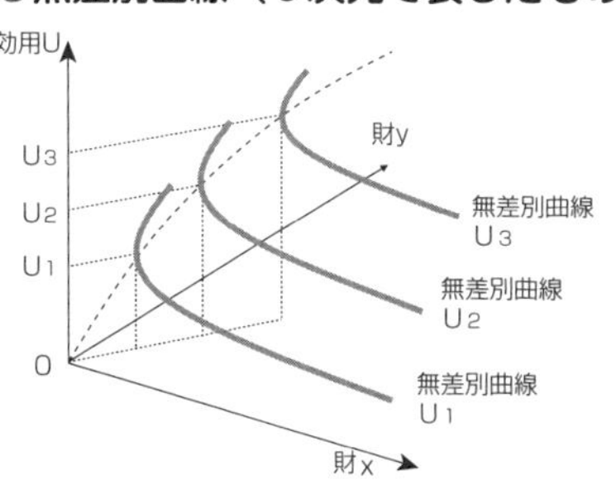

●無差別曲線（２次元で表したもの）

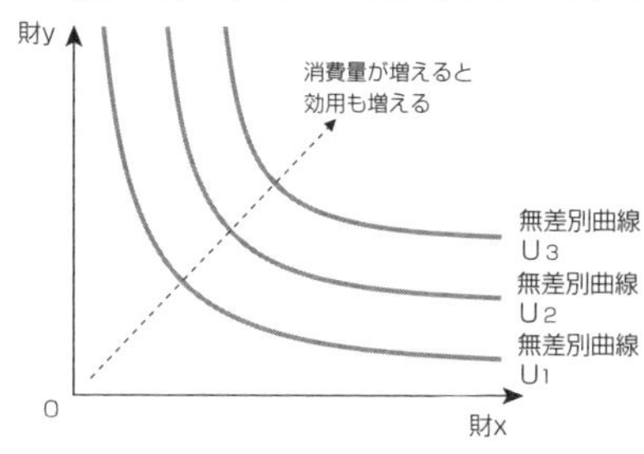

Answer □1 無差別曲線

重要度 A B C

分野1　ミクロ経済学

1-3 効用最大化

ポイント　通常の財は，消費すればするほど効用が高まりますが，実際の消費者は際限なく消費を増やしません。それは，消費者には予算の制約があるからです。

1 予算制約線

消費者は，予算の制約の下で，どのような財をどのような配分で購入するかを決定します。よって，消費者の購買行動を分析するには，予算の制約を含めて考える必要があります。

簡単な例で考えてみましょう。ある消費者の予算が1万円だとします。ここで，財xの価格は1,000円，財yの価格が500円だとします。このとき，もし予算をすべて財xに使えば，財xを10個購入することができます。もし予算をすべて財yに使えば，財yは20個購入することができます。

●予算制約線

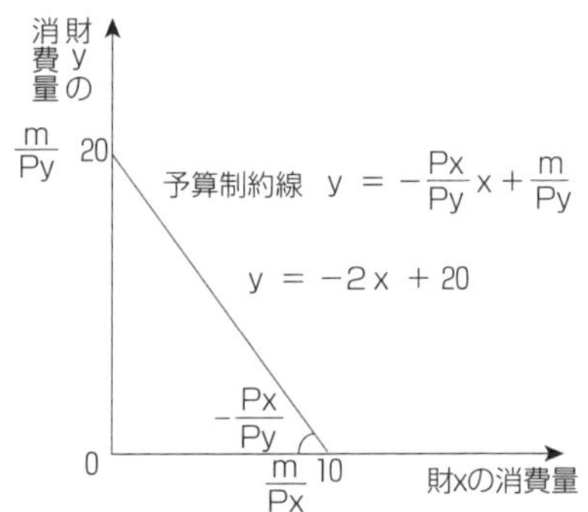

このような，予算の制約を表したグラフを，**予算制約線**と呼びます。予算制約線の上の点は，予算を使い切ったときの消費を表します。また，予算制約線よりも原点に近い任意の点は，予算内で購入できる消費を表します。予算制約線よりも右側の点では，予算オーバーになりますので，そのような消費はできません。

一般的には，予算制約線は，財xの価格をPx，財yの価格をPy，予算をmとすると，次の式で表すことができます。

$$y = -\frac{Px}{Py}x + \frac{m}{Py}$$ （Px × x + Py × y = m より導出できる）

まとめcheck　□1　最適消費点はどのような箇所か。

この予算制約線は，傾きが$-\frac{Px}{Py}$，横軸との切片が$\frac{m}{Px}$，縦軸との切片が$\frac{m}{Py}$の直線となります。

2 最適消費点

予算制約線と，さきほどの無差別曲線を組み合わせることで，予算の範囲内で効用を最大化する消費量を分析できます。

予算制約線と，無差別曲線を重ねて描くと，右図のようになります。

●予算制約線と無差別曲線

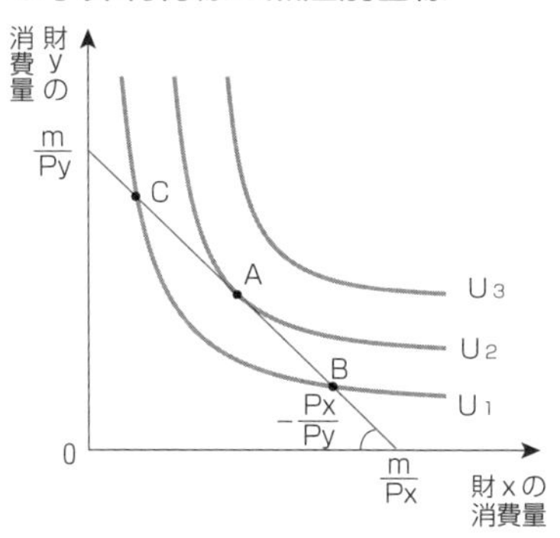

右図では，３つの無差別曲線があり，右上に行くほど効用が高くなっています。消費者は，予算の制約内で最大の効用が得られる消費量を選択するはずです。そのため，最適消費点は，予算制約線の上のどこかの点になります。

例えば，B点の消費パターンを選択したとしましょう。B点は，予算制約線上の点になっており，無差別曲線U_1の上にあります。しかし，B点よりもA点のほうが，予算制約を満たした上でより効用が高い点になっていることがわかります。また，C点の消費パターンを考えた場合でも，同じようにA点のほうが，効用が高くなります。

このように，**最適消費点**は**無差別曲線と予算制約線が接する点**になります。

Answer □1 無差別曲線と予算制約線が接する点

分野1　ミクロ経済学

1-4 需要曲線

ポイント　財の価格が変化すると，予算制約線も変化します。財の価格と最適な消費量の関係を示す曲線を需要曲線と言います。

1 予算制約線の変化

財の価格が変化すると，予算制約線も変化します。財xの価格が低下したときは，右図のように，予算制約線の横軸切片が右のほうにシフトします。つまり，価格が低下した場合は，もっとたくさん消費できるように，予算制約線が右に拡張します。図の例では，財xの価格がP_1から，より安いP_2に変化したことを表しています。

●予算制約線の変化

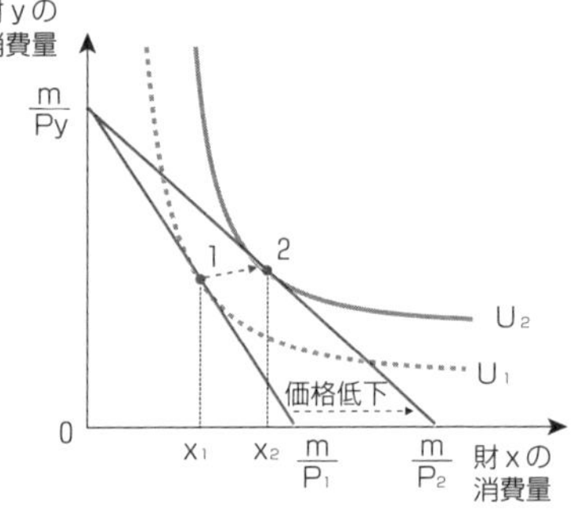

2 最適消費点の変化と需要曲線

ここで，最適消費点がどのように変化するかを見ていきましょう。

価格P_1のときの最適消費点は，無差別曲線U_1と接する点1になっています。ここで，価格がP_2に変化すると，最適消費点は，別の無差別曲線U_2と接する点2に変化します。無差別曲線U_2は，無差別曲線U_1よりも高い効用水準を実現する点になっているため，消費者の効用はより高くなります。

ここで，消費量の変化を見ると，初めの財xの消費量はx_1，変化した後の消費量はx_2に増加しています。つまり，財xの価格を低下させることで，最適消費点の消費量が増加したことになります。

まとめcheck　□1　需要曲線は何を示すグラフか。

この財xの価格と，消費量の変化をグラフで表したのが，右図になります。

縦軸に財xの価格を取り，横軸に財xの消費量を取っています。価格がP_1のときは，消費量はx_1です。価格をP_2に下げたときには，消費量がx_2に増加します。

この価格の変化を連続的に行うと，右図のような曲線になります。これが，財xの**需要曲線**です。

最適消費点の変化と需要曲線

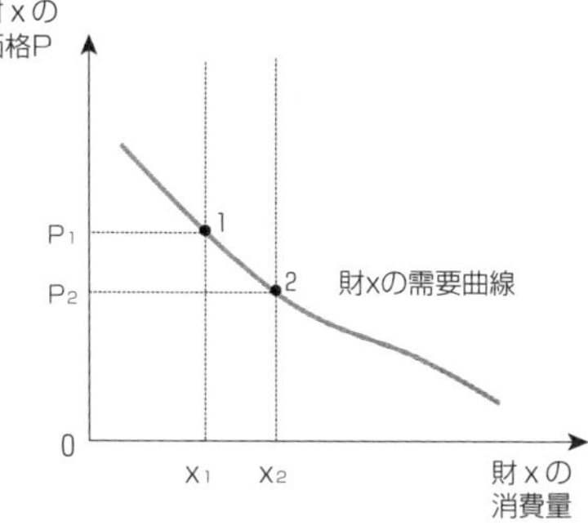

この需要曲線の形を見ると，**右下がり**になっていることがわかります。これは，ミクロ経済学の初めのテーマで見た需要曲線と同じような形になっていることを確認しておきましょう。

需要曲線は，「**他の財の価格と所得水準（予算）を一定としたときの，ある財の価格と最適な消費量の関係を表す曲線**」と定義されます。需要曲線は**需要関数**と呼ぶこともあります。

Answer □1 他の財の価格と所得水準（予算）を一定としたときのある財の価格と最適な消費量の関係

分野1　ミクロ経済学

1-5 需要の弾力性

ポイント　需要曲線を使うと，消費者のさまざまな購買行動を分析することができます。

1 需要の価格弾力性

前述のとおり需要曲線は，右下がりです。この需要曲線の傾きは何を表しているでしょうか。

需要曲線の傾きが緩やかな場合は，価格を下げたときに，需要が大きく増加することを表しています。このような状態を，**需要の価格弾力性が高い**と言います。

一方，需要曲線の傾きが急な場合は，価格を下げても，需要があまり増加しないことを表しています。このような状態を，**需要の価格弾力性が低い**と言います。

●需要曲線と需要の価格弾力性

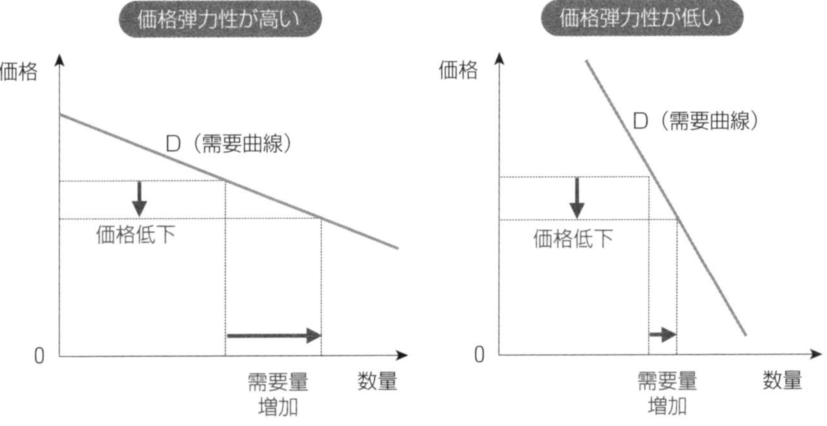

まとめcheck　□1　所得を変化させたときの最適消費点の変化を表した曲線を何と言うか。

このように，**需要の価格弾力性**は，**価格を変化させたときの，需要への反応の大きさ**を表します。正確に定義すると，需要の価格弾力性は，**価格を１%上昇させたときに，需要量が何%変化するか**を表します。

需要の価格弾力性は，財の種類によってかなり異なります。価格弾力性の高い商品は，少し値上げをするだけで販売量が大きく下がります。一方，少し値下げをすると販売量が大きく増加します。逆に，価格弾力性が低い商品を，値下げして販売しても，あまり効果がないということになります。

2 需要の所得弾力性

では，所得が増えて予算が増えた場合には，需要はどのように変化するでしょうか。

これを表す概念が**需要の所得弾力性**です。需要の所得弾力性は，**所得を１%上昇させたときに，需要量が何%変化するか**を表します。

●需要の所得弾力性

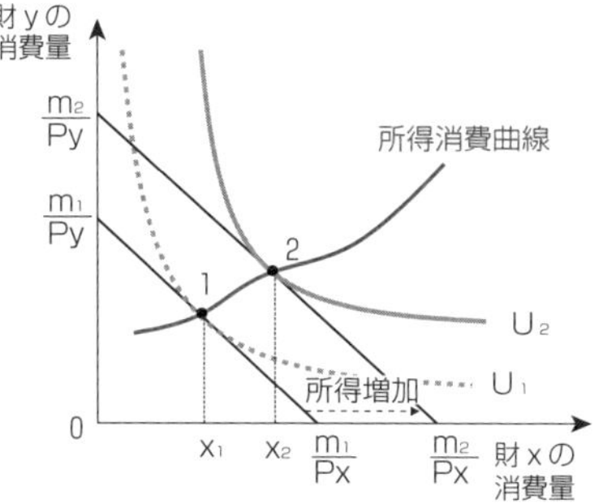

需要の所得弾力性を図で表すと右図のようになります。予算がm_1からm_2に増加することによって，予算制約線が平行にシフトすることがわかります。

予算制約線がシフトすることによって，最適消費点もシフトします。この例では，最適消費点が点１から点２に移動しました。また，点１と点２は，それぞれ無差別曲線U_1とU_2の接点になっていることに注意しましょう。

この結果，所得を増やすことで，財xの消費量はx_1からx_2に増加することがわかります。

ここで，**所得を変化させたときの，最適消費点の変化を表した曲線**を**所得消費曲線**と呼びます。所得消費曲線も財の種類によって，さまざまな形を取ります。

科目５ 経済学・経済政策 分野１ ミクロ経済学

Answer □１ 所得消費曲線

分野1　ミクロ経済学

1-6 上級財と下級財

ポイント　所得を増やしたとき，消費量も増える財を「**上級財**」もしくは「正常財」と呼びます。所得を増やしたとき，消費量が減る財を「**下級財**」と呼びます。また，所得を増やしても，消費量が変わらない財を「**中立財**」と呼びます。

1 需要の所得消費曲線と所得弾力性

上級財の場合は，下のように所得消費曲線が右上がりになります。**下級財**の場合は，所得消費曲線が右下がりになります。

●需要の所得消費曲線と所得弾力性

財xが上級財の場合

財y
所得消費曲線
U_2
U_1
0
所得増加
財x

財xが下級財の場合

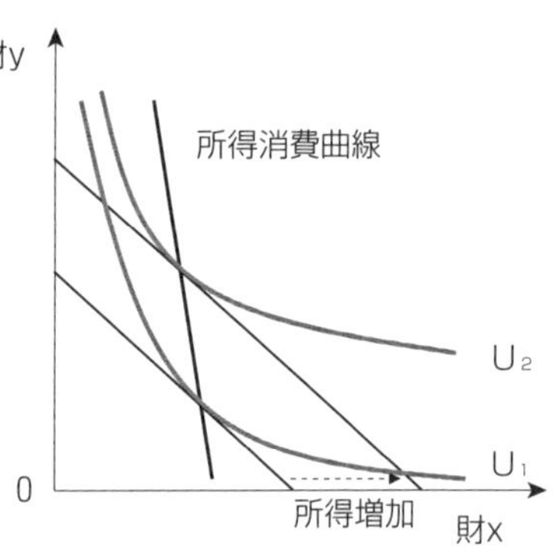

2 上級財の分類

通常売られている一般的な財は，**上級財**のことが多いです。上級財をさらに分類すると，**奢侈品**（しゃしひん）と**必需品**に分けられます。

奢侈品は，所得が増加すると消費量が急激に増え，所得が減少すると消費量が急激に減る財です。例えば，旅行などの娯楽や，高級ブランドの衣料などが

まとめcheck　□1　奢侈品を需要の所得弾力性で表現しなさい。

例に挙げられます。奢侈品は，所得の増加よりも，消費の増加のほうが大きい財と定義されます。需要の所得弾力性で表すと，**需要の所得弾力性が1以上**になります。

必需品は，所得が増加すると消費量が緩やかに増加し，所得が減少すると消費量が緩やかに減る財です。電力や米などが必需品の例に挙げられます。必需品は，所得の増加よりも，消費の増加のほうが小さい財と定義されます。需要の所得弾力性で表すと，**需要の所得弾力性が0から1**となります。

3 下級財

下級財は，**所得が増加すると，逆に消費量が減る財**です。例えば，安い衣料などは，消費者によっては下級財になるかもしれません。それは，所得が増えると，より高い衣料を買うようになるため，安い衣料の消費量が減るからです。逆に，所得が減った場合は，安い衣料の消費量は増えることになります。

下級財は，所得が増加すると，消費が減少する財と定義されます。需要の所得弾力性で表すと，**需要の所得弾力性が0よりも小さくなります**。

●上級財と下級財

上級財		下級財
奢侈品	必需品	
所得が増えると消費が急増する	所得が増えると消費が緩やかに増加する	所得が増えると，消費が減る
需要の所得弾力性 ≧ 1	0 ＜ 需要の所得弾力性 ＜ 1	需要の所得弾力性 ＜ 0
例：娯楽，ブランド品	例：電力，米	例：安い衣料

Answer □1　需要の所得弾力性が1以上の財

重要度 A B C

分野1 ミクロ経済学

1-7 費用曲線

ポイント　消費者が効用を最大化する消費量を選択するように，企業は利潤を最大化する生産量を選択します。利潤は，収入から費用を引いたものです。企業で生産の際に発生する費用を分類すると，可変費用と固定費用に分けられます。

1 可変費用と固定費用

可変費用（Variable Cost：VC）は，**生産量に依存して増えていく費用**です。**固定費用**（Fixed Cost：FC）は，**生産量に関係なく一定でかかる費用**です。

例えば，パン屋の場合，小麦粉などの材料費や，生産量に応じて増員する人員の人件費などは，生産量に依存して増加する可変費用です。一方，パンを焼く機械などの設備は固定費用となります。

2 費用関数（費用曲線）

費用と生産量の関係を表した関数を，**費用関数**と呼びます。生産量xのときの費用関数は，以下のように表すことができます。

総費用C(x) ＝ 可変費用VC(x) ＋ 固定費用FC

費用関数をグラフにすると，右上の図のような費用曲線で表すことができます。

グラフの縦軸は費用，横軸は生産量になっています。生産量が0のときは，総費用は固定費用の分だけです。生産量が増えるに従って，可変費用が増加していきます。一方，固定費用は生産量に関係なく一定です。費用曲線は，可変費用と固定費用を合計したものになっています。

このグラフは，会計で学習した変動費と固定費のグラフに似ていますが，少し違う部分があります。それは，費用曲線が（逆）S字型にカーブしていることです。このS字型は何を表しているでしょうか？

まとめcheck　□1　費用関数の式を示しなさい。

●費用曲線

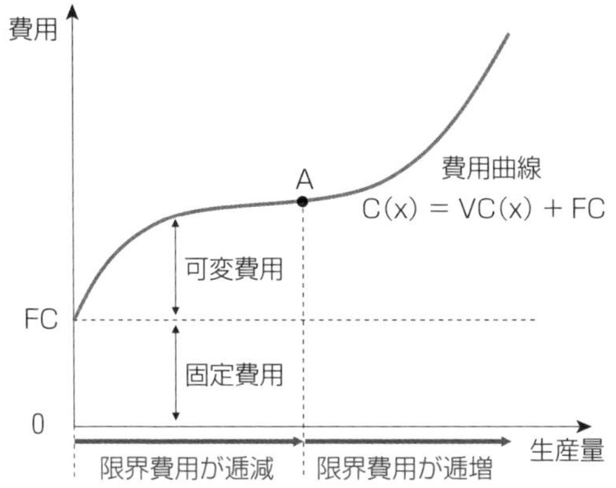

この費用曲線では，生産量が0から増えるに従って，追加の1単位当たりの生産にかかる費用が少なくなっていきます。例えば，パン屋の場合では，生産量が少ない場合よりも，ある程度生産量を増やしたほうが，作業効率が高まり，生産が効率化していきます。そのため，パンを0個から1個に増やすときの費用よりも，パンを10個から11個に増やすときの費用のほうが小さくなります。

3 限界費用の逓減と逓増

このように，追加の1単位当たりの生産にかかる費用が減っていくことを，**限界費用が逓減**すると言います。**限界費用**は，詳しくは後で学習しますが，**生産量を1単位追加するときに増加する費用**です。

この限界費用の逓減は，生産量が図のA点に達するまでは続きます。

生産量がA点を超えると，今度は追加の1単位当たりの生産にかかる費用が増えていきます。例えば，パン屋では，設備がフル稼働に近くなってくると，費用を追加して人員を増員しても，生産量の伸びが鈍化してきます。そのため，生産量の伸びよりも，費用の増加のほうが増えていきます。

このように，追加の1単位当たりの生産にかかる費用が増えていくことを，**限界費用が逓増**すると言います。生産量が図のA点を超えると，限界費用が逓増していきます。

Answer □1 総費用＝可変費用VC（x）＋固定費用FC

分野1　ミクロ経済学

1-8 限界費用

ポイント　限界費用は，生産量を1単位追加するときに増加する費用です。では，限界費用をグラフにすると，どのようになるでしょうか？

1 限界費用曲線

右頁の上のグラフは，さきほどのS字型の費用曲線です。下のグラフが，**限界費用**を表した，**限界費用曲線**（MC：Marginal Cost）です。

限界費用は，**費用曲線の接線の傾き**と等しくなります。

図を見ると，A点よりもB点のほうが費用曲線の接線の傾きが小さくなっています。よって，A点よりもB点のほうが限界費用は小さくなります。また，B点とC点を比較すると，C点のほうが費用曲線の接線の傾きが大きくなっています。よって，B点よりもC点のほうが限界費用は大きくなります。

この限界費用を，グラフで表すと下の限界費用曲線になります。費用曲線の接線の傾きが最も小さいB点で，限界費用が最も小さくなります。B点の生産量から減らしていくか，増やしていくと，限界費用が増えていきます。よって，限界費用曲線は，B点が最低点となる，U字型の曲線になります。

B点よりも左側の限界費用曲線では，限界費用が逓減しています。また，B点よりも右側の限界費用曲線では，限界費用が逓増しています。

限界費用は，総費用のうち可変費用のみが関係し，固定費用には関係しないことに注意しましょう。例えば，パン屋であれば，パンの生産量を10個から11個に増加したときに，総費用が1,000円から1,100円に増加した場合は，限界費用は100円です。一方，もっと固定費用が多く，生産量を10個から11個に増加したときに，総費用が5,000円から5,100円に増加した場合も，限界費用は100円です。このように，限界費用は，可変費用の部分だけから算出されます。

まとめcheck　□1　限界費用曲線を描きなさい。

●費用曲線と限界費用曲線

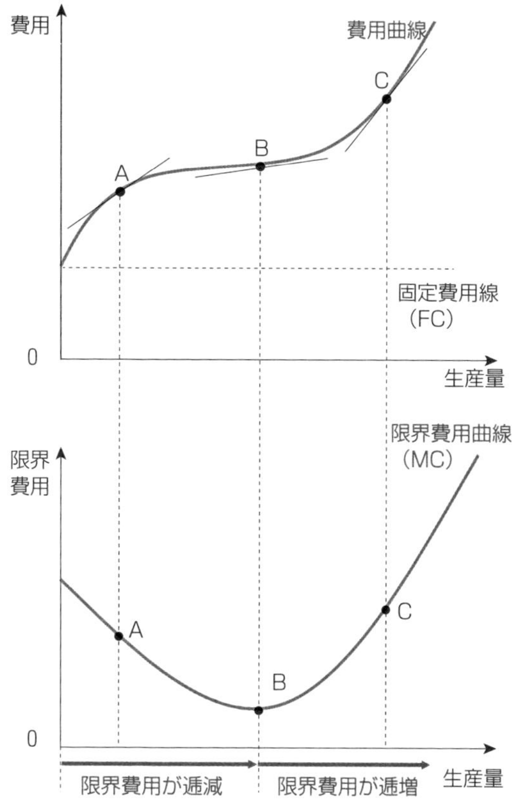

Answer　□1　本頁下側の図参照

分野1　ミクロ経済学

1-9 利潤最大化

ポイント　企業の利潤を最大化する条件について学習します。

1 完全競争市場とプライステイカー

議論を単純化するために，**完全競争市場**にいる企業を対象とします。完全競争市場とは，市場に多数の企業が参加しており，特定の企業が供給量を増加させても，その財の市場価格が変化しないような市場です。

完全競争市場では，各企業には価格を支配する力はなく，市場で決まった価格を受け入れるしかない状態となります。つまり，市場に参加するすべての企業が同じ価格をつけることになります。このような状態にある企業のことを，**プライステイカー**（価格受容者）と呼びます。

2 利潤最大化条件

では，利潤最大化行動を見ていきます。

企業の利潤は，収入から費用を引いたものとなります。

ここで，完全競争市場では，いくら生産しても価格は変わることがありません。よって，企業の収入は「**価格 × 生産量**」で計算できます。

① **生産量を1単位増やしたときの利潤**

ここで，生産量を1単位増やした場合，いくら利潤が増えるかを考えてみましょう。

生産量を1単位増やしたときの収入は，常に財1単位の価格です。生産量を1単位増やしたときの費用は，限界費用となります。

よって，生産量を1単位増やしたときの利潤は，財の価格（P）から，限界費用（MC）を引いたものになります。

まとめcheck　□1　利潤最大化条件の式を述べなさい。

●利潤最大化

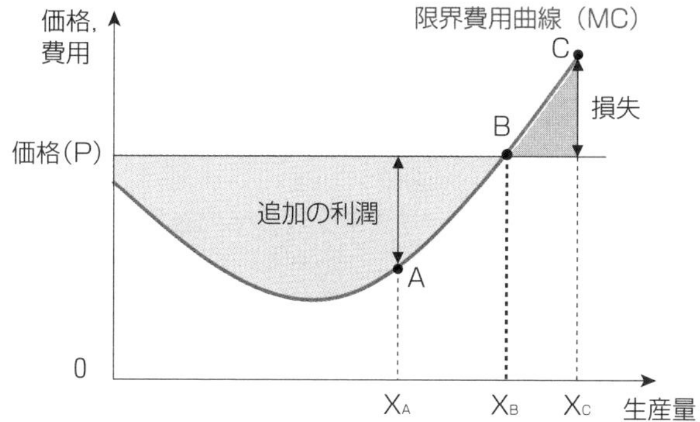

これをグラフで表したのが，上の図です。横軸に生産量，縦軸に価格と費用を取っています。

ここで，生産量を1単位増やしたときの利潤は，価格の線から限界費用曲線を引いたものになります。例えば，生産量X_Aのときは，価格のほうが限界費用よりも大きくなっています。このような場合は，生産を追加することで利潤を増やすことができます。

図からわかるように，生産量X_Bに到達するまでは，生産量を1単位増やしたときの利潤がプラスになります。つまり，企業は生産を増やせば追加の利潤を得ることができます。

一方，生産量X_Bを超えると，生産量を1単位増やしたときの利潤がマイナスになります。つまり，生産量X_Bを超えて生産すると，損失が増えていきます。

② 利潤最大化条件

よって，生産量X_Bのとき，言いかえれば，**価格と限界費用が等しくなるときに，利潤が最大**になります。よって，企業が利潤を最大化する条件は，

価格（P）＝限界費用（MC）

となる生産量になります。この利潤最大化条件は重要ですので覚えておきましょう。

Answer □1 価格（P）＝限界費用（MC）

科目5　経済学・経済政策　　重要度 A **B** C

分野1　ミクロ経済学

1-10 損益分岐点と操業停止点

ポイント　利潤最大化条件を満たす生産量のとき，企業が得られる利潤を考えてみましょう。

1 企業の利潤

企業の利潤は，収入から費用を引いたものとなります。収入は，「**価格(P) × 生産量(x)**」で計算できます。費用は，総費用C(x) となります。そうすると，利潤(π) は，次の式で計算できます。

$$\pi = Px - C(x)$$

ここで，総費用C(x) は，「**平均費用(AC) × 生産量(x)**」で計算することができます。よって，利潤(π) は，次の式で表すことができます。

$$\pi = Px - ACx = (P - AC)x$$

つまり，価格から平均費用を引いたものに生産量をかけると，企業の利潤を求めることができます。例えば，パンの市場での価格が200円，パンの平均費用が150円とします。利潤最大化条件を満たす生産量が100個のときは，価格と平均費用の差額である50円に生産量100個をかけた5,000円が利潤となります。

2 損益分岐点と操業停止点

損益分岐点は，利潤がゼロになる点です。また，**操業停止点は企業が生産活動をやめてしまう点**です。

右頁上の図を見ると，**限界費用曲線と平均費用曲線が交わるC点**が損益分岐点になります。C点では価格と平均費用が等しくなるため，利潤が0になることがわかります。

損益分岐点での財の価格は**損益分岐点価格**と呼ばれます。損益分岐点価格よ

まとめcheck　□1　損益分岐点，操業停止点とは何か。

●損益分岐点と操業停止点

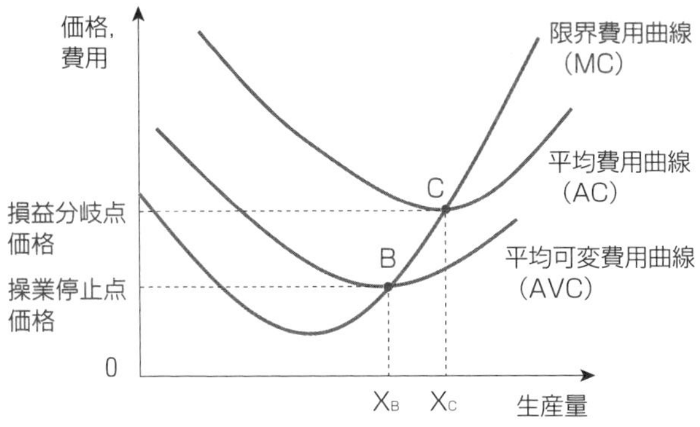

りも財の価格が高い場合は，利潤はプラスになるため，企業は価格と限界費用が等しくなる生産量まで財を生産します。

一方，損益分岐点価格よりも財の価格が低い場合は，利潤はマイナスになります。この場合，企業は生産を中止するという選択肢があります。しかし，生産を中止した場合，可変費用はかからなくなりますが，固定費用はすでに投資しているため，その分がすべてマイナスになってしまいます。よって，損益分岐点価格よりも少し低い価格であれば，生産を続けたほうが損失は少なくなります。

企業が**生産を中止**する点を，**操業停止点**と呼びます。図では，操業停止点は，**限界費用曲線と平均可変費用曲線が交わるB点**となります。

B点では，価格と平均可変費用が等しくなります。B点よりも価格が高くなると，価格から平均可変費用を引いたものがプラスになります。よって，生産することで収入が得られ，すでに投資した固定費用の一部を回収することができます。よって，B点とC点の間の価格の場合は，生産することで総利潤はマイナスになりますが，生産をやめてしまうよりはマイナス分を軽減することができます。

B点よりも価格が低くなった場合は，生産すればするほど損失が大きくなっていきます。よって，B点が操業停止点，B点の価格が操業停止価格となります。

科目5 経済学・経済政策
分野1 ミクロ経済学

Answer　□1　利潤がゼロになる点　生産活動をやめてしまう点

　重要度 A B C

分野1　ミクロ経済学

1-11 供給曲線

ポイント　ここまでの利潤最大化条件から，企業の供給曲線を求めることができます。

1 供給曲線

供給曲線は，下図の限界費用曲線の右側の部分（実線）となります。

財の価格が，損益分岐点価格よりも高い場合を考えてみましょう。この場合，企業は価格と限界費用が等しくなる生産量を選択します。よって，限界費用曲線が供給曲線になります。

財の価格が低い場合は，２通りの供給曲線が考えられます。それは，すでに生産を開始している既存企業と，これから生産を開始する新規参入企業です。

供給曲線

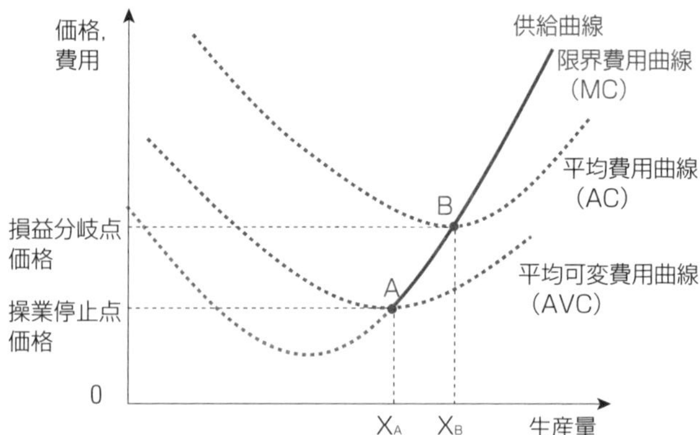

まとめcheck　□1　新規参入の判断基準を述べなさい。

2 既存企業の供給曲線

既存企業の場合は，すでに固定費用の投資を行っています。この場合は，供給曲線は操業停止点である**A点から右上の限界費用曲線**となります。

前述のとおり，操業停止点よりも低い価格の場合は，生産すればするほど損失が大きくなっていきます。一方，操業停止点よりも高い価格の場合は，固定費用の一部を回収することができます。

3 新規参入企業の供給曲線

新規参入企業の場合は，まだ固定費用の投資を行っていません。この場合は，供給曲線は損益分岐点である**B点から右上の限界費用曲線**となります。

損益分岐点よりも低い価格の場合は，生産すると固定費用を含めた利潤がマイナスになります。よって，新規参入企業の場合は，市場での価格が損益分岐点価格を超えているかが判断基準となります。

4 市場全体の供給曲線

個々の企業の供給曲線を合計することで，**市場全体の供給曲線**を求めることができます。

市場全体の供給曲線は，下図のように，複数の企業の供給曲線を横に足し合わせたものになります。これは，市場である価格が成立しているときの，各企業の生産量を合計したものが，市場全体の生産量になるためです。

●市場全体の供給曲線

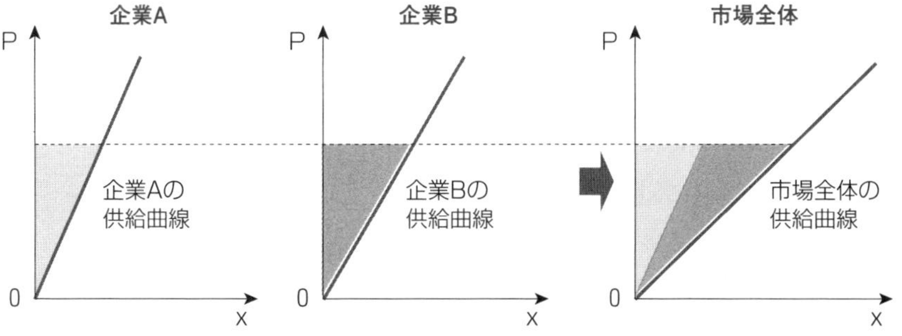

Answer　□1　市場での価格が損益分岐点価格を超えているか

分野1　ミクロ経済学

1-12 囚人のジレンマ （ナッシュ均衡）

ポイント　完全競争市場は，無数の小さい企業から構成されており，各企業が価格支配力を持ちません。しかし，現実の市場を見ると，大きな企業が市場を独占しており，価格支配力を持っている例が見られます。このような市場を，**不完全競争市場**と呼びます。例えば，市場を寡占するライバル会社同士が，相手の出方を見ながら競争している例がよく見られます。

中小企業診断士試験では，このような不完全競争の分野から，**ナッシュ均衡**というテーマがよく出題されています。ナッシュ均衡の説明として，有名な**囚人のジレンマ**があります。

1 囚人のジレンマ

共犯として逮捕された２人の囚人，容疑者Ａ，容疑者Ｂがいます。容疑者Ａと容疑者Ｂは，別々の部屋で取調べを受けているため，２人で話し合うことはできません。２人とも逮捕された当初は罪を否定しています。

ここで，容疑者Ａと容疑者Ｂには，取調べに対して２つの選択肢があります。それは，**黙秘を続けるか，自白をするかという戦略**です。

この戦略を表したのが，図の**ペイオフマトリクス**です。ペイオフというのは，「利得」を表します。利得はゲームの得点のように，高いほうが得をするものです。２人の利得は，ペイオフマトリクスの中の２つの数字の組として表されます。

容疑者ＡとＢの両方が黙秘を続けた場合は，自白がないため一部の証拠だけ採用され，両者の懲役は５年となります。この場合，両者の利得は図のように－５となります。容疑者ＡとＢのどちらかが自白した場合，自白した人は無罪放免になります。この場合，自白した人の利得は０です。一方，自白をしなかった人のほうは，懲役20年という重い罪が宣告されます。よって，自白をしなかった人の利得は

●ペイオフマトリクス（囚人のジレンマ）

容疑者Ａ ＼ 容疑者Ｂ	黙秘	自白
黙秘	（－５，－５）	（－20，０）
自白	（０，－20）	（－10，－10）

ナッシュ均衡

まとめcheck　□1　ナッシュ均衡とはどのような状態を言うか。

−20です。容疑者ＡとＢの両方が自白をした場合は，２人とも懲役10年の罪になります。

このような場合に，それぞれの容疑者はどの戦略を取るでしょうか？

容疑者Ａの立場で考えてみましょう。容疑者Ａは，相棒の容疑者Ｂがどのような戦略を取るかはわかりません。よって，容疑者Ｂがどちらの戦略を取ってもよいように，両方のケースを検討するでしょう。

容疑者Ｂが黙秘した場合は，容疑者Ａは黙秘すると利得が−５，自白すると利得が０になります。よって，容疑者Ｂが黙秘した場合は，容疑者Ａは自白したほうがよいということになります。

容疑者Ｂが自白した場合は，容疑者Ａは黙秘すると利得が−20，自白すると利得が−10になります。よって，容疑者Ｂが自白した場合は，容疑者Ａは自白したほうがよいということになります。ということは，容疑者Ｂが黙秘した場合でも，自白した場合でも，容疑者Ａにとっては自白したほうがよいということになります。これは，容疑者Ｂの立場で考えても同様です。つまり，両者はそれぞれ自白することになります。ここで，両者が黙秘するケースでは，両者の懲役が５年，両者が自白するケースでは，両者の懲役は10年です。

２人とも自分の利得が最大になるように行動したはずなのに，結果としてより利得の低い戦略の組み合わせが選ばれてしまいました。これが**囚人のジレンマ**です。

2 ナッシュ均衡

ここで，選ばれた右下のセルの状態のことを**ナッシュ均衡**と呼びます。**「相手が選ぶ戦略に対して，自分が最適の反応をしている」という状態が，すべてのプレーヤーで成り立つ状態**です。

ナッシュ均衡の状態になると，どちらのプレーヤーも戦略を変更すると自分が損をするため，安定した均衡状態になります。そのため，別の戦略の組み合わせを取ることが難しくなります。

寡占市場での企業間の競争でも，同じような現象が見られます。例えば，価格を維持する戦略と，価格を下げる戦略をペイオフマトリクスで表すと，囚人のジレンマと同じような状況になります。

Answer　□1　相手が選ぶ戦略に対して自分が最適の反応をしているという状態がすべてのプレーヤーで成り立つ状態

過去問をピックアップ⑲　重要度 ★★★　難易度 ★★★

予算制約線と無差別曲線

平成28年第15問

ある個人が限られた所得を有しており，財X_1と財X_2を購入することができる。下図には，同一の所得に基づいて，実線の予算制約線Aと破線の予算制約線Bとが描かれている。また，予算制約線Aと点Eで接する無差別曲線と，予算制約線Bと点Fで接する無差別曲線も描かれている。下図に関する記述として，最も適切なものを下記の解答群から選べ。

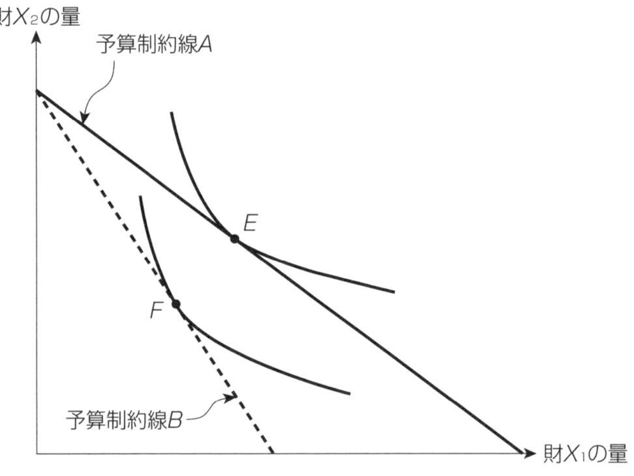

［解答群］

ア　等しい所得の下で予算制約線が描かれているので，点Eと点Fから得られる効用水準は等しい。

イ　予算制約線Aと予算制約線Bを比較すると，予算制約線Bのほうが，財X2の価格が高いことを示している。

ウ　予算制約線Aと予算制約線Bを比較すると，予算制約線Bのほうが，実質所得が高いことを示している。

エ　予算制約線Aと予算制約線Bを比較すると，両財の相対価格が異なることが示されている。

解答・解説 **正解：エ**

ア × 点Eと点Fから得られる効用水準について述べられています。グラフを見てみると，点Eは点Fよりも右上方にありますので，点Eから得られる効用水準のほうが点Fから得られる効用水準より高いことがわかります。点Eでは，点Fと比べて，財X_1も財X_2も消費する量は大きいので，効用水準は高くなります。点Eと点Fから得られる効用水準は等しいのではありません。

イ × 財X_2の価格について述べられています。予算制約線の縦軸切片は，所得すべてを費やしたとき財X_2を購入することができる数量を表しています。これは，所得を財X_2の価格で割って求めることができます。グラフを見ると，予算制約線Aと予算制約線Bの縦軸切片は同じですから，所得すべてを費やしたとき財X_2を購入することができる数量も，財X_2の価格も同じであることがわかります。予算制約線Bのほうが，財X_2の価格が高いのではありません。

ウ × 実質所得について述べられています。予算制約線の横軸切片は，所得すべてを費やしたとき財X_1を購入することができる数量を表しています。グラフの予算制約線Aと予算制約線Bを比較すると，予算制約線Bのほうが，横軸切片の数量は小さいことがわかります。ということは，予算制約線Bのほうが財X_1の価格は高いことになります。実質所得は名目所得を価格で割って求めることができます。名目所得は同一ですから，価格について高い予算制約線Bのほうが実質所得は低いことになります。予算制約線Bのほうが，実質所得が高いのではありません。なお，予算制約線と縦軸と横軸が囲むエリアは消費可能領域と呼ばれますが，予算制約線Aと予算制約線Bを比較すると，予算制約線Bのほうが消費可能領域は小さいので，予算制約線Bのほうが実質所得は低いことが確かめられます。

エ ○ 相対価格について述べられています。相対価格とは2つの財の価格の比で表されます。予算制約線Aと予算制約線Bを比較すると，財X_2の価格は同じですが，予算制約線Bのほうが財X_1の価格は高いことから，両財の相対価格は異なることがわかります。

過去問をピックアップ⑳　重要度★★★　難易度★★★

ゲーム理論

令和４年第20問

世界経済が低迷する中，国際的な政策協調が必要とされている。いま，隣り合うＡ国とＢ国が「環境保護」と「経済成長」を目的とする政策を選択する。下表は，両国の利得表であり，カッコ内の左側がＡ国の利得，右側がＢ国の利得を示している。このゲームに関する記述として，最も適切なものを下記の解答群から選べ。

		Ｂ国	
		環境保護	経済成長
Ａ国	環境保護	（　500，　500）	（-500，1,000）
	経済成長	（1,000，-500）	（　0，　0）

［解答群］

ア　このゲームでは，Ａ国が「環境保護」を優先させる政策を選べば，Ｂ国は「経済成長」を優先させる政策を選ぶほうがよい。

イ　このゲームでは，両国が協調して「環境保護」を優先させる政策を選べば，利得をさらに高めるために，戦略を変える必要はない。

ウ　このゲームにおけるＡ国の最適反応は，「環境保護」を優先させる政策を選ぶ場合である。

エ　このゲームのナッシュ均衡は，両国が「環境保護」を優先させる政策を取る組み合わせと，両国が「経済成長」を優先させる政策を取る組み合わせの２つである。

解答・解説　　正解：ア

ア　○　A国が「環境保護」を選択した場合，B国は「環境保護」を選択すると500の利得を得られますが，「経済成長」を選択すれば1,000の利得が得られます。

イ　×　両国が協調して「環境保護」を選択した場合，両国の利得は500です。どちらかの国が戦略を「経済成長」に変えた場合，その国の利得は1,000に増加します。よって，さらに利得を高めるためには戦略を変える必要があります。

ウ　×　最適反応とは，両者がそれぞれの利得を最大化させるために最適な戦略を取ることを指します。B国がどちらを選択しても，A国にとっては「経済成長」を選ぶと自国の利得を最大化できますので，「経済成長」が最適反応となります。

エ　×　ナッシュ均衡とは，両者が最適反応を取り合っている状態を指します。本問では，両国が「経済成長」を選択する状態がナッシュ均衡となります。

ゲームの理論ではナッシュ均衡が出題されます。利得表からナッシュ均衡を読み取れるよう，しっかり理解を深めておきましょう。

重要度 A **B** C

分野2　マクロ経済学

2-1 マクロ経済学とは

ポイント　ミクロ経済学では個々の消費者や企業の活動から分析しましたが，マクロ経済学では国全体の経済を扱います。国の経済全体をGDPや物価指数，利子率，失業率といった経済指標で表し，それがどのように動くかを分析するのが，マクロ経済学です。

1 マクロ経済学とは

マクロ経済学は，新聞の経済面に載るようなさまざまな経済に関するニュース，例えば，景気や物価の動向や，失業率などの雇用の状況，政府による景気対策の効果などを理論的に説明します。

マクロ経済学では，経済指標を使って経済を分析していきます。特に，重要なのは**GDP（国内総生産）**という指標です。GDPを見ることで，景気の動向を大まかにつかむことができます。そのため，GDPを中心とした経済指標から学習します。

2 マクロ経済学の3つの市場

マクロ経済学を学習するときには，3つの市場があることを意識しておく必要があります。**財市場，貨幣市場，労働市場**です。

財市場は，**商品やサービスなどの財が取引される市場**です。

貨幣市場は，**貨幣が取引される市場**です。

労働市場は，**労働力の提供や，賃金などが決定される市場**です。

これらの3つの市場は，お互いに関連していますが，一度に分析しようとすると複雑になるため，順番に学習し，最後に関連性についてふれます。

右頁上の図は，3つの市場の関連性を表しています。学習にあたっては，この図の中でどの部分を学習しているかを意識するとよいでしょう。学習を進めるうちに，マクロ経済学の全体像が見えてきます。

まとめcheck　□1　マクロ経済学の3つの市場を挙げなさい。

●3つの市場

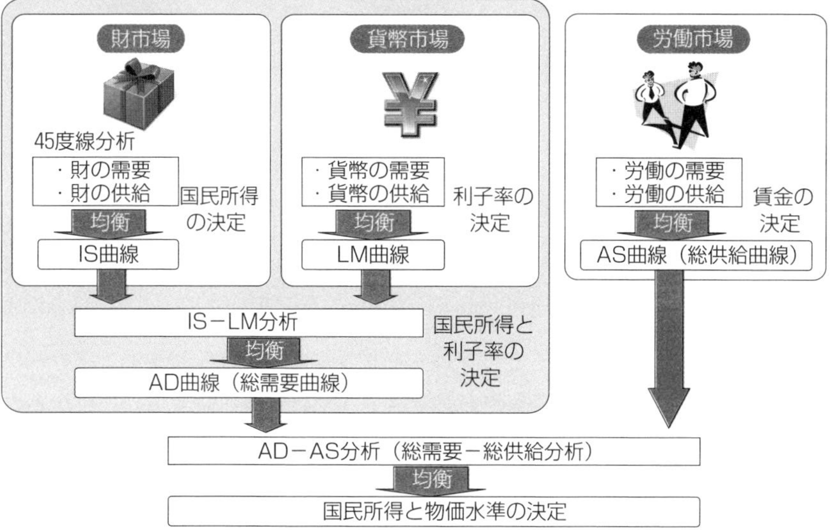

Answer　□1　財市場　貨幣市場　労働市場

分野2　マクロ経済学

2-2 GDPとは①

ポイント　国の経済の状況を表すには，さまざまな経済指標が用いられます。最も重要な経済指標であるGDPから見ていきましょう。

1 経済指標の分類

経済指標を大きく分類すると，**フロー**と**ストック**に分けられます。フローは，ある一定期間の経済活動の成果を示し，ストックは，ある時点での経済活動の蓄積を測定したものです。

これは，企業の財務諸表をイメージするとわかりやすいでしょう。**フロー**は，財務諸表では損益計算書に相当します。利益や費用が，一定期間の経営活動の成果を表すように，フローの指標は，**一定期間の国全体の経済活動の成果**を表します。フローの指標の例としては，**GDP**や**所得**，**消費**，**投資**，**経常収支**などがあります。

一方，**ストック**は，財務諸表では，貸借対照表に相当します。資産や負債が，ある時点の経営活動の状態を表すように，ストックの指標は，**ある時点の国全体の経済状態**を表します。ストックの指標の例としては，**在庫**や**貨幣供給量**などがあります。

2 GDP（ジーディーピー）

GDP（Gross Domestic Product）は**国内総生産**と呼ばれます。ある期間で，国全体でどれだけ財・サービスが生み出されたかを表す指標です。定義すると，「**ある一定期間で，国全体で新たに生み出された付加価値の総額**」となります。

簡単に言えば，GDPは国の産業全体で生み出された**付加価値**を足し合わせたものです。付加価値は，各企業が材料に付け加えた価値を表します。付加価値は，最終的な生産額から，原材料などの中間投入額を引いた金額です。

付加価値にする理由は，材料メーカーや製品メーカー，小売業などの生産額

まとめcheck　□1　GDPの定義を述べなさい。

をすべて合計した場合，企業間の仕入の分が重複してしまうからです。

3 GDPの算出

右図では，農家がりんごを生産し，メーカーがりんごジュースを生産して，小売業者が販売するという経済活動を表しています。

●付加価値にする理由

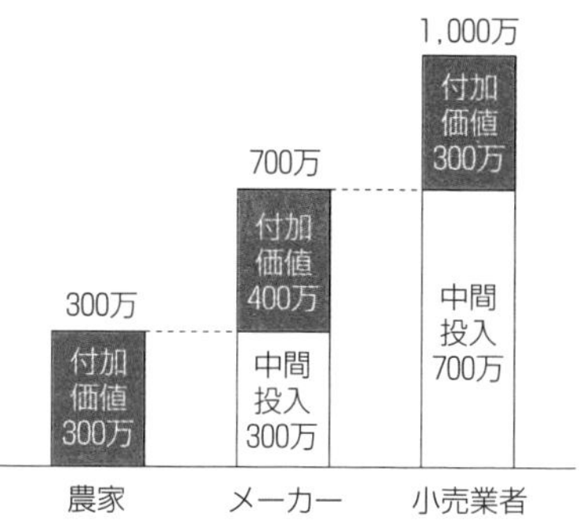

農家は300万円分のりんごを生産しています。農家では，仕入がないとすれば，生産した300万円はすべて付加価値となります。

メーカーは，300万円分のりんごを農家から仕入れて，りんごジュースを生産します。その結果700万円分のりんごジュースができました。このメーカーの付加価値は，生産額の700万円から，中間投入額300万円を引いた400万円になります。

小売業者は，メーカーから700万円分のりんごジュースを仕入れて，店頭で販売した結果1,000万円の売上となりました。よって，小売業者の付加価値は，販売額の1,000万円から，中間投入額700万円を引いた300万円になります。

ここで，この経済のGDPを求めてみましょう。GDPは，付加価値の総額ですので，農家の300万円，メーカーの400万円，小売業者の300万円を足した，1,000万円となります。これが，新たに生み出された価値の額です。ちなみに，これは，最後の小売業者での販売額と等しくなっています。

また，付加価値には，人件費や政府に納める税金も含まれていることに注意しましょう。これらは，会計上は費用ですが，生産額からは控除せずに付加価値に含めます。これは，生産によって新たに生み出された付加価値は一旦GDPに集計され，後で労働者や政府に人件費や税金として分配されると考えるためです。

Answer　□1　ある一定期間で，国全体で生み出された付加価値の総額

　重要度 A **B** C

分野2　マクロ経済学

2-3 GDPとは②

ポイント　GDPの定義をもう少し細かく見ていきましょう。

1 GDPの集計期間

GDPは，ある一定期間の付加価値を集計した，**フローを表す指標**です。

通常は，GDPは**一年**や**四半期**といった期間で集計されます。日本では，内閣府から年度のGDPや四半期速報が公開されます。特に，四半期速報は，国の経済状況を表す指標としてニュースでもよく取り上げられています。

2 GDPの地理的範囲

GDPは「国内」総生産と言うように，集計範囲は**国内の経済活動**となっています。日本のGDPであれば，日本という場所で行われた経済活動を集計したものになります。

日本に住む外国人や外国企業でも，日本国内で行われた経済活動は，日本のGDPに集計することに注意しましょう。一方，外国に住む日本人や日本企業でも，海外で行われた経済活動は，日本のGDPには集計しません。

3 グロス（総）の意味

GDP（国内総生産）の名称に含まれる「グロス（総）」という言葉の意味を見ていきましょう。

グロスというのは，何かを除いていないことを表しています。具体的には，減価償却を控除していないことを表します。

企業が投資することによって形成される固定資本は，時間が経つにつれて価値が減少していきます。会計では，これを減価償却と呼びますが，国民経済計算の体系では減価償却のことを**固定資本減耗**と呼びます。

グロスであるGDPは，**固定資本減耗を控除する前の数字**となっています。

まとめcheck　□1　市場で取引されない財・サービスを推計してGDPに集計することを何と言うか。

4 GDPの集計範囲と帰属計算

GDPは，新たに生み出された付加価値を集計したものですが，どこまでを集計範囲にするかは，一定のルールによって決められています。

GDPに集計されないものとして，株や不動産などの資産の売却で得たキャピタルゲインが挙げられます。これらの取引では，誰かが得をすると，誰かが損をするので，「新たに生み出された」付加価値とは言えないためです。同様に，中古品の売買で得た所得も，GDPには集計されません。

また，社会的には意義があっても，GDPには集計されないものもあります。例えば，家事労働などはGDPには含まれていません。

一方，市場で取引されない財・サービスでも，GDPに集計されるものもあります。例えば，義務教育や消防・警察などの政府サービスは，市場では取引されないため市場価格はわかりませんが，GDPには推計した金額が集計されます。このように，市場で取引されない財・サービスを推計してGDPに集計することを，**帰属計算**と呼びます。

帰属計算には他にもさまざまな種類があります。例えば，持ち家については，賃貸物件と同じように毎月家賃が発生すると仮定して帰属計算を行います。また，農家が自分で消費するための農産物も，帰属計算によってGDPに集計されます。

Answer □1 帰属計算

重要度 A B C

分野2 マクロ経済学

2-4 GNIとNDP

ポイント　GDPとGNI，NDPのちがいを押さえましょう。

1 GNI（国民総所得）

GDPと似ている指標に，**GNI**（Gross National Income：国民総所得）があります。

GNIは，「国民」という名前が表すように，**国民（個人，企業など）が一定期間に受け取った所得の総額**を示す指標です。GNIは，日本に住んでいたとしても，外国人や外国企業の所得は集計に含みません。一方，外国に住んでいた場合でも，日本人や日本企業の所得は日本のGNIに集計されます。GNIとGDPの関係は，次のようになります。

GNI ＝ GDP ＋ 海外からの要素所得受取り － 海外への要素所得支払い

要素所得というのは，労働者や資産などの**生産要素が生み出す所得**のことです。日本であれば，「海外からの要素所得受取り」は，海外に住む日本人が生み出した付加価値を表します。「海外への要素所得支払い」は，日本に住む外国人が生み出した付加価値を表します。

ちなみに，GNIは基本的には従来のGNP（国民総生産）とほとんど同じと捉えて問題ありません。

2 NDP（国内純生産）

GDPは「グロス」ですから，固定資本減耗を控除しません。それに対し，固定資本減耗を控除したものは「ネット（純）」と呼ばれます。GDPから固定資本減耗を控除した指標は**NDP**（Net Domestic Product：国内純生産）と呼ばれます。

まとめcheck　□1　NDPとはGDPから何を控除したものか。

NDPとGDPの関係は，次のように表されます。

NDP＝GDP－ 固定資本減耗

本来であれば，NDPのほうが減価償却を控除しているため，本来の付加価値に近いと言えます。しかし，減価償却を迅速に正しく評価するのは難しいため，一般にはGDPのほうがよく利用されています。

Answer □1 固定資本減耗

　重要度 A B C

分野2　マクロ経済学

2-5 三面等価の原則

ポイント　GDPを理解する上では，三面等価の原則を押さえることが重要です。

1 生産面，分配面，支出面から見たGDP

三面等価の原則とは，**生産面**，**分配面**，**支出面**から見たGDPが事後的に等しくなるというものです。

①　生産面から見たGDP

GDPは，生産活動によって新たに生み出された付加価値を合計したものとする見方を，**生産面から見たGDP**と言い，**財市場の供給サイド**を表しています。具体的には，企業が生産・販売をすることによって，付加価値という金額を得ることになります。

②　分配面から見たGDP

企業が得た付加価値は，その場に永久に留まることはなく，付加価値を生み出すのに貢献した家計，企業，政府のいずれかに分配されます。つまり，GDPは，それらの取り分を合計したものに等しくなります。

このようなGDPの見方を，**分配面から見たGDP**と言い，家計の取り分は「雇用者報酬」，企業の取り分は「営業余剰・混合所得」，政府の取り分は「間接税－補助金」という言葉で表します。よって，分配面から見たGDPは，次の式で表すことができます。

GDP ＝ 雇用者報酬 ＋ 営業余剰・混合所得 ＋ 間接税 － 補助金

分配面から見たGDPは，生産面から見たGDPと常に等しくなります。これは，生産した付加価値は，必ずいずれかに分配されるからです。

③　支出面から見たGDP

分配されたGDPは，今度は，家計，企業，政府によってさまざまな目的に使われます。つまり，分配されたGDPは，家計では財・サービスの消費に使

まとめcheck　□1　三面等価の原則とは何か。

●三面等価の原則

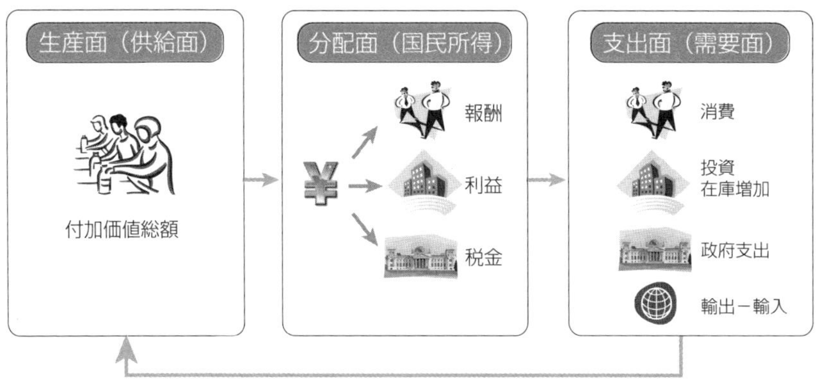

われ，企業では投資活動に使われ，政府では公共投資などに使われます。

このようなGDPの見方を，**支出面から見たGDP**と言います。支出面から見たGDPは，次の式で表すことができます。

> GDP＝(民間消費支出＋固定資本形成＋在庫品増加＋政府支出)＋(輸出－輸入)

ここで，「民間消費支出」は消費を表します。「固定資本形成」は企業の設備投資を表します。「在庫品増加」は，生産量が販売量を上回った結果，在庫が増えた分です。「政府支出」は，公共投資などの政府の支出を表します。

また，「輸出－輸入」のことを**純輸出**や外需と呼び，これが大きくなると支出面から見たGDPも大きくなります。

支出面から見たGDPは，**財市場の需要サイド**を表しています。つまり，家計の消費意欲や，企業の投資意欲が高まったり，公共投資が増えたり，海外の景気拡大によって純輸出が増加すれば，需要が増加するということになります。

④　三面等価の原則が成り立つ理由

ここで，需要と供給が一致するとすれば，需要である支出面から見たGDPは，供給である生産面から見たGDPと等しくなります。

実際の経済では，需要と供給が常に一致するとは限りませんが，国民経済計算では，需要と供給が一致しないときは，事後的に差額を「在庫品増加」の項目で調整するという決まりがあるため，支出面から見たGDPも，生産面から見たGDPと等しくなります。

Answer　□1　生産面，分配面，支出面から見たGDPが事後的に常に等しいという原則

分野2　マクロ経済学

2-6 総需要

ポイント　GDPには，生産面，分配面，支出面という３つの側面があります。マクロ経済学では，支出面から見たGDPを**総需要**と呼びます。また，生産面から見たGDPを**総供給**，分配面から見たGDPを**国民所得**もしくは単に**所得**と呼びます。

1 消費関数

支出面から見たGDP（**総需要**）の中で，最も大きい項目は家計の消費です。実際，日本のGDPは約500兆円ですが，家計の消費を表す民間消費支出は，その約６割を占めています。

消費については，さまざまな理論がありますが，最も基本的なものとして**ケインズ型消費関数**があります。ケインズ型消費関数は，**国民所得が増えれば消費が多くなり，国民所得が減れば消費が少なくなる**，というものです。

実際，所得が増えれば，消費額も増やすことが多いと思います。一方，所得が少なくなっても，生活のための一定レベルの消費は必要です。

ケインズ型消費関数を式で表すと，次のようになります。

$$C = cY + C_0$$

ここで，Cは消費額，Yは国民所得を表します。

C_0は，**独立消費**と呼びます。独立消費は，所得が0の場合でも最低限必要な消費量です。

cは**限界消費性向**と呼びます。限界消費性向は，所得が1単位増えたときに，増加する消費の量です。例えば，所得が100万円増えたとき

●消費関数

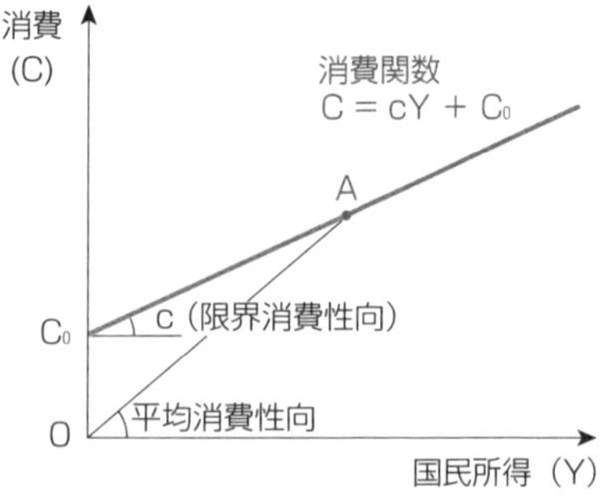

まとめcheck　□1　消費関数の式を述べなさい。

に，60万円を消費に回す場合は，限界消費性向は0.6となります。

2 総需要関数

総需要，すなわち支出面から見たGDPの式を再度確認しておきます。消費をC，投資をI，政府支出をG，純輸出をXとすると，総需要Dは次の式で表すことができます。

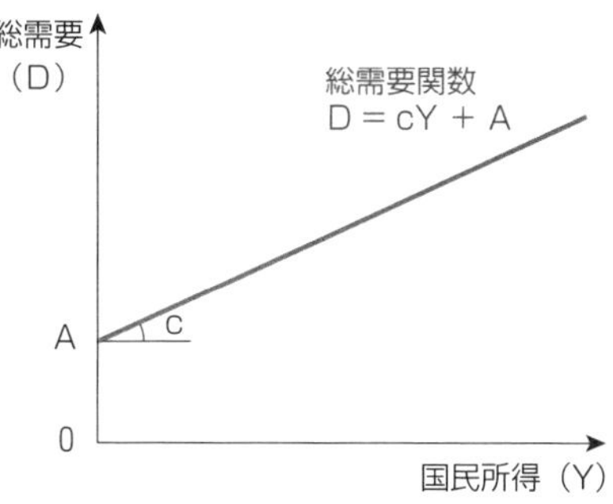

$$D = C + I + G + X$$

ここで，投資（I），政府支出（G），純輸出（X）が一定であるという，簡単なケースを考えます。また，利子率や，財の価格は一定とします。このような前提を置いた場合は，総需要（D）は，消費（C）によって決まることになります。

ここで，さきほどのケインズ型消費関数を，総需要Dの式に代入すると次のようになります。

$$D = cY + C_0 + I + G + X$$

ここで，($C_0 + I + G + X$) の部分は一定ですので，これをAと置くと

$$D = cY + A$$

となります。これをグラフで表すと，右上図の**総需要関数**となります。グラフの傾きは消費関数と同じであり，縦軸切片だけが消費関数と異なります。

Answer　□1　$C = cY + C_0$

重要度 **A** B C

分野2　マクロ経済学

2-7 総供給と45度線分析

ポイント　生産面から見たGDPを**総供給**と言います。三面等価の原則で学んだように，生産面から見たGDP（総供給）は，分配面から見たGDP（国民所得）と常に等しくなります。

1 総供給

総供給と国民所得は必ず等しくなります。総供給をS，国民所得をYとすると，

$$S = Y$$

という式が成り立ちます。

これをグラフで表すと，下図の**総供給関数**となります。これは，原点を通り**45度の傾き**を持つ直線となります。

●総供給関数

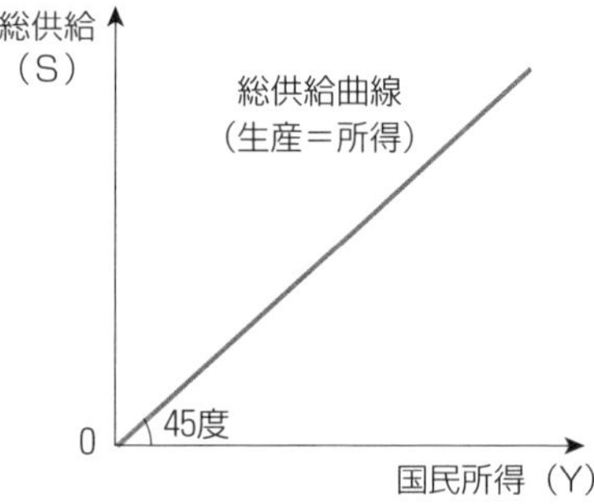

まとめcheck　□1　総供給関数をグラフにするとどのような傾きになるか。

2 45度線分析

この総供給関数と，さきほどの総需要関数を重ねたものが，下図の45度線分析となります。

45度線分析では，**総需要と総供給が一致する点**が，**均衡国民所得**となります。均衡国民所得は，財市場が均衡している状態を表しています。つまり，国民所得は，最終的に均衡国民所得の大きさに調整されることになります。

●45度線分析

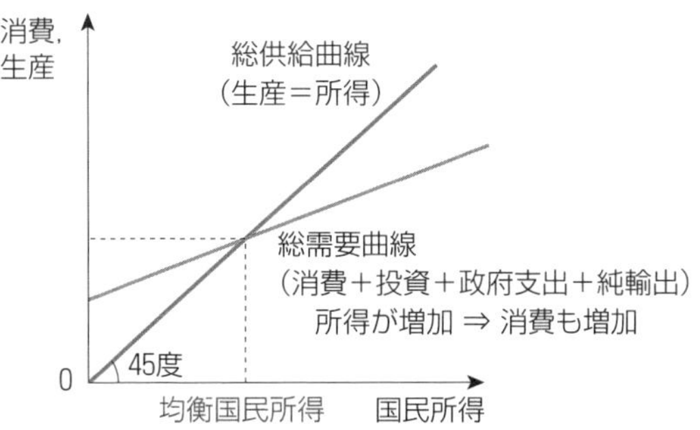

例えば，均衡国民所得よりも少ない国民所得だった場合は，総需要が総供給を上回っています。この場合は，供給側の企業はもっと生産すれば売れる状態となります。よって，企業は人を雇ったりすることで，供給量を増加しようとします。

逆に，均衡国民所得よりも大きい国民所得だった場合は，総供給が総需要を上回っています。この場合は，市場で売れ残りが生じています。よって，企業は人を減らすなどして供給量を減少しようとします。

このように，供給側が**供給量を調整する**ことで，国民所得が均衡国民所得に近づくように調整されていきます。

また，均衡国民所得が成立している状態では，生産面，分配面，支出面から見たGDPがすべて等しくなっています。

Answer □1 45度の傾き

分野2　マクロ経済学

2-8 乗数効果

ポイント　グラフで見てきた45度線分析を，式で確認してみましょう。

1 均衡国民所得の式

前述のとおり，総需要Dは（D ＝ cY ＋ A），総供給Sは（S ＝ Y）という式で表されます。よって，総需要Dと総供給Sが一致する均衡点では，次の式が成り立ちます。

$$cY + A = Y$$

これを，Yについて解くと，次のようになります。

$$Y = \frac{1}{(1-c)}A$$

これが，**均衡国民所得**となります。cが限界消費性向，Aは，独立消費に，投資，政府支出，純輸出を足したものとなっています。

2 乗数効果

ここまでは，需要側の要素である投資や政府支出は一定という前提を置いていましたが，これらが変化したときに，均衡国民所得がどうなるかを見ていきましょう。

①　投資が増加した場合

まず投資が増加した場合を考えます。

均衡国民所得の式より，投資が１単位増加した場合は，均衡国民所得は係数である $\frac{1}{(1-c)}$ 増加することがわかります。限界消費性向ｃは０から１の間の値を取ります。よって，$\frac{1}{(1-c)}$ は１よりも大きい数値になります。例えば，

まとめcheck　□1　投資や政府支出が変化した場合に生じる効果は何か。

限界消費性向が0.6の場合は，$\frac{1}{(1-c)}$ は $\frac{1}{(1-0.6)}$ で，計算すると2.5となります。

投資が1兆円増えた場合は，国民所得が2.5兆円増えるということです。また，限界消費性向が0.8の場合は，数値はさらに大きい5となります。この場合は，投資が1兆円増えた場合は，国民所得が5兆円増えるということになります。

このように，**投資が1単位増えると，均衡国民所得はそれよりも大きく増加します**。これを**乗数効果**と呼びます。

② **乗数効果の図解**

乗数効果を図で確認してみましょう。

●乗数効果

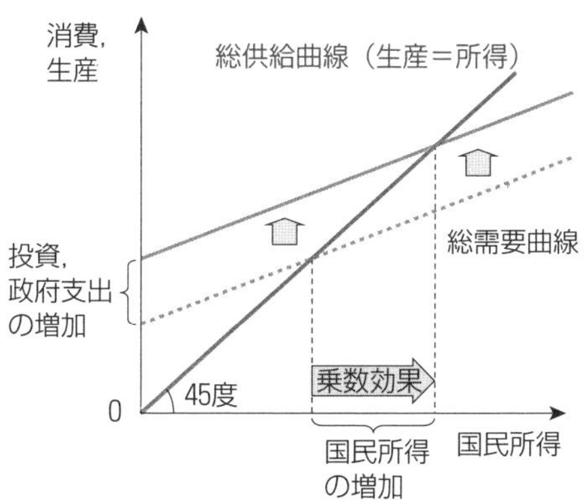

投資が増えた場合，総需要関数はその分だけ上にシフトします。このとき，総需要関数と総供給関数が交わる均衡点も移動し，均衡国民所得が増加します。

ここで，横軸で表される国民所得の増加は，縦軸で表される投資の増加よりも大きくなっていることに注意しましょう。

政府支出が増えた場合も，投資が増加した場合と全く同じです。

政府支出が1単位増加した場合も，均衡国民所得は $\frac{1}{(1-c)}$ 増加します。よって，政府支出にも乗数効果が働きます。

3 有効需要の原理

均衡国民所得の式を見ると，均衡国民所得は，限界消費性向や，投資，政府支出，純輸出の大きさで決まることがわかります。このように，ケインズの理論では，**国民所得は需要側によって決まる**と考えます。これを，**有効需要の原理**と呼びます。有効需要の原理では，需要側が変化することによって，国民所得の水準が変わると考えます。

Answer □1 乗数効果

　重要度 A **B** C

分野2　マクロ経済学

2-9 インフレギャップ・デフレギャップ

ポイント　これまで，財市場において，需要と供給が一致するところで均衡国民所得が成立することを見てきました。しかし，財市場が均衡していても，労働市場も均衡しているとは限らず，失業が発生している場合もあります。

1 完全雇用国民所得

均衡国民所得の水準で，**非自発的失業**が存在していることもあります。現行の賃金水準で**働きたいと思っているにもかかわらず雇用されない労働者が存在する状態**のことです。

これに対して，非自発的失業が存在しておらず，現行の賃金で働きたいと思っている労働者が**すべて雇用されている状態**のことを，**完全雇用**と言います。

また，**完全雇用が実現されているもとで達成される国民所得の水準**のことを，**完全雇用国民所得**と言います。

2 インフレギャップ

完全雇用国民所得を均衡国民所得が上回るケースでは，完全雇用国民所得よりも高い水準で財市場が均衡することになります。このとき，完全雇用国民所得水準における**総需要が総供給を上回る部分**を，**インフレギャップ**と言います。

このとき，財市場は需要超過の状態にあります。よって，インフレギャップが存在する限り，人々は生産可能である以上のものを需要しているため，物価が上昇して**インフレーション**が引き起こされます。

インフレギャップを解消させるには，総需要を引き下げることが必要です。そのため，政府は過熱している総需要の分だけ総需要を縮小させることになります。具体的には，**政府支出を削減**する，あるいは**増税を実施**するという**総需要引締政策**を行います。

まとめcheck　□1　インフレギャップを解消するには何が必要か。

3 デフレギャップ

一方，完全雇用国民所得を均衡国民所得が下回るケースでは，完全雇用国民所得よりも低い水準で財市場が均衡することになります。このとき，完全雇用国民所得水準における**総需要が総供給を下回る部分**を，デフレギャップと言います。

このとき，財市場は供給超過の状態にあります。よって，デフレギャップが存在する限り，働きたいと思っている労働者がすべて働くことができるだけの需要が不足するわけですから，**非自発的失業**が引き起こされることになります。

デフレギャップを解消させるには，総需要を引き上げることが必要です。そのため，政府は不足している総需要の分だけ総需要を拡大させることになります。具体的には，**政府支出を増大**する，あるいは**減税を実施**するという**総需要拡大政策**を行います。

このような，総需要引締政策や総需要拡大政策を行うことで，**政府が総需要を管理し，景気の調整，完全雇用，安定成長などの経済目標の達成をめざす政策**のことを，総需要管理政策と言います。ケインズの有効需要の原理に基づくものですので，ケインズ政策とも呼ばれます。

Answer □1 総需要を引き下げる（政府支出の削減・増税を実施）。

過去問をピックアップ㉑　重要度 ★★★　難易度 ★★★

国内総生産（GDP）

令和3年第3問

国内総生産（GDP）に含まれるものとして，最も適切な組み合わせを下記の解答群から選べ。

a　家族総出の大掃除
b　家族で温泉旅行
c　子供への誕生日プレゼントの購入
d　孫へのお小遣い

[解答群]

ア　aとb
イ　aとc
ウ　bとc
エ　bとd
オ　cとd

解答・解説　　正解：ウ

aはGDPに含まれません。「家族総出の大掃除」は，市場を介さずに行われる無償労働に該当し，新たな付加価値は生み出しません。

bはGDPに含まれます。「家族で温泉旅行」は，一般的に市場で財やサービスの取引が発生し，新たな付加価値が生み出されます。

cはGDPに含まれます。「子供への誕生日プレゼントの購入」は，市場で財の取引が発生し，新たな付加価値が生み出されます。

dはGDPに含まれません。「孫へのお小遣い」は所得の移転であり，市場で新たに生み出された付加価値ではありません。

よって，国内総生産（GDP）に含まれる組み合わせは，bとcですので選択肢ウが正解です。

国内総生産（GDP）は頻出テーマです。基本的な知識はしっかり覚えておきましょう。

過去問をピックアップ㉒ 重要度 ★★★ 難易度 ★★★

45度線分析

平成30年第7問

下図は45度線図である。総需要はAD = C + I（ただし，ADは総需要，Cは消費，Iは投資），消費はC = C_0 + cY（ただし，C_0は基礎消費，cは限界消費性向，YはGDP）によって表されるものとする。この図に基づいて，下記の設問に答えよ。

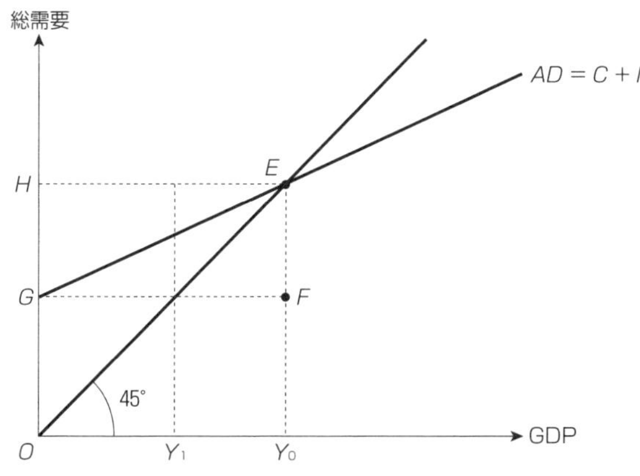

（設問1）

この図に関する記述として，最も適切なものはどれか。

ア GDPがY_1であるとき，生産物市場にはGHだけの超過需要が生じている。

イ 均衡GDPの大きさはY_0であり，このときの総需要の大きさはOHである。

ウ 図中で基礎消費の大きさはOGで表され，これは総需要の増加とともに大きくなる。

エ 図中で限界消費性向の大きさはEF/FGで表され，これは総需要の増加とともに小さくなる。

（設問2）

均衡GDPの変化に関する記述として，最も適切なものはどれか。

ア 限界消費性向が大きくなると，均衡GDPも大きくなる。

イ 限界貯蓄性向が大きくなると，均衡GDPも大きくなる。

ウ 貯蓄意欲が高まると，均衡GDPも大きくなる。

エ 独立投資が増加すると，均衡GDPは小さくなる。

解答・解説　　　　(設問1) 正解：イ　(設問2) 正解：ア

(設問1)

ア　×　GDPがY_1であるとき，生産物市場にはGHだけの超過需要がある，としています。Y_1のとき，AD＝C＋I，C＝C_0＋cY_1ですのでAD＝C_0＋cY_1＋Iとなります。C_0＋Iは定数項で，ADとY軸との切片G＝C_0＋Iとなります。また，45度線なのでG＝Y_1です。したがって，Y_1のとき，AD＝Y_1＋cY_1であり超過需要はAD－Y_1＝cY_1となります。

イ　○　均衡GDPは点Eであり，そのとき，総供給はY_0で総需要はOHとなります。

ウ　×　選択肢ウでは基礎消費がOGとされていますが，I＝0でなければOG＝C_0とはなりません。また，IはYの関数でなく定数項なので，C_0＋Iは定数項となり総需要の増加とともに大きくはなりません。

エ　×　限界消費性向cはADの傾きであり，EF/FGで表されます。限界消費性向は変数ではないので，総需要の増加の影響を受けません。

(設問2)

ア　○　設問1で見たようにC_0＋cY＋I＝ADという関係が成り立ちます。限界消費性向が大きくなると，C_0＋c↑Y＋I＝AD↑となり，均衡GDPも大きくなります。

イ　×　限界貯蓄性向s＝1－cです。s↑＝1－c↓となります。限界消費性向低下は，C_0＋c↓Y＋I＝AD↓となり，均衡GDPは小さくなります。

ウ　×　貯蓄意欲の高まりは限界貯蓄性向s↑となりますので選択肢イの場合と同様に均衡GDPは小さくなります。

エ　×　独立投資Iの増加はC_0＋cY＋↑I＝AD↑となりますので均衡GDPは大きくなります。

科目6

経営法務

経営法務の攻略法

1．科目の全体像と試験の特徴

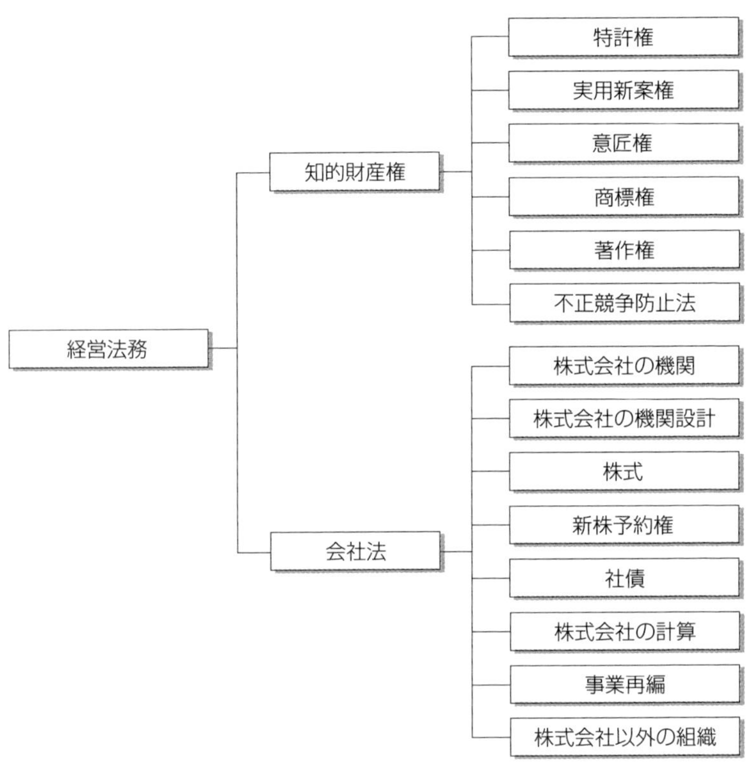

科目６　経営法務は，その名前のとおり，経営に重要な法律に関する科目です。ちなみに，試験案内によると，科目設置の目的は次のようになっています。

「創業者，中小企業経営者に助言を行う際に，企業経営に関係する法律，諸制度，手続等に関する実務的な知識を身につける必要がある。また，さらに専門的な内容に関しては，経営支援において必要に応じて弁護士等の有資格者を活用することが想定されることから，有資格者に橋渡しするための最低限の実務知識を有していることが求められる。このため，企業の経営に関する法務について，以下の内容を中心に基本的な知識を判定する。
～　以下省略　～」

これを読むとわかるように，本科目で問われるのは，**企業を経営したり助言したりする上で最低限知っている必要がある，基本的な法律知識**です。法律にはさまざまなものがあり，内容は専門的で分量が多いものです。よって，会社の合併や裁判など専門的な内容については，弁護士をはじめとする法律のスペシャリストの活用が必要です。中小企業診断士は，こういった法律のスペシャリストと経営者の間の橋渡しができればよいのです。

では，具体的な本科目の特徴を見ていきましょう。

まず，本科目は，試験で出やすい分野が決まっています。それは，**知的財産権**と，**会社法**です。この２つの分野で７～８割を占め，残りが，民法（契約など）やその他の法律となっています。

出題形式は，単純に知識が問われる形式と，短い事例（ショートケース）の形式の両方のタイプがあります。しかし，基本的な知識を知っていれば，ショートケースも対応できることが多いので，基礎知識を知っていることがポイントとなります。

また，本科目は２次試験にはほとんど関係しないため，１次試験向けに学習すればよい科目です。

2．科目の攻略法

まず，基本戦略として，**知的財産権と会社法を最優先**することが重要です。

試験で出題される可能性のある法律には，この２つの法律以外にもたくさんありますが，それぞれが非常に深い内容です。学習にかけられる時間の少ない方は，こういった試験に出題される可能性が低い法律の理解に力を注ぐよりも，最初にこの２つの法律を勉強して，後は時間のある範囲で残り分野の基礎的な部分だけ学習するとよいでしょう。

次に，**試験の出題のイメージをつかんでから本格的に勉強する**のが有効です。法律のボリュームは膨大ですが，試験で出題されやすい箇所・形式はある程度決まっています。そのため，早めに過去問に目を通し，出題のイメージを持ってから，本格的に勉強すると効率的に試験で得点できる実力をつけられます。特に，近年の試験では対話形式など，慣れが必要な問題もあります。過去問を解きながら，出題形式への慣れと知識の確認・追加をしていきましょう。

また，当科目は**基本的に覚えていれば正解できる科目**ですので，得意科目にできれば得点源（70点以上取れる科目）となります（財務会計などは，覚えていても計算ミスで得点できない場合があります)。試験で頻出されるポイントを理解し，その部分をしっかり覚えましょう。

暗記中心のため，試験直前に得点を伸ばすことができる科目ですが，忘れてしまうリスクもあります。よって，試験直前に学習・見直しをしっかりすることが重要です。

３．効率の良い勉強法

分野別には，①**知的財産権**と②**会社法**が重要です。

①知的財産権を効率良く学習するコツは，まず**特許権の特徴を一通り学習する**ことです。特許権の要件，取得手続，効力，各種制度などを覚えてしまうと，他の権利も特許権と比較して覚えやすくなります。

また，各種の知的財産権を学習したら，それぞれの特徴を表の形で整理して覚えるとよいでしょう。あとは，過去問を解きながら，細かい知識を追加していきましょう。

②会社法の分野では，**株式会社の機関**や，**株式会社の設立**，**株式**など基本的な内容をしっかり覚えましょう。特に，株式会社の機関については，それぞれの機関の設置義務，決議事項，選任・解任，任期などの整理が必要です。

上記の２分野以外は優先度は下がりますが，できれば基礎を押さえたい所として，**民法の契約の基礎知識**（契約の種類や，保証契約）があります。

また，証券取引所や英文契約書などから出題されることがありますが，これらの分野は元々知識があったり業務で扱っている方以外は，時間をかける必要はないでしょう。

このような対策をすれば，本科目は短期間で合格点を取ることができます。

分野1　知的財産権

1-1 特許権① 要件

ポイント　特許権は，発明を保護するための権利です。発明が特許として登録されるための要件について学習します。

1 発明の定義

特許権は，**特許法**という法律によって規定されています。

特許法によれば，**発明**とは，「**自然法則を利用した技術的思想の創作のうち高度なもの**」と定義されます。

まず，**自然法則を利用**とは，例えば，重力や電気，磁力など自然界に存在する法則を利用したものを表します。通常は，物の発明は，自然法則を利用していますので，この部分が問題になることは少ないでしょう。一方，金融商品や生命保険などは，人間の決めたルールで作成されているため，特許を受けることはできません。

次に，**技術的思想の創作**とは，技術の背後にある思想（アイデア）を，新しく創り出すことを表します。

技術的思想の種類には，**物の発明**と，**方法の発明**があります。物の発明とは，機械や装置のように，具体的な物を伴う技術です。方法の発明とは，物の製造方法や測定方法などです。これらは，共に登録することができます。

次に，**高度なもの**とは，実用新案と違う部分で，特許では，創作は高度なものである必要があります。言いかえると，誰もが簡単に思いつきそうなものは特許にはなりません。例えば，さまざまな既存の事務用品を寄せ集めただけの新製品は，特許を認可される可能性は低いと言えます。

2 特許の要件

発明が特許として登録されるには，次のような要件を満たす必要があります。

まとめcheck　□1　特許法における発明の定義を述べなさい。

①　産業上利用できる

産業に利用できるとは，産業の発展に貢献しないような発明は，特許にならないということです。例えば，「喫煙方法」のように，個人的にしか利用できないものは特許になりません。また，まだ実用化していない技術なども特許にはなりません。

②　新規性がある

新規性とは，新しい発明ということです。もし，特許の出願前に発明が公に知られていた場合は，特許を取得できなくなるため，注意が必要です。

例えば，画期的な事務用品を発明した後に，製品を製造し，広く宣伝・販売した場合，それから特許を出願しても，すでに公に知られているため，特許を取得できなくなります。

ここで，**公に知られていること**を**公知**，**公に実施されていること**を**公用**と呼びます。**実施**というのは，権利を使用するという意味で，**対象の製品を製造・販売すること**などを含みます。よって，その発明が公知・公用の場合は，特許を受けることはできません。

③　進歩性がある

進歩性があるとは，さきほどの高度なものという部分になります。公知の発明から簡単に思いつくようなものは，進歩性があるとは言えません。**発明の困難度が高い**ことが必要です。

④　先願である

全く同一の発明について，複数の出願がされた場合に，最初に出願した者に権利を付与することを表します。つまり，出願前に，別の人が同じ内容を先に出願していた場合は，先に出願したほうに特許権が付与されます。

このように，**先願を優先**する考え方を**先願主義**と呼びます。一方，先に出願した者ではなく，先に発明した者に権利を与えるという考え方もあります。これを**先発明主義**と呼びます。日本を含む多くの国は先願主義を採用しています。

⑤　公序良俗に違反しない

特許は**公序良俗に違反しない**ことが必要です。例えば，犯罪に利用するための発明は，特許とはなりません。

Answer　□1　自然法則を利用した技術的思想の創作のうち高度なもの

分野1　知的財産権

1-2 特許権② 取得手続と効力

ポイント　特許の取得手続とその効力について学習します。

1 特許の取得手続

特許の取得手続は次のような流れになります。

まず，特許の**出願**では，発明の内容などを記載した出願書類を，特許庁に提出します。出願すると，特許庁では**方式審査**を行います。方式審査は，出願書類が，決められた形式を満たしているかを審査するものです。不備があれば，出願人に**補正命令**が出されます。

方式審査が終了し，出願日から**1年6カ月**が経つと，**出願公開**となります。出願公開とは，出願した発明の内容が，特許庁の発行する**特許公報**に掲載されることです。出願公開により，第三者が，出願されている発明の内容を見ることができるようになります。

●特許の取得手続

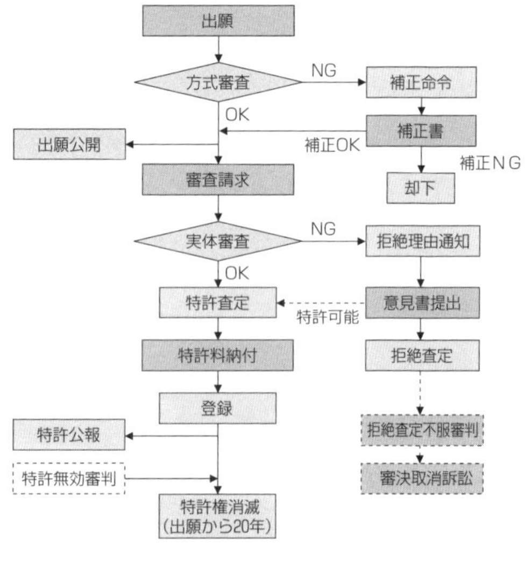

特許の**実体審査**は，審査請求を提出することで開始されます。実体審査では，発明に特許権を与えるかどうかを審査します。実体審査の結果である査定には，**特許査定**と**拒絶査定**の2種類があります。

特許査定は，審査に合格すること，拒絶査定は，何らかの理由で審査が不合格になったことを表します。ただし，拒絶査定の場合で

まとめcheck　□1　特許権の存続期間は出願日から何年か。

も，**拒絶理由通知書**に対し**意見書**を提出して，拒絶理由に反論したり，特許請求範囲の修正などを行ったりするチャンスは残されています。

意見書を提出しても，拒絶理由が解消されずに拒絶査定となった場合，さらに**拒絶査定不服審判**を請求することができます。さらに，審判でも拒絶査定となった場合は，知的財産高等裁判所に**審決取消訴訟**を提起するという手段が残されています。また，特許が登録された後でも，利害関係人は，その特許を無効とする請求を行うことができます。これを**特許無効審判**と呼びます。

2 特許権の効力

特許法には，**特許権者は，業として特許発明の実施をする権利を専有する**と記載されています。簡単に言えば，特許権は，事業として独占的に発明を実施できる権利を表します。

物の発明の場合，発明の実施には，対象となる発明の，生産，使用，譲渡，輸出，輸入などが含まれます。また，方法の発明の場合，発明の実施には，対象となる方法を使用する行為が含まれます。

特許権の存続期間は，登録によって権利が開始し，終了は出願日から**20年**となっています。存続期間は，出願日から数えることに注意しましょう。

3 特許のライセンス

特許権は，次の２つの形態で契約によって第三者に実施させることができ，それによって実施料であるロイヤルティを得ることが可能です。

① **専用実施権**

専用実施権は，**１社が独占して実施することのできる権利**です。実施権者は契約で決められた範囲内で，独占的に特許権を実施することができます。例えば，特許権者のＡ社が，ある地域内の専用実施権をＢ社に付与した場合は，Ｂ社以外の企業はその地域で特許権を実施することはできません。

② **通常実施権**

通常実施権は，１社で独占せずに，**複数の会社が同時に実施できる権利**です。通常実施権を付与された実施権者は，実施権を独占することはできません。よって，特許権者は，複数の会社とライセンス契約を結ぶことができます。

Answer □1 20年

重要度 **A** B C

分野1　知的財産権

1-3 特許権③ 特徴と侵害への対応策

ポイント　特許権の特徴とその侵害への対応策について学習します。

1 特許権の特徴

①　職務発明

知的財産を重視する企業では，研究開発に多くの人員とコストを投入しています。職務によって行われる発明のことを**職務発明**と呼び，従業員が特許を受けた場合には，**使用者が通常実施権を持つ**ことが定められています。これにより，企業は特許の実施を無償で行うことができます。

ただし，職務規則や契約において，あらかじめ使用者に特許を受ける権利を取得させる旨を定めた時は，その権利は発生時から使用者に帰属します。この場合は，従業員は，使用者から**相当の利益**を受け取ることができます。つまり，使用者は，特許権者となる代わりに，発明した従業員に，相当の金銭その他の経済上の利益を与える必要があります。

この相当の利益の内容を決定するための基準に関して，経済産業省から指針（ガイドライン）が公表されています。

②　共同発明

複数の者が共同で完成させた発明のことを**共同発明**と呼びます。例えば，企業と大学が共同で研究開発を行って発明を完成させた場合などです。

特許を受ける**権利は，全員で共有**することになるので，特許の出願は，一部の者だけではなく共同で行う必要があります。

まとめcheck　□1　特許権侵害への対応策を挙げなさい。

2 特許権侵害への対応策

特許権が第三者に侵害された場合，下記の対応策を取ることができます。

① **警告**

特許権侵害を発見した場合は，通常は最初に**書面で警告**を行います。この警告で，相手が侵害行為をやめた場合，その後に損害賠償請求などの追加の措置を取るかは特許権者が選択できます。

② **差止請求**

警告で相手が侵害行為をやめない場合，**差止請求**の訴訟を起こすことができます。この権利を**差止請求権**と呼び，特許権者や専用実施権者に与えられます。

差止請求が認められれば，相手の侵害行為を止めさせ，侵害行為を行うための設備などを除去させることができます。また，実際に侵害行為を行った場合だけでなく，侵害行為のおそれがある場合にも請求できます。

③ **損害賠償請求**

警告や差止請求によって侵害行為を止めさせるだけでなく，発生した損害を相手に賠償してもらうように請求する権利を**損害賠償請求権**と呼びます。認められると，権利侵害によって発生した損害を相手に支払わせることができます。

④ **不当利得返還請求**

不当利得返還請求とは，相手が権利の侵害によって不当に得た利益を，権利者に返還するように求める請求です。相手の故意や過失を要件とせず，時効も10年と長いため，**損害賠償請求が認められない場合を補完**します。

⑤ **信用回復措置請求**

信用回復措置請求は，特許権の侵害によって失った**信用の回復を相手に請求**するものです。例えば，第三者が粗悪な類似品を生産・販売すれば，市場での特許権者の信用は害され，損害が発生します。このような場合は，相手に，新聞に謝罪広告を掲載させるなどの信用回復措置を請求することができます。

⑥ **刑事告訴**

相手が故意に侵害を行っている場合は，**刑事告訴**によって刑事処分を求める対応策もあります。この場合，犯罪捜査の結果，犯罪事実が認められれば懲役や罰金といった刑事罰が宣告されます。

Answer　□1　警告　差止請求　損害賠償請求　不当利得返還請求　信用回復措置請求　刑事告訴

重要度 A **B** C

分野1　知的財産権

1-4 実用新案権① 要件と取得手続

ポイント　実用新案権の特徴と取得手続について学びます。

1 実用新案権の定義

実用新案権は，実用新案法で規定されている**考案を保護するための権利**です。

実用新案法では，実用新案の定義は，「**自然法則を利用した技術的思想の創作**」となっています。特許法と比べると高度なものという記述がないことがわかります。

また，**考案**は「**物品の形状，構造または組み合わせに係る**」ものと定義されています。よって，発明では方法の発明が対象になっていましたが，考案では，製造方法などの方法に関するものは含まれません。

実用新案の例として，亀の子たわしがあります。これは，以前からあったたわしを，丸めて亀の子のような形にしただけのものです。このように，実用新案は，高度な創作である必要はありません。基準も特許と比べて低いため，比較的簡単に取得できるのが特徴です。

2 実用新案の要件

実用新案の要件として，**産業上利用できる**，**新規性**がある，**先願**である，**公序良俗に違反しない**という部分は，特許とほぼ同様です。

実用新案が特許と異なるのは，進歩性があるという部分です。さきほど見たように，特許は高度な発明である必要がありますが，実用新案では，既存の物の形を変えたり，組み合わせることで創作したものを登録することができます。

まとめcheck　□1　実用新案の定義を述べなさい。

3 実用新案の取得手続

実用新案の取得手続は，特許と違い，**無審査**という特徴があります。実用新案では，**方式審査だけが行われ，実体審査は行われません**。よって，書類の形式などの最低限の要件を満たしていれば，出願すれば実用新案を取得することができます。

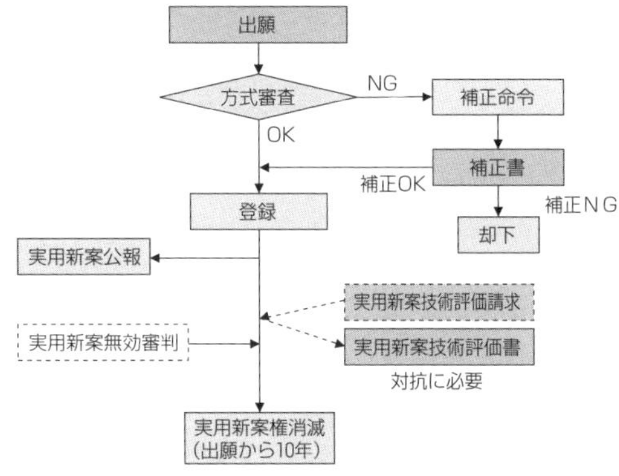

そのため，実用新案権の取得手続は次のような流れになります。

実用新案の出願は，願書，明細書，実用新案登録請求の範囲，要約書，図面を特許庁に提出することで行います。また，出願した場合は，原則として登録されるため，出願時に登録料を納める必要があります。

出願すると，特許と同じように方式審査が行われます。そして，方式審査で問題がない場合は，実用新案権が登録され，その内容が**実用新案公報**に掲載されます。

このように，実用新案の登録は，特許の登録に比べて簡単で，特許のような時間もかかりません。

また，実用新案にも，特許と同じような無効審判制度があります。**実用新案無効審判**は，実用新案が登録された後で，第三者が，その登録を無効とする請求を行えるものです。実用新案無効審判は，誰でもいつでも請求可能になっています。

Answer □1 自然法則を利用した技術的思想の創作

分野1 知的財産権

1-5 実用新案権② その他の特徴

ポイント 特許と同様に,「実用新案権者は,業として登録実用新案の実施をする権利を専有する」ことが認められています。

1 実用新案権の効力

① 実用新案技術評価書

実用新案権は,**無審査主義**のため,その権利が有効かどうかは登録時には審査されていません。そのため,実用新案権の侵害が行われた場合に,警告や差止請求,損害賠償などの手段で対抗するには,特許庁から**実用新案技術評価書**を発行してもらい,それから対抗措置を行う必要があります。

実用新案技術評価書は,出願以降であれば,いつでも誰でも請求することができます。

特許庁の審査官によって,**実用新案の有効性が評価されたもの**が記載されます。ここで,実用新案の新規性,進歩性などの要件が審査されることになります。評価の結果,権利の有効性が高いと評価された場合は,これを侵害者に提示することで,各種の対抗措置を取ることができます。

一方,評価の結果,権利の有効性が低いと評価された場合は,無理に対抗措置を取ると,逆に相手から無効審判や,損害賠償などを求められるリスクがあります。

このように,実用新案権では,審査がない代わりに,対抗措置を取るときに実用新案技術評価書が必ず必要になっていることに注意しましょう。

② 実用新案の存続期間

実用新案権の存続期間は,出願日から**10年**となっています。特許は出願から20年間だったのに対して,実用新案権は半分になっています。

まとめcheck □1 実用新案権の存続期間は出願日から何年か。

2 実用新案権の活用と特徴

① クロスライセンス契約

実用新案権の活用については，特許権と同様です。実用新案権でも，他社に専用実施権や通常実施権を与えるライセンス契約を結んだり，**クロスライセンス契約**を結ぶことができます。クロスライセンスとは，**自社の保有している権利と，他社の保有している権利を相互にライセンスすること**です。

通常，他社の権利を利用するためには，ライセンス契約を行いロイヤルティを支払う必要があります。しかし，クロスライセンス契約では，お互いの特許や実用新案を相互に使用することを認めることで，ロイヤルティを支払わずに双方の権利を利用することができます。

その他，職務発明や，共同発明に関しても，特許権と同様の考え方になります。

② 特許権の出願

また，実用新案権は，出願から３年以内であれば，**実用新案権から特許権に変更**するために，実用新案権を基にした特許出願をすることができます。これは，一旦実用新案権として登録したものを，特許権に変更したい場合に行います。この場合は，特許を出願して，特許としての審査を受ける必要がありますので，元の実用新案は，特許要件を満たしている必要があります。

ただし，出願人や実用新案権者から，実用新案技術評価書の申請が事前にあった場合は，実用新案に基づく特許出願はできないなどの制限はあります。

ちなみに，逆に，特許権を基に実用新案権を出願することはできません。

3 実用新案権の侵害への対応策

実用新案権の侵害への対応策に関しては，さきほどの実用新案技術評価書の発行が必要な点で特許権と異なります。その他は，特許権と同様です。

Answer □1 10年

重要度 **A** B C

分野1　知的財産権

1-6 意匠権① 要件と取得手続

ポイント　意匠権は，デザインである意匠を保護するための権利です。

1 意匠の定義

意匠法では，意匠は「**物品の形状，模様もしくは色彩もしくはこれらの結合，建築物の形状等または画像であって，視覚を通じて美感を起こさせるもの**」と定義されています。

まず，意匠は**物品**に関するものである必要があります。つまり，デザインはモノと結びついていなければなりません。そのため，単なる模様などは意匠として登録できません。また，意匠は，**視覚を通じて美感を起こさせるもの**である必要があります。そのため，目で見えないものは意匠とはなりません。

2 意匠の要件

①　工業上利用できる

意匠の要件として**工業上利用できる**必要があります。特許や実用新案権では，産業上利用できるとなっていましたが，意匠では工業上となっている所が異なります。つまり，意匠は工業的に反復して量産できる必要があります。例えば，芸術作品のように，１回きりの創作は，意匠にはなりません。

②　新規性

これは，特許と同じように，**出願前に公に知られていない**ということを表します。もし，意匠権の出願前に，意匠が公知になっていた場合は，新規性を喪失したとみなされて，意匠は登録できなくなります。

③　創作非容易性

特許では，進歩性でしたが，意匠では**創作非容易性**となっています。誰もが簡単に思いつくようなデザインは，創作性が高いとは言えず，意匠権を登録することはできません。

まとめcheck　□1　意匠の定義を述べなさい。

④ **先願**

意匠は先願である必要があります。これは，特許と同様です。

⑤ **不登録事由に該当しない**

例えば，公序良俗に違反した意匠は登録できません。これは特許と同じです。その他の不登録事由としては，他人の意匠に類似する意匠は登録できないことになっています。

3 意匠権の取得手続

意匠権の取得手続は次のような流れになっています。

●意匠権の取得手続

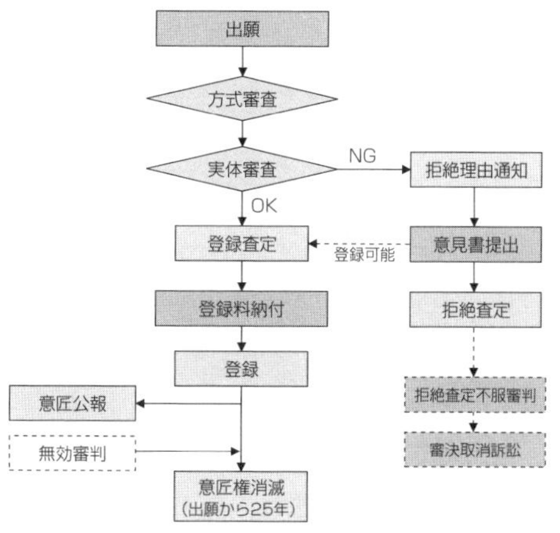

意匠権を取得するためには，最初に**出願**を行う必要があります。原則として１つの意匠に対して，１つの物品を指定する必要があるため，願書には，意匠登録の対象とする物品を指定します。

出願すると，特許庁では**方式審査**と**実体審査**が行われます。方式審査では，特許権と同じように，出願書類が，決められた形式を満たしているかを審査します。

方式審査が終了すると，実体審査が行われます。特許権の場合は審査請求が必要でしたが，意匠権の場合は，審査請求は必要なく，**方式審査を通過すると自動的に実体審査**が行われます。また，意匠権には出願公開制度はありません。

実体審査では，出願された意匠が登録要件を満たしているかを審査します。満たしている場合には登録査定，満たしていない場合には拒絶査定となります。

実体審査の結果が拒絶査定となった場合の対応は，意見書の提出，拒絶査定不服審判や審決取消訴訟の提起があります。これらは，特許権の場合と同様です。

Answer　□1　物品の形状，模様もしくは色彩もしくはこれらの結合，建築物の形状等または画像であって，視覚を通じて美感を起こさせるもの

分野1　知的財産権

1-7 意匠権② その他の特徴

ポイント　意匠法には，「意匠権者は，業として登録意匠およびこれに類似する意匠の実施をする権利を専有する」と記載されています。実施という行為には，特許と同じように，対象となる意匠を生産，使用，譲渡，輸出，輸入することなどが含まれます。

1 意匠権の効力と活用方法

意匠権は，同じ意匠だけでなく，**類似する意匠**にも効力が及びます。意匠の類似には，①物品等が同一で形状等が類似，②物品等が類似で形状等が同一，③物品等が類似で形状等が類似の3パターンがあります。

●意匠権の効力

形状等＼物品等	同一	類似	非類似
同一	同一	②類似	―
類似	①類似	③類似	―
非類似	―	―	―

物品等の類似とは，用途が共通し，機能が異なるものを言います。例えば，ボールペンと万年筆は，同じ用途の物品であるため，類似した物品と言えます。**形状等の類似**とは，デザインが似ていることを言います。つまり，デザインの似ているボールペンと万年筆は物品類似，形態類似になり，類似する意匠として効力が及びます。許諾を受けていない第三者が，同一のデザインや類似するデザインを実施した場合は，意匠権の侵害となります。

企業が意匠権を取得した場合，特許権と同じように，ライセンスしたり，クロスライセンスに活用することができます。ライセンスを付与する場合は，専用実施権と通常実施権の2つの形態があります。

なお，意匠権の存続期間は，出願日から**25年**となっています。

2 意匠権の特徴

意匠権には次のような独特の制度があります。

まとめcheck　□1　意匠権の存続期間は出願日から何年か。

① **部分意匠制度**

部分意匠制度は，**物品，建築物または画像の一部分**についての意匠を登録できる制度です。例えば，高級扉のような製品の場合，扉全体としては一般的なデザインで，取っ手の部分だけに凝ったデザインが施されていることがあります。このような場合は，扉全体の全体意匠とは別に，取っ手の部分を部分意匠として登録することで，取っ手だけの模倣を防ぐことができます。

② **組物意匠制度**

組物意匠制度は，同時に使用される２以上の物品，建築物または画像（ただし，いずれも経済産業省令で定めるもの）を構成する物品，建築物または画像に係る意匠を登録できる制度です。例えば，ナイフとフォークやオーディオセットのように，同時に使用されるものを登録できます。登録した場合，組物全体として意匠権が発生します。

③ **関連意匠制度**

意匠権の効力は類似する意匠にも及ぶため，例えば，あるデザインAを意匠登録した場合，類似するデザインBには意匠権の効力が及びます。しかし，さらにデザインBに類似するデザインCを考えた場合，元のデザインAと，デザインCには類似性が認められない場合も考えられます。このように，意匠権の効力は周辺のデザインまで及ばないケースもあります。

関連意匠制度では，元の意匠である本意匠(ほんいしょう)に**類似する関連意匠を意匠登録できます**。登録することによって，意匠権の効力の範囲を広げることができます。

④ **秘密意匠制度**

秘密意匠制度は，**登録日から最大３年間，意匠を公開せずに秘密にしておく**ことのできる制度です。通常は登録した後に意匠公報で公開されますが，製品の販売前であるなど販売戦略上，公表したくないこともあります。このような場合，この制度で製品の発表まで意匠を秘密にしておくことができます。

3 意匠権の侵害への対応策

意匠権が侵害された場合，最初に警告を行い，その後に必要に応じて，差止請求，損害賠償請求，不当利得返還請求，信用回復措置請求，刑事告訴など特許権と同様の対応策をとることができます。

Answer □1 25年

　重要度 **A** B C

分野1　知的財産権

1-8 商標権①　要件と取得手続

ポイント　商標権の定義，要件，取得手続について学習します。

1 商標の定義

商標権は，商標を保護するための権利です。商標は，ブランドなどのネーミングやロゴなどのマークを表します。

商標法には，商標は「**文字，図形，記号，立体的形状もしくは色彩，又はこれらの結合，音その他政令で定めるもの**」とあります。これを簡単に表すと，商標は**文字商標**，**図形商標**，**記号商標**，**立体商標**，**色彩商標**に分けられます。

また，これらをそれぞれ組み合わせたり，メロディや着信音といった音商標を登録することもできます。

2 商標の要件

①　業務で使用

商標の要件として，**自社の業務にかかわる商品や役務で使用される**必要があります。業務に使用しないような商標を登録することはできません。

②　自社の識別力

商標は自社の商品や役務を，**他社のものと区別する識別力**を持つ必要があります。よって，その商品・役務を普通に呼ぶ際に使用する名称だけでは，商標登録することはできません。例えば，時計に「時計」という商標をつけても，自社の商品を識別することができないため，商標登録はできません。

③　先願

商標は**先願である**必要があります。これは，特許と同様です。

④　不登録事由に該当しない

例えば，公序良俗に違反した商標は登録できません。これは特許と同じです。また，その他の不登録事由として，他人の商標に類似する商標や，国や公共機

まとめcheck　□1　商標の定義を述べなさい。

関などが使用している商標と類似する商標も登録できません。

3 商標権の取得手続

商標権の取得手続は次のような流れになっています。

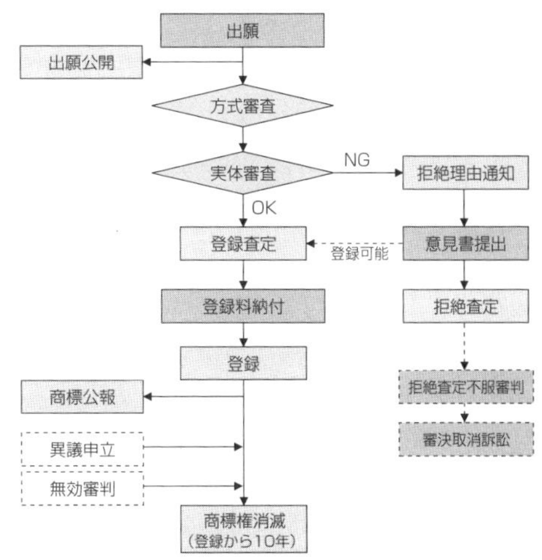

商標権を取得するためには，最初に出願を行う必要があります。出願にあたっては，どのような商品や役務に商標を使用するかを指定する必要があります。

商標権では，出願すると**出願公開**が行われます。出願公開では，出願した商標の内容が**商標公報**に掲載され，第三者が出願している商標の内容を見ることができます。

次に，方式審査と実体審査が行われます。商標権の場合は，**審査請求**は必要ありません。

実体審査が終了すると，登録要件を満たしている場合には**登録査定**，登録要件を満たしていない場合には**拒絶査定**となります。拒絶査定となった場合は，拒絶理由通知書に意見書を提出して反論することができます。また，その後の拒絶査定不服審判や審決取消訴訟も意匠権と同様です。

また，商標権が登録された後に，第三者が，その商標権を無効と主張する**商標登録無効審判**を請求することができます。さらに，商標権には**登録異議申立**制度があります。商標登録無効審判と同様に，商標の登録を無効と主張するための制度です。商標権では，このように2つの制度があることが特徴となっています。

Answer □1　文字，図形，記号，立体的形状もしくは色彩，又はこれらの結合，音その他政令で定めるもの

分野1　知的財産権

1-9 商標権② その他の特徴

ポイント　商標権の効力と特徴について学習します。

1 商標権の効力

商標法には，「商標権者は，指定商品又は指定役務について登録商標の**使用をする権利を専有する**」と記載されています。特許権や意匠権が**実施**であるのに対して，商標権では**使用**という言葉が使われています。使用というのは，商品や商品の包装に商標をつけたり，あるいは商標がついた商品を譲渡，展示，輸出，輸入することなどを含みます。また，役務商標の場合は，役務に商標をつけたり，役務を提供するために必要な物に商標をつけることを含みます。

●**商標権の効力**

商標＼指定商品・役務	同一	類似	非類似
同一	使用権	禁止権	防護標章登録制度による禁止権
類似	禁止権	禁止権	―
非類似	―	―	―

商標権には，**類似する商標を他人が使うことを禁止する権利**（**禁止権**）があります。一方，商標権者は，指定商品・役務に対して同一の商標を使用する権利（**使用権**）があります。

使用権の及ぶ範囲は，商標登録されたものと**同一の商標や区分に制限**されるのに対して，**禁止権は，類似する商標や類似する物品まで効力が及びます。**

例えば，眼鏡について「サンシール」という商標を取得したとします。
この商標権者は，サンシールという商標を独占的に眼鏡に冠して販売することが認められます。これが使用権です。この場合，第三者がサンシールという

まとめcheck　□1　商標権の存続期間は登録日から何年か。

眼鏡を販売した場合は，商標権の侵害となります。一方，第三者がサンジールという名称で眼鏡を販売した場合，商標が類似していると考えられるため，商標権者は商標の使用を禁止することを求めることができます。また，第三者がサングラスに対してサンシールやサンジールという名称を使用することも，商標権の侵害となります。この場合は，物品が類似しているからです。

禁止権は，類似していない物品に対しては効力が及びません。例えば，第三者が，文房具に対してサンシールという名称を使用するのは問題ありません。

なお，商標権の存続期間は，登録日から**10年**となっています。ただし，商標権の場合は，**更新登録**をすることで，何度でも更新をすることができます。

2 商標権の特有の制度

① 団体商標登録制度

団体商標登録制度は，**社団法人や事業共同組合などの団体で，商標を登録できる**制度です。団体を構成する構成員が，許諾を受けなくても団体商標を使用できるようになります。例えば，地域の名産品を，事業協同組合などが団体商標として登録すれば構成員がその商標を使用できます。

② 地域団体商標制度

地域団体商標制度は，**地域名に商品の普通名称を組み合わせた商標を登録**できる制度です。例えば，「夕張メロン」のような地域名と普通名称を組み合わせた名称を商標登録できます。地域団体商標の目的は，地域ブランドを育成することです。出願できるのは，事業協同組合や農業協同組合などの法人格を有する組合，商工会，商工会議所，NPO法人です。

③ 防護標章登録制度

防護標章(ぼうごひょうしょう)登録制度は，全国的に広く知れわたっている**特に著名になった商標を保護**するための制度です。指定商品・役務に類似していない場合まで禁止権が及ぶようになります。

例えば，著名になった時計のブランドがあるとします。通常の商標登録では，類似する商品までしか禁止権が及びません。しかし，防護標章登録を行うことで，類似しない商品・役務，例えば，書籍の制作やセミナーの実施などの役務についても，禁止権が及ぶようになります。

Answer　□1　10年

　重要度 **A** B C

分野1　知的財産権

1-10 著作権① 定義と種類

ポイント　著作権の定義と種類について学習します。

1 著作権の定義と分類

著作権は，**著作物を保護するための権利**です。特許権などの産業財産権とは異なり，産業の発展ではなく，文化の発展を目的にした知的財産権です。著作権法では，著作物は「**思想又は感情を創作的に表現したものであって，文芸，学術，美術又は音楽の範囲に属するもの**」と定義されています。

思想又は感情を創作的に表現というのは，著作物はある程度の創作性を持っている必要があることを表しています。単に事実を並べただけのものは，創作性がないとみなされ，著作権法で保護される著作物にはなりません。例えば，電話番号を単に一覧表にしたものは，著作物にはなりません。

著作権は，さまざまな権利を含んだ概念です。著作権に含まれる権利を大きく分類すると**著作者人格権**と**著作財産権**に分けられます。

2 著作者人格権

著作者人格権は，著作物を創作した人である著作者の人格的な権利を表します。著作者が著作物を創作すると自動的に発生します。著作者本人以外に，譲渡したり相続できません。**公表権**，**氏名表示権**，**同一性保持権**が含まれています。

公表権は，**著作物を公開するかどうか，公表する場合は，いつ，どのような方法で行うかを決定できる権利**です。著作者に無断で，著作物を公表したり，意に反する形で公開することは公表権の侵害です。

氏名表示権は，**著作物に著作者の氏名を表示するかどうか**，また，表示する場合には，**どのような表示にするか**を決定できる権利です。

同一性保持権は，**著作物を改変せず，同一性を保つことを保証する権利**です。

まとめcheck　□1　著作物の定義を述べなさい。

例えば，著作者に無断で，著作物を改訂したり，加筆したりできません。

3 著作財産権

著作財産権は，特許権などの産業財産権のように，**譲渡したり相続すること**ができる権利です。例えば，著作財産権に含まれる複製権を，第三者にライセンスすることで，第三者が著作物を複製したり，複製した著作物を販売できるようになります。一般的に著作権と言った場合は，この著作財産権を指している場合があります。著作財産権には，複製権をはじめとする数多くの権利が含まれています。ここでは，これらの権利を４つのタイプに分けて解説します。

①　コピーを作る

これは，著作物を複製できる権利である**複製権**が該当します。複製と言うのは，著作物を印刷，写真撮影，録画，録音，コンピュータにコピーすることなどを含みます。第三者が著作物を複製することは，複製権の侵害となります。

②　コピーを使わずに公衆に伝える

これは，**上演権・演奏権**，**上映権**，**公衆送信権・伝達権**などが該当します。

上演権・演奏権は，演劇を上演したり，音楽を演奏することができる権利であり，上映権は，映画などをスクリーンなどに映写できる権利です。公衆送信権・伝達権は，テレビやラジオ，インターネットなどを通じて，公衆に著作物を送信することのできる権利です。

③　コピーを使って公衆に伝える

これは，**譲渡権**，**貸与権**などが該当します。

譲渡権は，著作物の原作や複製したものを譲渡できる権利です。例えば，著作物を出版して販売する場合には，譲渡権が必要です。貸与権は，著作物を貸与できる権利です。例えば，著作物をレンタルする場合は，貸与権が必要です。

④　二次的著作物に関する著作財産権

二次的著作物は，ある著作物を基に，翻訳，編曲，変形，映画化などによって翻案することにより創作した著作物を表します。二次的著作物を創作するには，**翻訳権**，**翻案権等**が必要になります。

Answer　□1　思想又は感情を創作的に表現したものであって，文芸，学術，美術又は音楽の範囲に属するもの

重要度 A **B** C

分野1　知的財産権

1-11 著作権② 効力と特徴

ポイント　特許権や意匠権等の産業財産権を取得するためには，出願や登録といった手続が必要でしたが，**著作権には取得手続や登録は不要**です。

1 著作権の効力

著作権は，創作と同時に著作者に対して発生します。このように登録を必要としないことを，**無方式主義**と呼びます。

①　著作権登録制度

著作権は登録が必要ないため，著作権が第三者に譲渡されたりすると，著作権者が誰なのかがわかりにくくなります。このような場合に，著作権の侵害に法律的に対抗するためには，登録していないことは，不利になりかねません。

このような問題を解消するために，著作権を登録できる，**著作権登録制度**が存在します。著作権の登録は，創作しただけでは登録できず，著作物を公表したり，譲渡したという事実があった場合にのみ行うことができます。

②　著作権の存続期間

著作財産権の存続期間は，原則は，**著作者の生存中および死後70年**となっています。ただし，著作者名を表示せず，無名または本名以外で公表した著作物の存続期間は，公表後70年となります。法人が権利を持つ，法人著作物の存続期間も，公表後70年となります。また，映画の著作物の存続期間も，公表後70年となっています。

著作者人格権は，著作者の人格に関する権利のため，**存続期間は著作者の生存中のみ**となっています。

③　著作権の効力と制限

著作権者は著作物を独占的に利用することができます。著作権者以外の人が，無断で著作物を利用した場合は，著作権の侵害となります。

ただし，著作権者の許諾がなくても，著作物を利用できる場合がいくつか定

まとめcheck　□1　著作財産権の存続期間は何年か。

められています。例えば，**私的使用**のために複製する場合は，著作権の効力は及びません。私的使用とは，個人的または家族内で使用することを表し，超えて使用した場合は著作権侵害となります。例えば，著作物をコピーしたものを，人にプレゼントしたり，セミナーなどで配付することは著作権侵害となります。

また，著作物の**引用**は，引用の必然性があること，正当な範囲内であること，引用の出所を明記すること，引用部分とそうでない部分が明確に区別できることなどの要件の下で認められます。

2 著作権の特徴

① 職務著作（法人著作）

特許権には職務発明がありましたが，著作権にも**職務著作**の規定があります。

企業で従業員が職務上作成し，使用者の名義で公表する著作物は，職務著作となります。契約や勤務規則による別段の定めがない限り，**使用者が著作者**になります。

また，**プログラムの著作物**については，職務上作成したものに関しては，使用者の名義で公表しなくても，**使用者が著作者**になります。

特許権では，定めがない限りは発明した従業員が特許権者となりましたが，著作権では，定めがない限りは使用者が著作権者になる点に注意しましょう。

② 共同著作物

共同著作物は，２人以上が共同して創作した著作物を指します。ただし，各人の担当部分を明確に分離できるものは，共同著作物にはなりません。

例えば，複数の人で完成させた１枚の大きな絵画は，共同著作物となります。一方，複数の人が各自１章ずつ担当した書籍については，共同著作物とはなりません。これは，各自の担当部分が明確に分離できるためです。

共同著作物の場合は，**共同著作者全員の同意を得なければ，著作権を行使することはできません**。例えば，他の共同著作者の同意を得ずに，著作権を他者にライセンスすることはできません。

Answer □1 著作者の生存中および死後70年

分野1　知的財産権

1-12 不正競争防止法

ポイント　不正競争防止法は，不正競争を防止し，公正な競争を確保することを目的とした法律です。

1 不正競争防止法の目的

広く知られた他人の商品の名称やブランドを，別の会社が勝手に名乗って模倣品（もほうひん）を販売すると，消費者の誤解を招き，他社の信用を傷つけることになります。また，原材料や原産地を誤認させるような表示を商品につけることは，消費者に誤解を与えてしまいます。

不正競争防止法の目的は，このような行為を禁止することで，**公正な競争を確保し，経済の健全な発展に寄与する**ことです。

2 不正競争の類型

不正競争防止法では，いくつかの類型が定められています。該当する場合は不正競争行為となり，不利益を被った者は対抗手段を取ることができます。

①　周知表示混同惹起（じゃっき）行為

周知表示混同惹起行為とは，広く認知されている他人の商品等表示と，同一もしくは類似した**商品等表示**を使用し，**他人の商品と混同を生じさせる行為**を表します。ここで，商品等表示というのは，業務に係る氏名，商号，商標，標章，商品の容器や包装，その他商品や営業を表すものを指します。よって，商品のネーミングだけでなく，パッケージのデザインや看板などを真似することも含まれます。例として，動くカニの看板を掲げたカニ料理店が，競合店から同じような看板を真似されたケースがあります。

②　著名表示冒用行為

著名表示冒用行為とは，他人の著名な商品等表示を，自己の商品等表示として使用，譲渡，提供する行為です。周知表示混同惹起行為に似ていますが，特

まとめcheck　□1　不正競争防止法の目的を述べなさい。

に全国的に著名になった商品等表示に関するものを言い，使用すること自体が不正競争行為となります。例として，「シャネル」の名称で営業した飲食店が違反となったケースがあります。

③　**商品形態模倣行為**

他人の商品の形態を**模倣した商品**を譲渡したり貸し渡しなどをする行為です。ただし，最初に販売した日から３年を過ぎた場合は，不正競争行為とはなりません。

④　**営業秘密不正行為**

企業の内部で秘密として管理されている情報を，不正な手段で取得，使用したり，他人に開示する行為です。例えば，会社の顧客名簿を不正に持ち出して，競合他社に販売するなどです。

ここで，**営業秘密**とは，秘密として管理されていること（**秘密管理性**），有用であること（**有用性**），公然と知られていないこと（**非公知性**）を満たすものを表します。例えば，アクセス制限されておらず，誰でも持ち出せる状態になっている情報は，営業秘密にはなりません。

⑤　**技術的制限手段に関する不正競争行為**

デジタルコンテンツに設定されている**アクセス制御やコピーガードなどを不正に外すための方法や機器を提供する行為**を表します。例えば，CDなどではコピーを制限するためのアクセス制御がかけられていることがありますが，これを不正に外すための機械やソフトウェアを提供することなどです。

⑥　**ドメイン名に係わる不正行為**

不正の利益を得る目的や，他人に損害を与える目的で，他人の商品等表示と同一・類似するドメイン名を取得・使用することは不正競争行為となります。

⑦　**誤認惹起行為**

商品の原産地や品質，内容，製造方法，用途，数量などについて，誤認させるような表示をする行為を表します。例えば，産地を偽ったり，養殖物を天然物に誤認させるような表示などです。

⑧　**競争者営業誹謗（ひぼう）行為**

自社と競争関係がある他人について，信用を害するような虚偽の事実を告知したり，流布する行為です。例えば，競合会社が倒産しそうだなどという，事実に基づかないうわさを流すことなどです。

Answer　□1　公正な競争を確保し，経済の健全な発展に寄与すること

過去問をピックアップ㉓　重要度 ★★★　難易度 ★★★

特許権と実用新案権

令和２年第12問

実用新案法と特許法の比較に関する記述として，最も不適切なものはどれか。ただし，存続期間の延長は考慮しないものとする。

ア　権利侵害に基づく差止請求を行使する場合，実用新案権は特許庁による技術評価書を提示する必要があるが，特許権は不要である。

イ　実用新案権の存続期間は出願日から10年，特許権の存続期間は出願日から20年である。

ウ　実用新案出願は審査請求を行わなくとも新規性や進歩性などを判断する実体審査が開始されるが，特許出願は出願日から３年以内に審査請求を行わないと実体審査が開始されない。

エ　物品の形状に関する考案および発明はそれぞれ実用新案法および特許法で保護されるが，方法の考案は実用新案法では保護されず，方法の発明は特許法で保護される。

解答・解説　　**正解：ウ**

ア　適切　実用新案権では，権利の侵害が行われた場合，警告や差止請求，損害賠償などの手段で対抗するには，特許庁から「実用新案技術評価書」を発行してもらい，それから対抗措置を行う必要があります。実用新案技術評価書は，特許庁の審査官によって，考案または登録実用新案の技術的な評価が記載されるものです。

特許権では，権利侵害への対抗にあたって，このような制度はありません。

イ　適切　実用新案権の存続期間は，出願日から10年となっています。特許権の存続期間は，登録によって権利が開始し，終了は出願日から20年となっています。

ウ　不適切　実用新案の取得手続は，無審査主義という特徴があります。実用新案では，方式審査だけが行われ，実体審査は行われません。方式審査を通れば実用新案を取得することができます。よって，ウの記述は不適切であり，これが正解です。

なお，特許の実体審査は，審査請求を提出することで開始されます。審査請求は，出願から３年以内に行う必要があります。審査請求が，出願から３年間無かった場合は，出願は取り下げになります。

エ　適切　実用新案における考案は「物品の形状，構造または組み合わせに係る」ものに限定されています。そのため，考案では，製造方法などの方法に関するものは含まれません。

特許法の発明には，物の発明と方法の発明があります。物の発明とは，機械や装置のように，具体的な物を伴う技術です。方法の発明とは，物の製造方法や，測定方法のように，物ではなく方法に関する技術です。

特許権と実用新案権について，本問で問われている内容を含めてしっかり復習しておきましょう。

過去問をピックアップ㉔　重要度★★★　難易度★★☆

著 作 権

令和元年第11問

著作権の保護期間に関する記述として，最も適切なものはどれか。なお，各記述の自然人の死亡年は，それぞれの著作物の公表年より遅いものとする。

ア　2000年8月4日に公表された映画の著作権の存続期間は，2090年12月31日までである。

イ　2000年8月4日に公表された，株式会社の従業員が職務著作として制作した同社マスコットキャラクターの著作権の存続期間は，2070年12月31日までである。

ウ　2000年8月4日に公表された，写真家（自然人）に帰属する写真の著作権の存続期間は，2050年12月31日までである。

エ　2000年8月4日に公表された，マンガ家（自然人）のアシスタントが職務著作として描いた絵の著作権の存続期間は，2070年12月31日までである。

解答・解説 **正解：イ**

ア × 映画の著作権の存続期間は，公表後70年であり，終期計算の起算点は，公表の翌年の1月1日となります。2000年8月4日に公表された映画の著作権の存続期間は，(2001年1月1日から起算して)「2070」年12月31日までです。なお，終期計算は1月1日から始まるため，「初年算入」となります。単純に「2001年」に70年を足して「2071年12月31日まで」と計算しないよう，注意しましょう。

イ ○ 従業員が職務上作成し，法人その他使用者の名義で公表する著作物の著作者は，契約や勤務規則に別段の定めがない限り，「使用者」となり，このことを職務著作（法人著作）と言います。そして，会社の職務著作となる場合など，団体名義で公表された著作物の著作権の存続期間は，公表後70年であり，終期計算の起算点は公表の翌年の1月1日となります。

2000年8月4日に公表された，株式会社の従業員が職務著作として制作した同社マスコットキャラクターの著作権の存続期間は，2070年12月31日までとなります。

ウ × 個人（自然人）に帰属する写真の著作権の存続期間は，その写真が当該個人の実名等で公表されれば死後70年，無名または変名で公表されれば公表後70年です。また，問題文では「自然人の死亡年は，著作物の公表年より遅いものとする」とされており，2000年8月4日に公表された，写真家（自然人）に帰属する写真の著作権の存続期間は，2070年12月31日またはそれ以降（死後70年）となります。

エ × 職務著作が成立する「使用者」には，会社など法人のほか，マンガ家など個人事業主（自然人）も含まれます。2000年8月4日に公表された，マンガ家（自然人）のアシスタントが職務著作として描いた絵の著作者は，「マンガ家」であるため，その絵がマンガ家の実名または周知の変名で公表された場合，その著作権の存続期間は，マンガ家の死後70年となります。

著作権の存続期間は重要ですので，しっかり覚えておきましょう。

重要度 **A** B C

分野２　会 社 法

2-1 株式会社の機関① 典型的な機関

ポイント　株式会社の機関の典型的なものについて学習します。

1 典型的な株式会社の機関の例

株式会社の機関のうち，最も権限が強いのは**株主総会**です。しかし，株主総会では，会社の日々の運営をしていくわけではありません。一般的な会社では，会社の運営は，**株主総会で選任した取締役**から構成される**取締役会**で行われます。

取締役会では，**業務執行の意思決定**を行いますが，すべての業務の意思決定を取締役会にかけることは効率が悪いため，取締役の中から**代表取締役**を選定し，**通常の業務の意思決定**を代表取締役に任せることができます。

さらに，**経営をチェックしていく機関**として**監査役**もしくは**監査役会**があります。これらの機関は，取締役がしっかり経営を行っているかを，株主の代わりにチェックする機能を果たします。

また，特に会計に関するチェックを行う機関として**会計監査人**があります。これらの機関は，会社が作成する会計書類が，適切に作成されているかをチェックします。

2 株主総会

株主総会は，会社の所有者である**株主から構成**される機関です。株主総会は，会社の**最高意思決定機関**として，会社の基本的な意思決定を行います。

株主総会で決定する事項は，基本的には，取締役や監査役の選任や解任，定款の変更，その他会社の合併や解散などの重要な事項です。

株主総会の決議は，基本的には多数決によって行います。また，原則は１株に対して１議決権となっており，株主は平等の扱いを受ける必要があります。決議が成立するには，決議事項によって，必要な得票数が変わってきます。

まとめcheck　□１　株式会社の絶対的必要機関は何か。

● 株式会社の機関（典型的な例）

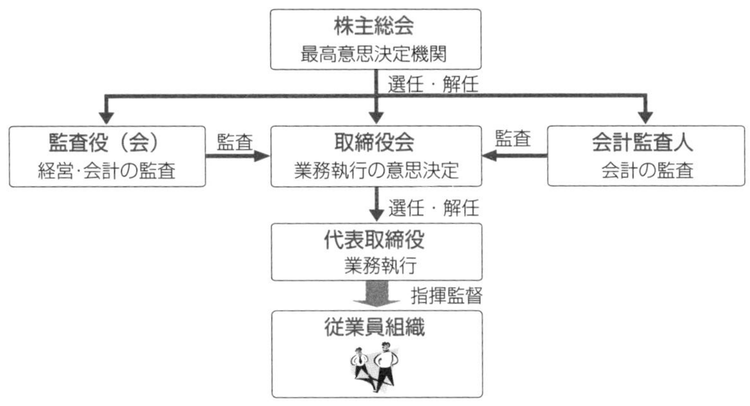

3 取締役（会）

取締役は，会社の業務執行を行うための機関です。さきほどの**株主総会**と，**取締役**については，すべての会社で必要となる**絶対的必要機関**です。

取締役は，**原則1人以上**いればよいのですが，**取締役会を構成するには，3人以上の取締役が必要**です。

すなわち，会社の規模がある程度大きくなると，取締役が1人では会社のすべての意思決定をすることが難しくなってきます。このような場合に取締役会を設置することで，チームとして経営の意思決定ができるようになります。

取締役会を設置した場合，会社の重要な業務執行については，取締役会で決定する必要があります。例えば，重要な財産の処分や譲り受け，多額の借財，支配人その他の重要な使用人の選任・解任などは，個別の取締役では決定できず，取締役会を通じて決定する必要があります。

ただ，取締役は内部昇格者が多いため，取締役会のチェック機能が働きにくいという問題がありました。そこで**社外取締役**を置くことが求められています。2015年に施行された改正会社法では，義務化はされませんでしたが，公開会社や大会社では置かない場合は理由を株主総会に説明するので実質義務とも言えます。社外取締役には，**過去10年以内にその会社や子会社の取締役や従業員になったことがないこと，親会社の関係者（取締役，執行役，使用人等）でな**

Answer　□1　株主総会　取締役

いこと，兄弟会社の業務執行取締役等でないこと，経営者等の近親者（配偶者・２親等内の親族）でないこと，の要件があります。

4 代表取締役

取締役会を設置した場合は，取締役の中から**代表取締役**を選定する必要があります。代表取締役は，**会社を代表する取締役**です。会社の事業に関する一切の行為をする権限を持っており，取締役会の決議事項を除いたすべての決定を行うことができます。

5 監査役（会）

監査役は，**会社の業務と会計を監査するための機関**です。監査役を設置することで，株主に代わって取締役の業務を監督し，会計書類が適切に作成されているかを監査することができます。

監査役は，取締役会から独立して，**取締役の業務執行について調査し監督する権限**を持っています。このような権限を基に，会社の業務や計算書類を監査し，監査報告を作成して，株主総会で株主に報告します。

監査役は取締役の監査という重要な役割を持っているため，監査役を解任するには株主総会の決議が必要です。これは，取締役が簡単に監査役を解任できないということを意味しています。監査役の**任期は，原則４年**となっています。

さらに，**３人以上の監査役**から**監査役会**を構成することができます。監査役会を設置した会社のことを，**監査役会設置会社**と呼びます。

監査役会では，監査報告を作成したり，監査の方針の決定などを行います。

監査役会の決議は，監査役会に出席した監査役の人数にかかわらず，過半数以上の賛成が必要になります。

6 会計監査人

会計監査人は，主に大規模な会社で，**計算書類の監査を行うための機関**です。

会計監査人は，財務諸表などの計算書類の監査を行い，**会計監査報告書**を作成します。会社から独立して，会社の会計書類が正しく作成されているかチェックする役割を果たします。そのため，いつでも会計帳簿などの資料の閲

まとめcheck　□１　社外取締役の要件を述べよ。

覧ができ，会計に関する報告を求める権限があります。会計監査人の資格として，公認会計士または監査法人であることが必要です。

ちなみに，**中小企業の計算書類の質を上げる**ことを目的に，会社法で**会計参与**が設けられました。

会計参与は，**取締役と共同して計算書類を作成**します。会計監査人は，計算書類の作成は行わず，作成された計算書類をチェックする機関ですが，会計参与は計算書類を取締役と一緒に作成する点が異なります。また，**会計参与は会社の役員**という位置づけになります。

Answer

□1　過去10年以内にその会社や子会社の取締役や従業員になったことがないこと，親会社の関係者（取締役，執行役，使用人等）でないこと，兄弟会社の業務執行取締役等でないこと，経営者等の近親者（配偶者・2親等内の親族）でないこと。

 重要度 **A** B C

分野2 会 社 法

2-2 株式会社の機関② 委員会等設置会社

ポイント 株式会社では監督機能を強化するため委員会を設置できます。

1 指名委員会等設置会社

会社法では，**業務執行の監督機能を強化**するための制度として**指名委員会等設置会社**が選択できるようになっています。指名委員会等設置会社は，業務の執行と，監督機能を完全に分離します。**指名委員会**，**監査委員会**，**報酬委員会**の3つの委員会を設置する必要があります。業務の執行は，執行役によって行われる形となります。

3つの委員会のうち，**指名委員会**の役割は，株主総会に提出する取締役と会計参与の選任・解任に関する議案の内容を決定することです。

監査委員会の役割は，取締役や執行役（および会計参与）の職務の執行の監査や，監査報告の作成，株主総会に提出する会計監査人の選任・解任に関する議案の内容を決定することです。これは，監査役の役割に近くなっています。

報酬委員会の役割は，取締役や執行役（および会計参与）の個別の報酬を決定することです。

●指名委員会等設置会社

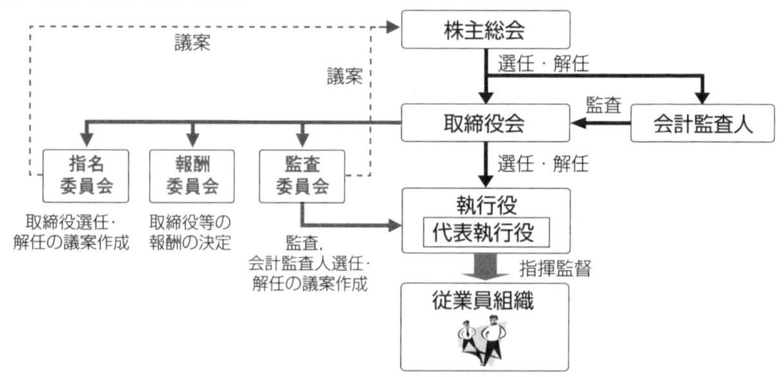

まとめcheck □1 指名委員会等設置会社の3つの委員会を挙げなさい。

委員会設置会社では，１人以上の**執行役**を選任する必要があります。さらに，執行役の中から１人の**代表執行役**を選ぶ必要があります。代表執行役は，会社を代表する執行役となり，通常の代表取締役のように，日常業務を執行する最高責任者としての役割を果たします。

2 監査等委員会設置会社

2015年に施行された改正会社法により，**監査等委員会設置会社**の設置が可能になりました。

これは，**３人以上の取締役**からなる監査等委員会を設置して，取締役の業務を監査することができるものです。監査等委員会を構成する取締役の**過半数は社外取締役**とする必要があります。これによって，社外取締役を積極的に活用して，業務執行に対する監督機能を強化するねらいがあります。監査等委員会は，株主総会で取締役の人事や報酬について意見を述べることもできます。

Answer　□1　指名委員会　監査委員会　報酬委員会

重要度 A B C

分野2　会　社　法

2-3 株式会社の分類

ポイント　株式会社の分類とルールについて説明します。

1 株式会社の分類とルール

会社法ではさまざまな機関を組み合わせて，柔軟に組織を構成することが認められています。このように，**会社の規模や目的などに応じて，機関を組み合わせること**を**機関設計**と呼びます。

一方で，機関設計はすべて自由に行えるわけではなく，会社法によって一定の規制を受けます。会社法では会社の分類が定められており，会社の分類ごとに次の表のように異なるルールが適用されるようになっています。

●株式会社の機関設計

	株式譲渡制限会社		公開会社		指名委員会等設置会社/監査等委員会設置会社
	大会社以外	大会社	大会社以外	大会社	
株主総会	必須				
取締役	必須				
取締役会	任意		必須		必須
監査役	任意[※1]	必須	必須		不可
監査役会	任意		任意	必須	不可
会計監査人	任意	必須	任意	必須	必須
会計参与	任意				

※1　取締役会設置会社では，監査役または会計参与の設置が必要。

2 株式譲渡制限による分類（公開会社と株式譲渡制限会社）

まず，株式の譲渡制限による分類をすると，**公開会社**と**株式譲渡制限会社**

まとめcheck　□1　大会社とはどのような会社か。

（もしくは**非公開会社**）となります。

公開会社は，株主が所有する株式の**全部または一部を自由に譲渡できるようになっている会社**です。株式譲渡制限会社は，公開会社ではない会社を表します。よって，**株式譲渡制限会社**は，**すべての株式**について，**譲渡する際に会社の承認が必要**な会社となります。

公開会社では，さまざまな人が株式を取得する可能性があるため，機関設計のルールが厳しくなります。一方，株式譲渡制限会社は，中小企業に多い形態であり，限られた人しか株式を所有しないため，機関設計のルールが緩やかになります。

取締役会については，**株式譲渡制限会社では任意**ですが，**公開会社では必須**となります。

また，取締役や，会計参与の任期については，**原則２年**，監査役の任期については**原則４年**となっていますが，**株式譲渡制限会社では定款によって10年まで延長**できます。公開会社では，任期を延長することはできません。

3 大会社／大会社以外の会社

また，会社の規模の違いによる**大会社**と**大会社以外の会社**という分け方があります。

大会社は，最終事業年度の**資本金が５億円以上または負債総額が200億円以上の株式会社**です。この基準に該当しない会社が，大会社以外の会社となります。資本金の基準か，負債総額の基準のどちらかを満たせば大会社となります。

大会社には，異なる規制が適用され，**会計監査人の設置が必須**となります。また，大会社かつ公開会社の場合は，指名委員会等設置会社や監査等委員会設置会社でなければ，**監査役会もしくは監査等委員会の設置**が必須となります。

さらに，機関設計とは異なりますが，大会社の場合は，決算において貸借対照表だけでなく，損益計算書の公告が必要になります。また，大会社では，**内部統制システム**の構築が義務づけられています。内部統制システムは，取締役等による業務の執行が，法令を遵守した上で，適切に行われるように統制する体制や仕組みを表します。

Answer　□1　資本金が５億円以上または負債総額が200億円以上の株式会社

分野2　会 社 法

2-4 株　式

ポイント　株式は，株主の持分を細分化したものです。株式会社では，株式を発行することで，多くの人から幅広く資金を調達することができます。

1 株主平等の原則と種類株式

株主は，出資する代わりに会社の株式を所有します。株式は，社員の権利を均等に細分化したものとなっているため，**原則として株主は平等**に扱われる必要があります。ただし，**種類株式**を発行した場合は，種類ごとに株主の扱いは異なります。会社法では，さまざまな投資家のニーズに合わせて，次のような異なる種類の株式を発行することが認められています。

剰余金の配当が異なる株式	剰余金の配当について，株式ごとに異なる規定を定めるもの。
残余財産の分配が異なる株式	会社清算時の残余財産の分配が異なるもの。 また，剰余金の配当と残余財産の分配について，有利な内容の株式のことを**優先株**，不利な内容の株式のことを**劣後株**と呼ぶ。優先株でも劣後株でもないものを**普通株**と呼ぶ。
議決権制限株式	株主総会で行使できる議決権の内容が異なるもの。また，議決権がない株式を定めることもできる。
譲渡制限株式	株式の譲渡をする際に，会社の承認が必要な株式。会社が発行するすべての株式が譲渡制限株式の場合は，会社は**株式譲渡制限会社**となる。
取得請求権付株式	**取得請求権付株式**は，株主が会社に対して自分の株式の取得を請求できる株式。株主が望むときに株を会社に売ることができるため，株主側にメリットがある。
取得条項付株式	会社が一定の事由が生じたときに，強制的に株主の持つ株式を取得できる権利を持つ株式。会社側が株主の株を取得できるもので，会社側にメリットがある。

まとめcheck　□1　公開会社で募集株式を発行するための決議要件は何か。

拒否権付株式	株主総会の決議をする際に，その種類株式の株主による**種類株主総会**の決議も要件として必要になるもの。 種類株主総会は，特定の種類株式の株主のみを対象とする株主総会。拒否権付株式を発行している会社は，通常の株主総会の他に，拒否権付株式を持つ株主による種類株主総会を開催して，種類株主総会で決議することも必要になる。よって，拒否権付株式を持つ株主にとっては行使できる権利が強くなる。
取締役・監査役選任権付株式	取締役と監査役について，種類株主総会で選任できる権利が与えられた株式。ただし，この株式は，公開会社や指名委員会等設置会社では発行することができない。

2 株式の発行

新たに発行される株式のことを，**募集株式**と呼びます。株式の総数があらかじめ決められた発行できる株式の総数（**発行可能株式総数**）の範囲内であれば，取締役会の決議で発行できます。実際に発行されている株式の数は，**発行済株式数**と呼びます。

ちなみに，発行可能株式総数の変更には原則として**株主総会の特別決議**が必要です。

3 単元株制度

単元株制度は，一定の数の株式をまとめて単元株とし，**単元株ごとに1個の議決権を割り当てる制度**です。例えば，単元株を100株とする単元株制度を導入すれば，基本的には株式の取得や議決権の行使は，100株単位で行われることになります。

これにより，管理コストを削減できます。

Answer □1 取締役会の決議

重要度 A **B** C

分野2　会社法

2-5 新株予約権と社債

ポイント　新株予約権の発行，社債の発行について学習します。

1 新株予約権

新株予約権は，権利を行使することで，**あらかじめ決められた条件で，その会社の株式を取得できる権利**を表します。新株予約権を取得しただけでは，株式は取得していないため，配当を受け取ったり議決権を行使することはできません。新株予約権の権利を行使すると，あらかじめ決められた価格を支払うことによって，会社から株式の交付を受けて株主になることができます。

新株予約権は，**ストックオプション**などでも活用されています。会社が，取締役や従業員などに**新株予約権を無償で付与することで，株価と連動した報酬を提供**することができます。

2 新株予約権の発行

新株予約権の発行は，募集株式の発行と同様の手続で，公開会社では原則として**取締役会の決議**が必要です。ただし，第三者に対して**特に有利な条件で株式を割り当てる場合**は，**株主総会の特別決議**が必要になります。

株式譲渡制限会社の場合は，原則として**株主総会の特別決議**が必要ですが，定款に定めがあれば，取締役会の決議で発行できます。

新株予約権が行使された場合，会社は新株予約権者に対して，新株もしくは所有する自己株式を交付する義務があります。

3 取得条項付新株予約権

会社は，一定の事由が生じたことを条件として，**発行済みの新株予約権を取得できるような条項**をつけることができます。このような新株予約権を**取得条項付新株予約権**と呼びます。

まとめcheck　□1　新株予約権の決議要件は何か。

取得条項付新株予約権は，**買収防衛策**として使われることがあります。あらかじめ既存の株主に対して取得条項付新株予約権を与えておき，敵対的買収者が現れたときに，会社が新株予約権を取得することで，既存の株主に株式を大量に交付するものです。これにより，敵対的買収者の持株比率の低下を図ります。ただし，株主平等の原則に反する場合には認められません。

4 社債の発行

社債は，簡単に言えば，不特定多数の人からの借金です。社債は，会社法の規定によって，**会社が割り当てし，所定の条件で償還**する必要があります。

株式が自己資本となるのに対して，社債は**負債**となります。また，株式では株主は，業績に連動した剰余金からの配当を受けるのに対して，社債の債権者は，業績にかかわらず所定の条件で利息を受けることができます。

社債は，**取締役会の決議**（取締役会不設置会社は取締役）で発行します。

5 新株予約権付社債

社債の種類には，普通社債の他に，**新株予約権付社債**があります。新株予約権を行使することで，株式の交付を受けることができます。このとき，社債の部分がどうなるかについて，次の２種類があります。

転換条項付新株予約権付社債	新株予約権を行使した場合には，**社債は償還**されて，**株式が交付**される。
転換条項がない新株予約権付社債	新株予約権を行使した場合でも，**社債は償還されずに残り**，さらに**株式が交付**されます。 新株予約権付社債は，社債よりも新株予約権としての性質を多く持っているため，発行に際しては**新株予約権の規定**が適用される。

6 社債管理者

社債は償還期間が長いため，社債の管理を適切に行うために，原則として**社債管理者**を置くことが必要となっています。社債管理者には，銀行や信託会社がなることができます。社債管理者は，社債を発行する会社から委託を受けて，社債の弁済，債権の保全など社債全般の管理を行います。

Answer　□１　公開会社：取締役会の決議　株式譲渡制限会社：株主総会の特別決議

　重要度 A B C

分野2　会 社 法

2-6 株式会社の計算

ポイント　資本金は，会社の財産の基盤となるものです。資本金は，株式の発行によって，株主から払い込まれた金額から構成されます。資本金は，会社が実際に所有している金額とは異なります。

1 資本金と資本準備金

① 資本金の最低金額

現在の会社法では，資本金の最低金額は定めがなく，ゼロ円でも会社を設立することができます。また，資本金の額は登記する必要があります。

② 資本準備金への組み入れ

資本金は，原則として会社の設立や株式の発行の際に，株主から払い込まれた財産の額となります。ただし，株主から払い込まれた金額のうち，**2分の1を超えない額**については**資本準備金**に組み入れることができます。

③ 増資と減資

資本金は，株式発行によって**増資**することができます。**減資**は，会社の財産基盤を危うくするおそれがあるため原則として株主総会の特別決議が必要です。

④ 債権者保護手続

減資をする場合には，会社の債権者に不利益となるおそれがあるため，**債権者保護手続**が必要です。

債権者保護手続では，株式会社は，**官報に減資の内容や会社の計算書類を公告**します。また，債権者は，公告から１カ月以内に異議を申し立てることができます。債権者が異議を申し立てた場合には，株式会社は，弁済や担保の提供などをする必要があります。

2 配当

① 配当の制限

株式会社の活動によって得られた利益は，配当することによって株主に分配

まとめcheck　□1　剰余金を配当する際の準備金の積み立てについて述べなさい。

します。ただし，配当を無制限に行うと，会社の財産基盤を危うくするおそれがあるため，一定の規制があります。配当可能な額のことを**分配可能額**と呼びます。剰余金の額を基準にして，自己株式の帳簿価額や自己株式の処分対価などを控除するなどの調整を行って計算します。また，純資産の額が300万円を下回る場合には，配当を行うことはできません。

② 配当の時期と手続

配当はいつでも可能ですが，原則として株主総会の普通決議が必要になります。

③ 準備金の積み立て

剰余金の配当をする場合には，**配当額の10分の１**を，資本準備金または利益準備金として計上する必要があります。ただし，準備金の合計額が**資本金の４分の１**に達していれば，準備金への積み立ては必要ありません。

3 計算書類

① 計算書類の作成と保存

株式会社では，決算や事業の内容を記載した計算書類を作成し，**10年間保存**する義務があります。

計算書類には，**貸借対照表**，**損益計算書**，**株主資本等変動計算書**，**個別注記表**，**附属明細表**などがあります。これらの計算書類は取締役が作成します。会計参与設置会社では，会計参与は取締役と共同して計算書類を作成します。

② 監査と承認

監査役設置会社では，計算書類は監査役の監査を受ける必要があります。計算書類は，原則として株主総会で承認を受ける必要があります。

③ 決算公告

株式会社は，定時株主総会の終結後遅滞なく貸借対照表を公告する必要があります。さらに，大会社では，貸借対照表に加えて損益計算書も公告する必要があります。

決算公告は，官報や日刊新聞への掲載など定款に定めた方法で公告します。また，現在では，WEBサイトを使用する**電子公告**も認められています。

Answer □1 配当額の10分の１を資本準備金または利益準備金として計上（準備金の合計額が資本金の４分の１に達していれば必要なし）

重要度 A B C

分野2　会　社　法

2-7 事業再編① 合併と会社分割

ポイント　事業再編には，さまざまな形態があります。事業再編の種類ごとに，その特徴を見ていきましょう。

1 合併

合併は，2つ以上の会社が契約によって1つになることです。合併の種類には，**吸収合併**と**新設合併**があります。

吸収合併は，**複数の会社のうち1つの会社が存続し，残りの会社は消滅**するものです。吸収合併では，合併によって消滅する会社の権利義務の全部を，合併後に存続する会社が承継します。

例えば，A社がB社を吸収合併するケースでは，A社はB社の権利義務を承継し，B社は消滅します。また，消滅するB社の株式を持っているB社の株主には，合併の対価としてA社の株式が割り当てられます。これにより，以前のB社の株主は，新たにA社の株主となります。

新設合併は，**新たな会社を設立し，元の会社は消滅する**ものです。新設合併では，合併前に存在した会社は消滅し，それらの会社の権利義務の全部を，新しく設立した会社に承継します。

例えば，A社とB社が新設合併を行ってC社を設立するケースでは，C社はA社とB社の権利義務を承継し，A社とB社は共に消滅します。また，消滅するA社とB社の株主は，

●合併

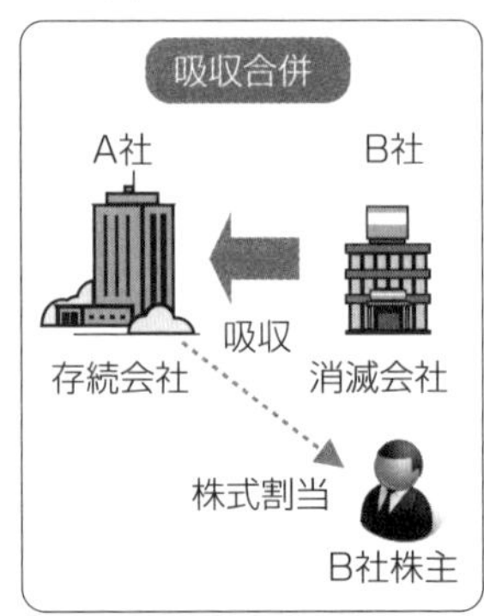

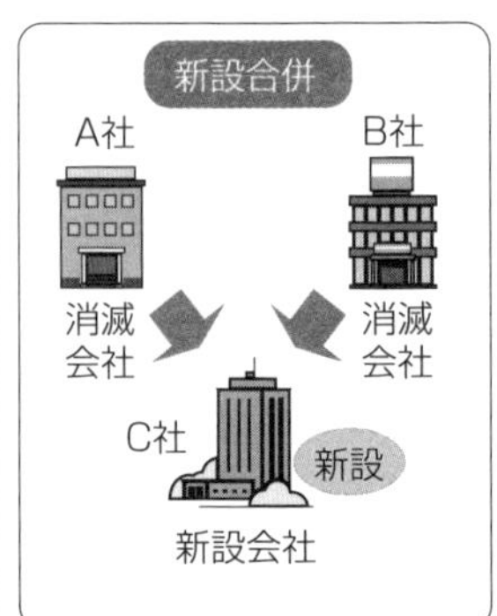

まとめcheck　□1　事業再編において，合併と会社分割の種類を述べなさい。

C社の株式が割り当てられるため，C社の株主となります。

2 会社分割

会社分割は，会社が事業の一部または全部を，他の会社に承継させることです。会社分割にも，**吸収分割**と**新設分割**という2つの種類があります。

吸収分割は，**分割した事業を別の会社が承継する方法**です。吸収分割は，事業を他の会社に売却したいときなどに使われます。例えば，A社の事業Xを，吸収分割によってB社に承継させることができます。

新設分割は，**分割した事業を新しく設立した会社が承継する方法**です。新設分割は，事業を切り離して分社化したいときなどに使われます。例えば，A社の事業Xを，新設分割によって切り離し，新しく設立したB社でこの事業Xを行うことができます。

会社分割では，事業を承継する会社は，**対価として株式**を発行します。この株式は，事業を分割した会社または，事業を分割した会社の株主に割り当てられます。

新設分割では会社を新しく設立しますが，新設会社が発行したすべての株式は，事業を分割した会社または株主に割り当てられます。このとき，事業を分割した会社に新設会社の株式を割り当てた場合は，分割会社が新設会社の株式をすべて所有するため，**完全親会社**と**完全子会社**の関係が成立します。

●会社分割

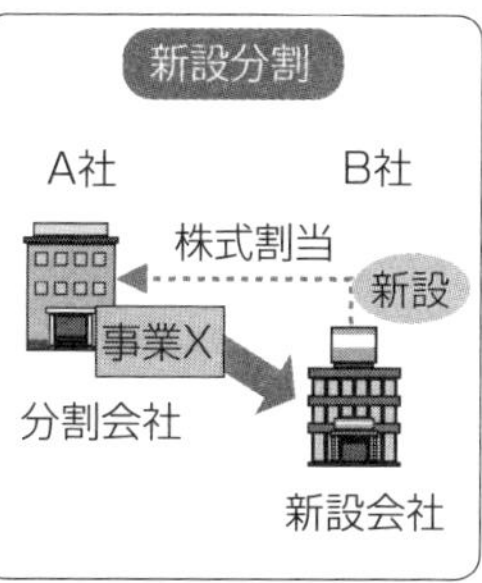

重要度 A B C

分野2　会 社 法

2-8 事業再編② 株式交換・株式移転

ポイント　株式交換と株式移転は，株式会社が株式の全部を，他の会社に承継させることです。これによって，親会社と子会社の関係を作ることができます。

1 株式交換

株式交換は，**ある会社の株主が所有しているすべての株式を，他の会社の株式と交換する方法**です。これにより，既存の2社が完全親会社と完全子会社の関係になります。

例えば，B社の株主が所有しているB社の株式と，A社が保有しているA社の自己株式を交換します。そうすると，B社の株主は，B社の株式の代わりにA社の株式の交付を受けることになるため，A社の株主となります。また，A社は，B社のすべての発行済み株式を所有することになるため，A社が完全親会社，B社が完全子会社となります。A社から見た場合は，自己株式を交付することで，B社を**買収**できたことになります。

●株式交換

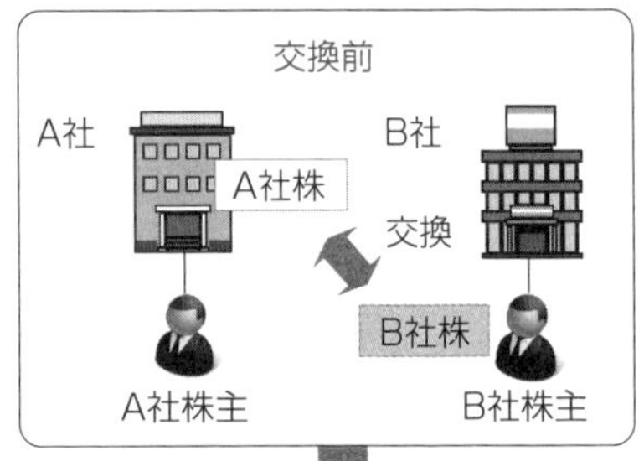

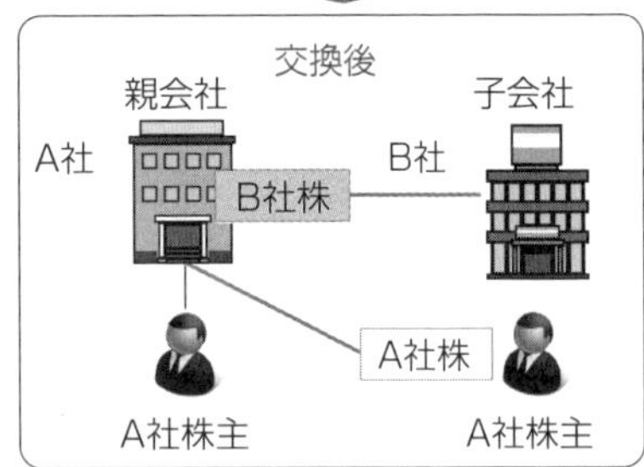

まとめcheck　□1　株式交換・株式移転をする場合の決議要件は何か。

2 株式移転

株式移転は，**新たに会社を設立し，新設した会社との間で株式を交換する方法**です。これにより，**新設会社が親会社**となります。

例えば，A社を新しく設立し，B社の株主が所有しているB社の株式を，A社の発行する株式と交換します。そうすると，B社の株主は，B社の株式の代わりにA社の株式の交付を受けることになるため，A社の株主となります。また，A社は，B社のすべての発行済み株式を所有することになるため，A社が完全親会社，B社が完全子会社となります。

株式移転は，複数の会社の場合でも行うことができます。この場合は，親会社が1社新設され，もとの会社はすべて子会社となります。このように，株式移転を利用すると，**持株会社**を作ることができます。持株会社は，企業グループの親会社として，子会社を支配する会社です。

株式交換や株式移転を行う場合には，株式交換の場合は株式交換契約，株式移転の場合は株式移転計画を作成し，原則として**株主総会の特別決議**による承認を受けることが必要です。

株式移転

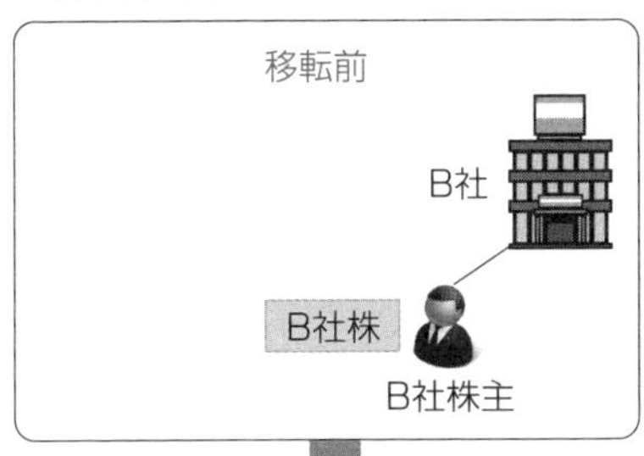

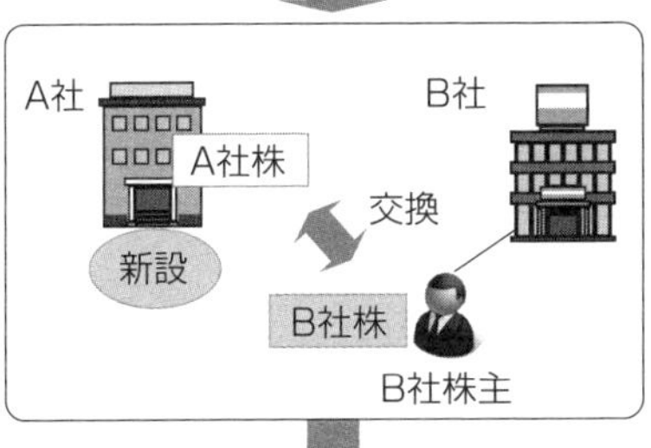

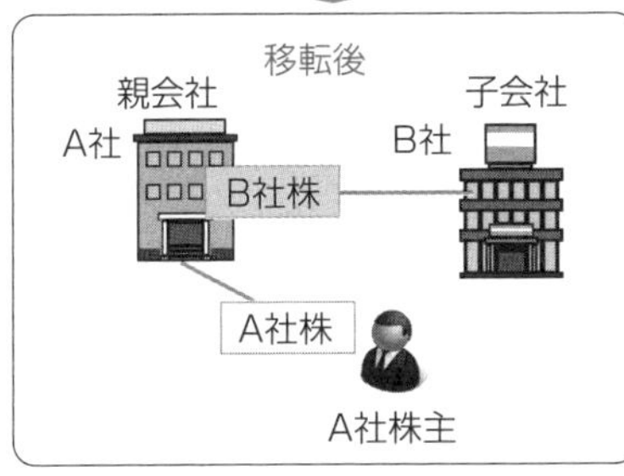

Answer □1 株主総会の特別決議

分野2　会 社 法

2-9 事業再編③ 事業譲渡・簡易組織再編

ポイント　事業譲渡は，会社の事業の全部または一部を他の会社に譲渡することです。事業譲渡は，営業譲渡と呼ばれることもあります。

1 事業譲渡

事業譲渡は，会社分割と似ていますが，いくつかの点で異なっています。

●事業譲渡

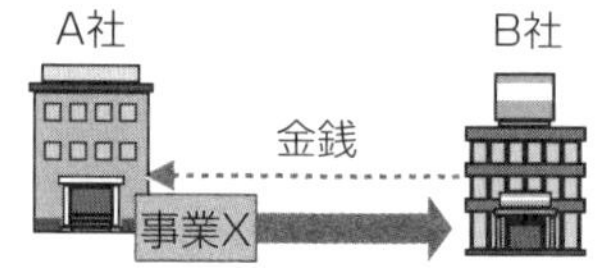

会社分割は，**1つの会社を2つの会社に分割**することと位置づけられるのに対して，**事業譲渡**は，会社を分割するのではなく，**事業を対象とした売買契約**を行うことと位置づけられます。そのため，会社分割では対価が原則として株式になるのに対して，事業譲渡では事業価値に見合った金銭が原則となります。

例えば，A社が所有する事業Xを，事業譲渡によってB社に売却することができます。

事業譲渡は，事業を対象とした売買契約であるため，基本的には当事者同士で，売買する事業範囲や対価を自由に決定できます。事業譲渡では，売り手と買い手の合意のもとで事業譲渡契約を結び，事業に関連する財産のみを売買します。

事業を全部譲渡する場合や，事業のうち重要な一部を譲渡する場合には，**株主総会の特別決議**の承認が必要になります。一方，事業の範囲が一定よりも小さい場合には，次に説明する簡易組織再編という手続が認められており，株主総会の決議が不要になります。

2 簡易組織再編

事業再編には原則として株主総会の承認が必要となります。ただし，規模が

まとめcheck　□1　吸収合併で簡易組織再編が認められるのはどのような場合か。

小さい場合には，**株主総会の承認が不要**となる**簡易組織再編**という手続があります。

① **吸収合併の場合**

吸収合併の場合は，合併の対価として交付する株式などの財産価額の合計が，**存続会社の純資産額の５分の１を超えない場合**に，簡易組織再編が認められます。この条件を満たす場合は，存続会社では株主総会の承認なしで吸収合併をすることができます。また，５分の１という比率は，定款に定めることによって低下させることもできます。

② **吸収分割の場合**

吸収分割の場合，承継会社では，分割の対価が承継会社の**純資産額の５分の１**を超えない場合，簡易組織再編が認められます。分割会社では，分割の対価が分割会社の**総資産額の５分の１**を超えない場合，簡易組織再編が認められます。純資産額ではなく総資産額の５分の１となる点に注意してください。

③ **新設分割の場合**

新設分割の場合，分割会社となる会社で簡易組織再編が認められています。この場合，分割の対価が分割会社の**総資産額の５分の１**を超えない場合，簡易組織再編が認められます。

④ **株式交換の場合**

株式交換の場合，完全親会社になる会社で簡易組織再編が認められています。この場合，株式交換で完全子会社の株主に交付する株式などの財産価額が，完全親会社の**純資産額の５分の１**を超えない場合，簡易組織再編が認められます。

⑤ **事業譲渡の場合**

事業譲渡の場合，譲受会社では，事業の対価として交付する財産価額が，**譲受会社の純資産額５分の１**を超えない場合は，簡易組織再編が認められます。譲渡会社では，譲渡する資産が，**譲渡会社の総資産額の５分の１**を超えない場合は，簡易組織再編が認められます。

このように，簡易組織再編の基準では，事業再編の対価が，純資産か総資産に占める割合を基に計算されます。存続や事業を承継する会社では，純資産額を基にしています。事業を分割したり譲渡する会社では，総資産額を基にしています。

Answer　□１　合併の対価として交付する財産価額の合計が存続会社の純資産額の５分の１を超えない場合

重要度 A B **C**

分野2　会　社　法

2-10 株式会社以外の組織

ポイント　株式会社以外の組織について学習します。

1 持分会社

持分会社には，**合名会社**，**合資会社**，**合同会社**があります。ここで，社員の地位のことを**持分**と呼びます。

① **有限責任社員と無限責任社員**

株式会社では，出資者である社員はすべて有限責任社員でしたが，合名会社と合資会社には，無限責任社員が存在します。**有限責任社員**は，会社が債務を払えない場合でも，**出資額を超えた責任はありません**。一方，**無限責任社員**は，会社が債務を払えない場合には，**個人の全財産で債務を弁済する責任**があります。

② **持分会社の特徴**

株式会社への出資は財産出資のみですが，**持分会社**の社員は，**財産出資以外にも労務や信用による出資**が認められています。また，持分会社は，取締役や監査役などの機関はなく，柔軟な機関設計や運営をすることができるため，小さい規模の会社に向いています。

③ **合名会社**

合名会社は，**無限責任社員だけ**からなる会社です。合名会社のすべての社員は，会社の債務について直接の無限責任を負います。合名会社の社員は，出資者であると同時に，原則として会社の業務を執行する**業務執行社員**となります。

④ **合資会社**

合資会社は，**無限責任社員と有限責任社員**から構成される会社です。よって，最低でも社員は２人以上から構成されます。

合資会社の無限責任社員は，会社の債務について直接の無限責任を負います。一方，合資会社の有限責任社員は，出資した財産の範囲内だけの責任を負います。無限責任社員の出資は，財産だけでなく労務・信用による出資が認められ

まとめcheck　□1　有限責任事業組合の課税形態の名称を答えなさい。

ますが，有限責任社員の出資は，財産による出資のみです。

また，無限責任と有限責任を問わず，原則として全員業務執行社員となります。

⑤ **合同会社**

合同会社は，**有限責任社員だけ**からなる会社です。合同会社は，米国のLLC（Limited Liability Company：有限責任会社）の日本版として導入されました。合同会社は，株式会社と同じように有限責任社員だけから構成されますが，株式会社よりも定款による自治の範囲が広く，設立などの手続が簡単という特徴があります。また，計算書類の公告義務や配当制限などの規制が株式会社よりも少ないため，少人数のベンチャー企業などに向いています。

合同会社でも，社員は原則として業務執行社員となります。

2 組合

組合は，契約に基づいて当事者が共同で事業を行うもので，法人格はありません。次のような種類があります。

① **有限責任事業組合**

一般に，合同会社がLLCと呼ばれるのに対して，有限責任事業組合は**LLP**（Limited Liability Partnership）と呼ばれます。

有限責任事業組合は，個人または法人が出資して，共同で事業を行うための契約です。各当事者は，**出資した額を限度とする有限責任**を負います。

有限責任の出資者による自治を行う点などは，合同会社と同様ですが，法人ではないため，組合ではなく組合員に直接課税されます（**パススルー課税**）。合同会社は，会社に対して法人税が課税され，さらに社員の所得に対して所得税などが課税されます。

② **投資事業有限責任組合**

投資事業有限責任組合は，**いわゆるファンドを構成するための組合**です。投資事業有限責任組合では，個人や法人が出資を行い，共同で株式の運用などの事業を行うことができます。

投資事業有限責任組合では，業務執行を行う組合員は無限責任となりますが，業務執行を行わない組合員は有限責任となります。よって，投資家は有限責任の組合員となることで，リスクを限定した投資を行うことができます。

Answer　□1　パススルー課税

過去問をピックアップ㉕　重要度 ★★★　難易度 ★★★

社外取締役の要件

平成27年第1問

以下の者のうち，X株式会社において，社外取締役の要件を満たさない者はどれか。なお，経過規定については考慮しないものとする。

ア　15年前まで，X株式会社に勤務していた者
イ　X株式会社の親会社の業務執行取締役
ウ　X株式会社の業務執行取締役の甥
エ　X株式会社の主要な取引先の業務執行取締役

解答・解説　**正解：イ**

ア　満たす　過去にX社の使用人等でありましたが，15年前までです。社外取締役の要件では「過去10年以内に使用人等となったことがないもの」となっていますので，この人は要件を満たしています。

イ　満たさない　親会社の取締役であるため，社外取締役の要件を満たしません。

ウ　満たす　経営者等の親族ではありますが，甥は３親等にあたります。社外取締役の要件では「２親等内の親族でないこと」となっていますので，この人は要件を満たしています。

エ　満たす　「主要な取引先」であり，親会社や兄弟会社であるという記述はありません。そのため，この人は社外取締役の要件を満たしています。

社外取締役の要件については，正確に押さえておきましょう。

過去問をピックアップ㉖　重要度 ★★★　難易度 ★★★

事 業 譲 渡

令和元年第2問

会社法が定める株式会社の事業譲渡に関する記述として，最も適切なものはどれか。なお，反対株主の買取請求権に関する会社法第469条第１項第１号および第２号については考慮しないものとする。

ア　事業譲渡の対価は，金銭でなければならず，譲受会社の株式を用いることはできない。

イ　事業譲渡をする会社の株主が，事業譲渡に反対する場合，その反対株主には株式買取請求権が認められている。

ウ　事業の全部を譲渡する場合には，譲渡会社の株主総会の特別決議によって承認を受ける必要があるが，事業の一部を譲渡する場合には，譲渡会社の株主総会の特別決議による承認が必要となることはない。

エ　当該事業を構成する債務や契約上の地位を譲受人に移転する場合，個別にその債権者や契約相手方の同意を得る必要はない。

解答・解説　　正解：イ

ア　×　事業譲渡の対価は当事者が自由に決定でき，金銭に限りません。

イ　○　事業譲渡をする会社の株主が，事業譲渡に反対する場合，その反対株主には株式買取請求権が認められています。

ウ　×　事業を全部譲渡する場合のほか，事業のうち重要な一部を譲渡する場合にも，株主総会の特別決議の承認が必要となります。

エ　×　事業譲渡において，当該事業を構成する債務や契約上の地位まで譲受人に移転するには，個別にその債権者や契約相手方の同意を得る必要があります。

事業譲渡の特徴は重要ですので，しっかり復習しておきましょう。

科目7

中小企業経営・政策

中小企業経営・政策の攻略法

1. 科目の全体像と試験の特徴

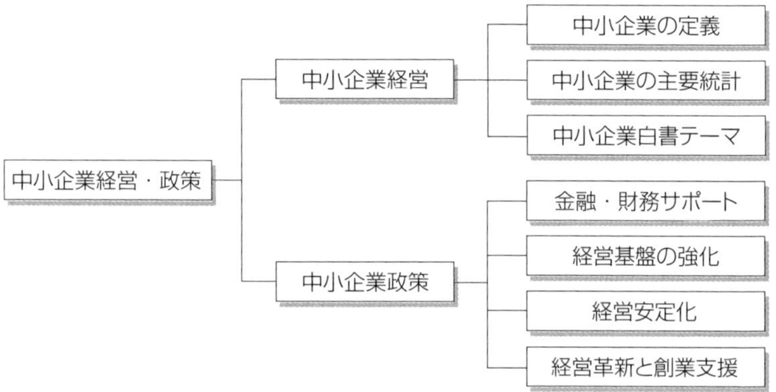

科目７　中小企業経営・政策は，中小企業をテーマとした科目です。本科目には，①**中小企業経営**と②**中小企業政策**という２つの分野があります。

①中小企業経営の分野では，中小企業の経営の動向や，課題などがテーマとなります。ほとんどの問題は，**前年度の中小企業白書**の内容から出題されます。中小企業白書は毎年刊行され，年度ごとにテーマが変わります。

そのため，試験でも，年度ごとにテーマが大きく変わります。これは，他の１次試験科目とは異なる特徴です。

②中小企業政策の分野では，政府等が行っている中小企業向けの各種政策から出題されます。中小企業庁をはじめとする政府各種機関は，法律に基づいて資金面や人材面，経営面など各種の中小企業に対する支援策を実施しています。中小企業政策では，主にこういった中小企業への支援策の内容が出題されます。

①中小企業経営と②中小企業政策は，どちらも覚える事項が多く**暗記科目**と言えます。覚えていれば正解ができる問題が多いため，短期間で得点を伸ばしやすい科目です。

本科目は２次試験には，ほとんど関係しない科目ですので，**１次試験で足切りにならない点を確実に取ることが重要です**（３頁参照）。

2．科目の攻略法と効率の良い勉強法

本科目には，①**中小企業経営**と②**中小企業政策**という２つの分野があります。本科目の試験の難易度はそれほど高くありません。重要事項を中心に集中的に学習すれば，短期間で十分合格点に到達することができます。

①中小企業経営の分野で中心となるのは**中小企業白書**です。これは非常にボリュームがある資料で，数多くの統計が含まれています。試験では，こういった統計から出題されることもあります。しかし，すべての統計の数値を暗記することは不可能ですし，すべてを暗記しなくても十分に合格点は取れます。

この分野を効率的に学習するポイントは，最初に，中小企業白書の全体のストーリーを大まかに押さえることです。その上で，ストーリーにそって重要な統計を学習すると覚えやすくなります。

次に，ストーリーを構成する上で特徴的な事実や，ストーリーにそわないような例外部分を重点的に暗記します。こうすることで，すべての統計の詳細を覚えなくても，大半の問題には対応できるようになります。

また，中小企業白書の各統計のグラフや表には，その統計の特徴を表すサブタイトルがつけられていますが，これを覚えるのがポイントです。サブタイトルは，白書の編纂者（へんさんしゃ）の意図が込められていますので，サブタイトルを覚えると，白書の編纂意図や重要とされている統計上のポイントがわかります。

また，個々の統計を学習するコツは，数字の大小や順位，上位／下位のもの，他と違う部分などに注目することです。このような点だけ覚えておけば，すべての数字を覚えなくても正解することができるようになります。

なお，過去問練習をするときには注意が必要です。それは，毎年の白書の内容が大きく変わっているからです。そのため，過去問は，内容を覚えることを目的とするのではなく，出題の形式やよく出題される統計を把握することに使いましょう。

また，白書の内容でも，統計に関する内容（付属統計資料）は毎年ほぼ

同じ形式になっており，この部分は試験でも特定の部分がよく出題されています。過去問で出題形式などを押さえつつ，統計のポイントを覚えておきましょう。

②中小企業政策は，各種の**中小企業施策**から出題されます。この中小企業施策は，**中小企業施策利用ガイドブック**等に記載されています。

数多くの施策がありますが，すべての施策を細かく覚える必要はなく，過去の試験でよく出題されているものを中心に学習するのがポイントです。

政策については，支援の内容，支援を受けるための要件や制約，実施主体などを整理して覚えることが重要です。

また，中小企業政策は，毎年かなり変わります。施策の新設や，廃止，内容の変更などが頻繁に行われているからです。

そのため，過去問練習をする際には，必ず**現時点**の政策を確認しておくことが重要です。

分野1　中小企業経営

1-1 中小企業の定義

ポイント　一般的に「中小企業」という言葉は，大企業と比べて小さい会社という意味で使われていますが，法律的には，中小企業基本法の中に中小企業の定義があります。まず，この定義をしっかり押さえておきましょう。

1 中小企業とは

中小企業基本法では，中小企業を**資本金**と**従業員の規模**によって定義しています。また，業種ごとに異なる基準が適用されます。この業種は4つに分類されています。

その業種とは，①製造業その他，②卸売業，③サービス業，④小売業です。②③④に当てはまらない業種は，①製造業その他に含まれます。例えば，建設業や運輸業は，①に分類されます。

つまり，①製造業その他については，**資本金が3億円以下または従業員数が300人以下が中小企業**になります。どちらかの基準を満たせばOKで，例えば，資本金が5億円でも従業員数が200人であれば，中小企業となります。

②卸売業の場合は，**資本金が1億円以下，または従業員数が100人以下が中小企業**となります。

③サービス業の場合は，**資本金が5千万円以下または従業員数が100人以下が中小企業**となります。

④小売業の場合は，**資本金が5千万円以下または従業員数が50人以下が中小企業**となります。

なお，中小企業白書において**中規模企業**という表現が出てきますが，これは，後述する**小規模企業以外の中小企業**を指します。

注）統計の最新情報は以下で確認できます。すべての数字を暗記する必要はありませんが，他と違う特徴的な部分や，上位の数件などのポイントを押さえておきましょう。

まとめcheck　□1　サービス業における中小企業の資本金と従業員数の要件を述べなさい。

■中小企業庁　中小企業白書のページ
http://www.chusho.meti.go.jp/pamflet/hakusyo/

◎中小企業／小規模企業の定義

業種	中小企業（下記のいずれかを満たすこと）		小規模企業
	資本金	従業員数	従業員数
①製造業その他（②～④を除く）	３億円以下	300人以下	20人以下
②卸売業	１億円以下	100人以下	５人以下
③サービス業	５千万円以下	100人以下	
④小売業	５千万円以下	50人以下	

この基準を覚えるためのコツがあります。それは，業種別の規模の大小と，**３・１・５という数字に注目**することです。

業種別の規模の大小は，製造業が最も大きく，次に卸売業，サービス業，小売業という順番になります。製造業には規模の大きい会社が多く，小売業は小さい会社が多いということはイメージしやすいと思います。

次に，この順番で，資本金の頭の数字を見ると，３・１・５・５の順番になります。サービス業と小売業が共に５（５千万）となることに注意しましょう。

また，この順番で，従業員数の頭の数字を見ると，３・１・１・５の順番になります。サービス業以外は，資本金の数字と一緒になることに注目しましょう。

2 小規模企業とは

中小企業基本法では，**中小企業の中でも，特に規模が小さい会社**のことを**小規模企業**と呼んでいます。

小規模企業の基準は，従業員数の規模だけで定義されています。

業種が①製造業その他の場合は，**従業員数が20人以下**の企業が小規模企業となります。それ以外の業種では，**従業員数が５人以下**の企業が小規模企業となります。

小規模企業が全体の85％以上も占めることに鑑み，2015年より中小企業白書（52回目）に加えて小規模企業白書が作られています。

Answer　□1　資本金５千万円以下，または従業員数100人以下

過去問をピックアップ㉗　重要度 ★★★　難易度 ★★★

中小企業者と小規模企業者の定義　平成23年第12問

中小企業基本法の定義に基づく，中小企業者と小規模企業者に関する記述の正誤について，最も適切なものの組み合わせを下記の解答群から選べ。

a　資本金１億円で従業員数が30人の食品小売業者は中小企業者に該当し，資本金１千万円で従業員数５人の食品小売業者は小規模企業者に該当する。
b　資本金５億円で従業員数が200人の運輸業者は中小企業者に該当し，資本金１千万円で従業員数５人の運輸業者は小規模企業者に該当する。

［解答群］
ア　a：正　b：正
イ　a：正　b：誤
ウ　a：誤　b：正
エ　a：誤　b：誤

解答・解説　正解：ア

中小企業者と小規模企業者の定義に関する出題です。毎年出題されている論点ですので，確実に正解したい問題です。
それでは中小企業者と小規模企業者の定義について簡単に復習してみましょう。
まず中小企業者の定義からです。

製造業その他は，資本金３億円以下または従業者数300人以下。
卸売業は，資本金１億円以下または従業者数100人以下。
サービス業は，資本金５千万円以下または従業者数100人以下。
小売業は，資本金５千万円以下または従業者数50人以下。

となっています。
次に，小規模企業者の定義です。

製造業その他は，従業員20人以下。
商業・サービス業は従業員５人以下。

となっています。

ここまで押さえた上で問題文を見ていきましょう。

a 「食品小売業」は中小企業者の定義では「小売業」に該当し，小規模企業者の定義では「商業・サービス業」に該当します。資本金１億円，従業員数30人というのは，中小企業者の定義では，資本金基準は満たしていませんが，従業員基準は満たされており，中小企業者に該当します。資本金１千万円，従業員数５人というのは，従業員基準５人以下に該当し，小規模企業者に該当します。小規模企業者の判定に資本金は一切関係がないことに注意してください。よってａは正しい内容です。

b 「運輸業」は中小企業者の定義と小規模企業者の定義ではともに「製造業その他」に該当します。「サービス業」ではない点に注意してください。資本金５億円，従業員数200人というのは，中小企業者の定義では，資本金基準は満たしていませんが，従業員基準は満たされており，中小企業者に該当します。資本金１千万円，従業員数５人というのは，小規模企業者の定義では，従業員基準20人以下に該当し，小規模企業者に該当します。よってｂも正しい内容です。

したがって選択肢アが正解です。

中小企業者と小規模企業者の定義は頻出分野ですので，必ず復習しておきましょう。

分野2　中小企業政策

2-1 中小企業基本法

ポイント　中小企業は，日本経済を支える重要な役割を果たしています。このような中小企業を成長・発展させるために，政府は中小企業を支援する各種政策を実施しています。この中小企業政策の基本になっている法律が，**中小企業基本法**です。

1 中小企業基本法の制度の経緯

中小企業基本法は1999年に大きく改正されました。中小企業を取り巻く環境が大きく変化し，それに伴って中小企業政策を見直すためです。

改正前の法律では，**中小企業は，大企業に比べて弱い存在であるため，保護や指導が必要**だという考え方がされていました。しかし，改正後の法律では，中小企業は**日本経済の活力の源泉と捉え，さらに発展させていくために国が支援をするという考え方**となっています。

中小企業診断士試験では，中小企業基本法の概要が問われることがありますので，ポイントを見ておきましょう。

2 中小企業基本法の概要

①　目的

中小企業基本法の目的は，中小企業政策について基本理念・基本方針を定めるとともに，国および地方公共団体の責務などを規定することにより，中小企業に関する施策を総合的に推進し，国民経済の健全な発展および国民生活の向上を図ることとされています。

簡単に言えば，中小企業基本法は，国が行う中小企業政策の基本方針を定めている法律です。この法律に基づいて，中小企業への各種の政策が施行されています。

②　中小企業像

改正後の中小企業基本法における中小企業像は，多様な事業分野において特

まとめcheck　□1　改正後の中小企業基本法の中小企業像のポイントを述べなさい。

色ある事業活動を行い，多様な就業機会を提供し，個人がその能力を発揮しつつ事業を行う機会を提供することにより我が国の経済の基盤を形成しているものとされています。ここでは，これまでの**弱者**ではなく，**日本経済の活力の源泉**という位置づけに変化しています。

③ **中小企業に期待する役割**

また中小企業に対して期待している役割として，**新たな産業の創出**，**就業の機会の増大**，**市場における競争の促進**，**地域における経済の活性化**を挙げています。

④ **基本理念**

中小企業基本法の基本理念では，**独立した中小企業者の自主的な努力**が前提となっており，**これを支援するのが国の責務**としています。これにより，中小企業の経営の革新および創業が促進され，経営基盤が強化され，経済・社会環境の変化への適応が円滑化されることにより，多様で活力ある成長発展を図るのが基本理念です。

⑤ **基本方針**

また，この基本理念を実現するために，基本方針が定められています。

基本方針では「経営の革新および創業の促進」「中小企業の経営基盤の強化」「経済的社会的環境の変化への適応の円滑化（セーフティネットの整備）」「中小企業に対する資金供給の円滑化および中小企業の自己資本の充実」という4つの政策の柱があります。

3 小規模基本法と小規模支援法

中小企業の中でも特に経営基盤が弱い小規模企業に対して支援をするために，2014年に「小規模企業振興基本法（小規模基本法）」および「商工会及び商工会議所による小規模事業者の支援に関する法律の一部を改正する法律（小規模支援法）」が閣議決定されました。小規模基本法は，小規模企業を中心に据えた新たな施策の体系を構築するものです。小規模支援法は，商工会および商工会議所を中心とした，小規模事業者への支援体制を整備するものです。

Answer □1 弱者から日本経済の活力の源泉という位置づけへの変化。

分野2　中小企業政策

2-2 金融サポート

ポイント　中小企業の資金調達は，借入に依存している割合が高く，全体的に厳しい資金調達環境になっています。そのため，中小企業への資金供給を行うための，各種の政策があります。

1 政府系金融機関

まず，政府系金融機関の融資制度があります。

政府系金融機関には，現在，**株式会社日本政策金融公庫**と**商工組合中央金庫（商工中金）**があります。

日本政策金融公庫は，2008年10月に，従来の国民生活金融公庫，中小企業金融公庫などを統合して設立された全額政府出資の金融機関です。一般の金融機関が行う金融を補完し，中小企業者，国民一般，農林水産業者などの資金調達を支援することを目的としています。

日本政策金融公庫の事業には，従来の中小企業金融公庫にあたる**中小企業事業**と，国民生活金融公庫にあたる**国民生活事業**があります。

2 信用保証制度

信用保証制度は，**中小企業の信用力を補完することで，中小企業が民間の金融機関から融資を受けやすくする制度**で，**信用保証協会**が実施しています。**信用保証協会**は，中小企業の資金調達を円滑にすることを目的に，信用保証協会法に基づき設置された認可法人で，全国に51カ所あります。

信用保証協会が信用保証を行うことにより，中小企業が金融機関からの融資を受けやすくします。

万が一，債務の返済ができなくなった場合は，中小企業者に代わって信用保証協会が債務の**代位弁済**を行います。代位弁済をした後は，信用保証協会が中小企業者から債権の回収を行うことになります。

金融機関にとっては一種の保険となるため，信用力の低い中小企業への融資

まとめcheck　□1　信用保証制度の役割は何か。

がしやすくなります。

ただし，中小企業者が信用保証をしてもらうためには，中小企業の経営状態に応じた**保証料**を信用保証協会に支払う必要があります。

信用保証を受けられる対象は，個人または法人・組合等で事業を営む中小企業者です。ただし，農業，林業，漁業，金融・保険業など一部の業種を除きます。

●信用保証制度の仕組み

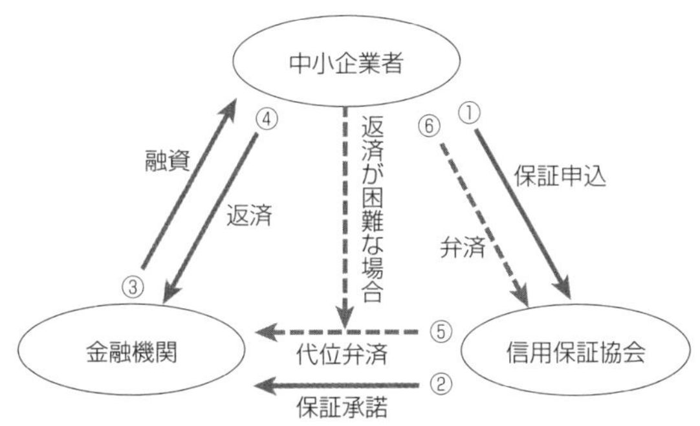

3 セーフティネット保証制度

セーフティネット保証制度は，取引先の倒産や，災害，取引金融機関の破綻などにより，**経営の安定に支障をきたしている中小企業に対して，信用保証協会が一般保証とは別枠で保証を付与する制度**です。

対象となる企業は，取引先の倒産や，災害，取引金融機関の破綻などにより影響を受けている中小企業者で，市町村長の認定を受けた者です。

セーフティネット保証を受けるためには，本店所在地の市町村長の認定を受ける必要があります。認定を受けた企業は，信用保証協会から一般保証とは別枠の保証を受けることができます。

Answer □1 中小企業の信用力の補完

分野2　中小企業政策

2-3 財務サポート

ポイント　中小企業には，税金についてのさまざまな優遇策があります。こういった施策を活用することで，税負担を軽くし，自己資本を充実させることができます。

1 法人税の軽減税率

中小企業では，**大企業と比べて低い法人税率**が適用されます。具体的には，期末資本金が1億円以下の中小法人では，法人税が軽減されます。

中小企業の法人税率は，年間所得が800万円を超える部分には法人税率23.2%が適用され，年間所得が**800万円以下の部分**には**法人税率15%**が適用されます（適用除外事業者を除く）。

適用除外事業者とは，その事業年度の開始の日前3年以内に終了した各事業年度の所得金額の年平均額が15億円を超える法人等をいいます。

●法人税率

対象	法人税 （本則）	
大企業	所得区分なし	23.2%
中小企業 （資本金1億円以下）	年所得800万円超の部分	23.2%
	年所得800万円以下の部分	15%

2 中小企業投資促進税制

中小企業投資促進税制は，**中小企業が機械・装置などの設備投資をする際に，税額を控除することができる制度**です。

対象となる設備は，機械装置や，電子計算機，デジタル複合機，ソフトウェアなどで，取得価額の下限が定められています。

このような設備を取得した場合は，7%の**税額控除**（個人事業主，資本金3千万円以下の法人のみ），もしくは，30%の**特別償却**を行うことができます。

まとめcheck　□1　欠損金の繰越とはどのような制度か。

税額控除は，支払税額から一定額を控除することで，これによって法人税額が少なくなります。特別償却は，通常の減価償却費とは別枠で，特別に償却費を計上できる制度です。経費に特別償却を上乗せすることによって，所得が減少するため，法人税額が少なくなります。

3 欠損金の繰越

法人税は，益金から損金を引いた所得額を基に税額を計算します。ここで，**所得額がマイナスになった場合**は，それを**欠損金**と呼びます。欠損金は，税務上の赤字を表します。

当期の所得額がプラスであれば，その額に応じた法人税を支払う必要があります。しかし，過去に欠損金が発生していた場合は，当期の黒字と過去の赤字を相殺することが認められています。これによって，当期の法人税額を軽減することができます。これが，欠損金の繰越制度です。

例えば，前期に100万円の欠損金が発生し，当期の所得が100万円だった場合は，前期の赤字と当期の黒字を相殺して，当期の課税所得を０円とすることができます。そうすると，当期の法人税は発生しません。

欠損金の繰越は，最大10年間行うことができます。10年間かけても黒字と相殺できない赤字がある場合は，その分は相殺の対象から外れます。

Answer □1 当時の黒字と過去の赤字の相殺により当期の法人税額を軽減できる。

　重要度 A B C

分野2　中小企業政策

2-4 経営基盤の強化

ポイント　中小企業政策では，中小企業の経営資源の強化を支援するための，各種の施策を実施しています。ここでは人材と知的財産に関する支援について見ていきます。

1 人材支援

①　雇用調整助成金

雇用調整助成金は，景気の変動等により事業の縮小を余儀なくされた企業が，休業，教育訓練，出向等を行うことにより，**雇用を維持**する際に費用の助成をする制度です。この制度は中小企業に限定されない制度です。

助成率は，原則，休業手当や費用に相当する額の3分の2の金額となります。この制度を利用するための要件として，売上や生産量が一定以上減少しており，休業・教育訓練・出向のいずれかを行う事業主である必要があります。

②　特定求職者雇用開発助成金

特定求職者雇用開発助成金は，60歳以上の高齢者や，障害者等特に就職が困難な人を**雇い入れ**た企業に対する助成金です。助成金の金額は，対象労働者などによって定められています。

③　トライアル雇用助成金

トライアル雇用助成金は，職業経験の不足などから就職が困難な求職者を**トライアル雇用**（原則3カ月）する場合に支給される奨励金です。トライアル雇用は，常用雇用への移行を前提としたものではありますが，常用雇用が義務づけられているものではありません。

④　人材開発支援助成金（旧キャリア形成促進助成金）

人材開発支援助成金は，労働者の**職業能力向上**のための助成金です。

この制度では，労働者のキャリア形成を促進する，職業訓練や自発的能力開発等を実施する企業に，助成金が支給されます。助成率は，職業訓練や，自発的能力開発の内容によって定められています。

まとめcheck　□1　人材支援に関しどのような助成金があるか。

⑤ 中小企業退職金共済制度

従業員の退職金を支援する制度として**中小企業退職金共済制度**があります。

中小企業退職金共済制度は，単独では退職金制度を設けることが困難な中小企業者が，共済の仕組みによって**退職金制度**を利用できる制度です。**勤労者退職金共済機構**が運営しています。

制度の仕組みは，中小企業者が勤労者退職金共済機構と共済契約を結び，従業員ごとに事業主が毎月の掛金を納付します。従業員が退職したときには，同機構から所定の退職金が直接従業員に支払われます。また，税法上の特典として，中小企業者の場合は**掛金が損金**として算入でき，全額非課税となります。

2 知的財産に関する支援（知財総合支援窓口）

知財総合支援窓口は，知的財産に関する**相談窓口**です。知財総合支援窓口は，都道府県ごとに設定されており，相談対応する支援人材が配置されています。中小企業等の知的財産に関する悩みや課題についてその場で解決を図るワンストップサービスを提供しています。

Answer　□1　雇用調整助成金　特定求職者雇用開発助成金　トライアル雇用助成金
人材開発支援助成金

重要度 **A** B C

分野2　中小企業政策

2-5 組　合

ポイント　中小企業の経営資源は限られているため，他社との連携を図り，経営資源の不足を補うことが重要になります。中小企業の連携の方法として，組合があります。組合にはさまざまな種類があります。

1 事業協同組合

事業協同組合は，中小企業者が**4社以上集まり，共同で事業を行うための組合**です。

事業協同組合を設立することにより，中小企業者が共同で新技術・新商品開発を行ったり，共同で生産・加工・販売する事業を行うことができます。

2 企業組合

企業組合は，個人または法人が**4人（社）以上集まり，共同で事業を行うための組合**です。企業組合は，個人または法人が集まって創業するための，簡易な会社というような組織です。そのため，**組合員の2分の1以上は，組合の行う事業に従事**しなければなりません。そして，原則として組合の事業に従事して報酬を受ける勤労者的存在となります。なお，企業組合は，株式会社と同じように有限責任となっています。

3 協業組合

中小企業団体の組織に関する法律に基づく組合として，**協業組合**，**商工組合**などがあります。このうち，特に重要な，協業組合を見ていきましょう。

協業組合は，**中小企業者が，それぞれ営んでいた事業を統合して，共同事業を行うための組合**です。合併と違い，共同で実施したい事業のみを統合することができます。

協業組合を利用すれば，生産工程の一部を共同で行ったり，仕入や販売などを共同で行うことができます。

まとめcheck　□1　「中小企業団体の組織に関する法律」に基づく組合には何があるか。

4 商店街振興組合

商店街振興組合は，**地域の商店街として，共同で経済事業や環境整備事業などを行うための組合**です。商店街が商店街振興組合を設立することにより，法人格が与えられるため共同事業が行いやすくなります。また，国による助成金や融資，税制面の優遇策などがあります。

商店街振興組合を設立するには，小売業やサービス業を営む者が30人以上近接して商店街を形成している必要があります。また，その地区内の組合員資格者の３分の２以上が組合員となり，かつ組合員の２分の１以上が小売業またはサービス業を営む者である必要があります。

●組合のまとめ

	事業協同組合	企業組合	協業組合	商店街振興組合
設立要件	４人以上の事業者	４人以上の個人／法人	４人以上の事業者	30人以上が近接してその事業を営むこと
発起人数	４人以上	４人以上	４人以上	７人以上
組織変更	協業組合へ 株式会社へ	協業組合へ 株式会社へ	株式会社へ	
根拠法規	中小企業等協同組合法	中小企業等協同組合法	中小企業団体の組織に関する法律	商店街振興組合法

Answer □1　協業組合　商工組合

重要度 

分野2　中小企業政策

2-6 取引適正化

ポイント　一般に，中小企業は，大企業との下請取引を行う割合が多くなっています。下請取引では，親事業者からの不公正な取引を要請されるおそれがあるため，下請取引の適正化を図るための法律が定められています。ここでは，特に重要な**下請代金支払遅延等防止法**を学習します。

1 下請代金支払遅延等防止法による取引適正化

下請代金支払遅延等防止法は，**下請代金の支払遅延などの防止により，不公正な取引の規制と下請事業者の利益保護を目的とした法律**です。

この法律では，**親事業者**と**下請事業者**の定義がされており，この定義に該当する場合は法律の規制の対象となります。また，取引の内容によって，2種類の定義があります。これは，下の図を見ながら確認するとよいでしょう。

●下請取引の範囲

1　物品の製造・修理委託，プログラム作成，運送・保管

	親事業者		下請事業者
①	資本金　3億円超	➡	資本金　3億円以下（個人含む）
②	資本金　1,000万円超～3億円以下	➡	資本金　1,000万円以下（個人含む）

2　（プログラムを除く）情報成果物作成，役務提供委託

	親事業者		下請事業者
①	資本金　5,000万円超	➡	資本金　5,000万円以下（個人含む）
②	資本金　1,000万円超～5,000万円以下	➡	資本金　1,000万円以下（個人含む）

①　親事業者の義務

ここまでの定義に当てはまる場合は，親事業者には義務が適用されます。

まとめcheck　□1　下請取引を適正化するための法律とは何か。

書面の交付義務	親事業者が発注する際には，直ちに取引条件などを書いた書面（注文書）を交付する。
発注書類を保管する義務	親事業者は注文した内容などについて記載した書類を作成し，2年間保管する。
下請代金の支払期日を定める義務	親事業者は注文品などを受け取った日から60日以内かつできるだけ短い期間となる支払期日を定める。
遅延利息の支払義務	親事業者が注文品などを受け取った日から60日を過ぎても代金を支払わなかった場合は，遅延利息を加算して支払う（年率14.6%）。

② 親事業者の禁止行為

さらに，親事業者には11項目の禁止行為が定められています。

下請代金の支払遅延の禁止	下請代金を，支払期日までに支払わないことは禁止される。
下請代金の減額の禁止	下請事業者に責任がないにもかかわらず，下請代金の額を減ずることは禁止される。
返品の禁止	下請事業者に責任がないにもかかわらず，返品することは禁止される。
買いたたきの禁止	通常支払われる対価に比べ著しく低い代金の額を不当に定めることは禁止される。
物の購入強制・役務の利用強制の禁止	親事業者が自己の指定する物を強制して購入させたり，役務を強制して利用させることを禁止。
報復措置の禁止	下請企業が，中小企業庁や公正取引委員会に対し禁止行為を知らせたことで，不利益な取り扱いをすることは禁止。
不当なやり直し等の禁止	下請事業者に責任がないにもかかわらず，発注内容を変更させたり，やり直しを命じることは禁止。

※その他，受領拒否の禁止・有償支給原材料等の対価の早期決済の禁止・割引困難な手形の交付の禁止・不当な経済上の利益の提供要請の禁止。

なお，下請事業者がこういった禁止取引に直面した場合は，**中小企業庁や公正取引委員会**に，情報提供や相談をすることができます。

Answer □1 下請代金支払遅延等防止法

重要度 

分野2　中小企業政策

2-7 創業・小規模企業の支援

ポイント　中小企業新事業活動促進法の柱の1つとして，創業支援があります。この，創業支援の対象は，これから創業する人だけでなく，設立5年未満の中小企業の新事業活動も含んでいます。

1 創業の支援

①　新創業融資制度

新創業融資制度は，創業や新事業を行う者に対して，**日本政策金融公庫**（国民生活事業）が原則，**無担保・無保証人**での融資を行う制度です。この制度では，担保ではなく，事業計画の的確性などを要件として融資を行います。

融資の対象になるのは，新たに事業を始める者や，すでに開業している場合でも税務申告を2期終えていない者です。

貸付の限度額は，3,000万円で，無担保，無保証人となっており，**代表者の保証も不要**となっています。

②　女性，若者／シニア起業家支援資金

女性，若者／シニア起業家支援資金は，**女性，若者，高齢者の創業資金を支援する融資制度**です。

貸付は，日本政策金融公庫（中小企業事業／国民生活事業）が行っています。

この制度の対象になるのは，女性や，35歳未満の若者，55歳以上の高齢者で，新規開業して概ね7年以内の人です。

貸付の限度額は，国民生活事業では設備資金が7,200万円，運転資金が4,800万円となっています。

まとめcheck　□1　創業支援の制度を挙げなさい。

2 小規模企業の支援

小規模企業は，特に経営基盤が脆弱であるため，特別な支援策が実施されています。

① **小規模事業者経営改善資金融資制度（マル経融資）**

まず，資金面の支援として**小規模事業者経営改善資金融資制度（マル経融資）**があります。

小規模事業者経営改善資金融資制度は，小規模事業者が経営改善を行うための資金を**無担保**，**無保証人**，**低利子**で融資する制度です。この制度では，**日本政策金融公庫**（国民生活事業）が融資を行い，商工会・商工会議所が経営指導を行います。

貸付対象者は，小規模事業者である商工業者です。

さらに，融資を受けるためには要件があります。それは，商工会・商工会議所の経営指導員による**経営指導**を6カ月以上受けることです。また，税金を完納しており，同一地区内で1年以上事業を行っている必要があります。

② **小規模企業共済制度**

小規模企業の**事業主**や**役員**を対象とした**退職金の共済制度**として**小規模企業共済制度**があります。

この制度は，**中小企業基盤整備機構**が運営しています。毎月の掛金を支払うと，役員が退職する際に所定の退職金が，役員に一括または分割で支給されます。

対象者は，小規模企業の役員や個人事業主，組合員が20人以下の企業組合や協業組合の役員です。また，個人事業主の共同経営者も対象となります。

税法上の特典として，掛金は全額が所得から控除されます。

また，納付した掛金総額の範囲内で，事業資金などの貸付を受けることも可能となっています。

Answer　□1　新創業融資制度　女性，若者／シニア起業家支援資金

過去問をピックアップ㉘　重要度 ★★★　難易度 ★★☆

下請代金支払遅延等防止法

令和２年第16問

下請取引の適正化を図るため，「下請代金支払遅延等防止法」は，下請取引のルールを定めている。中小企業庁と公正取引委員会は，親事業者がこのルールを遵守しているかどうか調査を行い，違反事業者に対しては同法を遵守するよう指導している。

下請代金支払遅延等防止法に関して，下記の設問に答えよ。

（設問１）

この法律の内容として，最も適切なものはどれか。

ア　親事業者には，委託後，直ちに，給付の内容，下請代金の額，支払期日および支払方法等の事項を記載した書面を交付する義務がある。

イ　親事業者には，下請代金の支払期日について，給付を受領した日（役務の提供を受けた日）から30日以内で，かつ出来る限り短い期間内に定める義務がある。

ウ　親事業者の禁止行為として，発注書面の修正の禁止など，15項目が課せられている。

エ　親事業者は，下請事業者が認めた遅延利息を支払うことによって，支払代金の支払期日の延長が認められる。

（設問２）

この法律が適用される取引として，最も適切なものはどれか。

ア　資本金300万円の企業が，個人事業者に物品の製造委託をする。

イ　資本金800万円の企業が，資本金500万円の企業に物品の修理委託をする。

ウ　資本金３千万円の企業が，資本金１千万円の企業に物品の製造委託をする。

エ　資本金８千万円の企業が，資本金２千万円の企業に物品の修理委託をする。

解答・解説　**正解：(設問１) ア　(設問２) ウ**

(設問１)

ア　○　親事業者の義務のうち，発注書面の交付義務に当てはまりますので，適切な記述です。

イ　×　下請代金の支払期日は給付を受領した日から30日以内ではなく，60日以内で，かつできる限り短い期間内に定める義務となります。

ウ　×　親事業者の禁止行為は15項目ではなく11項目で，発注書面の修正の禁止は含まれません。

エ　×　遅延利息は下請事業者が定めるのではなく，年率14.6%となりますので不適切な記述です。

(設問２)

同法は親事業者が下請事業者に物品の製造・修理，情報成果物の作成，または役務の提供を委託した時に適用されます。

このときの物品の製造・修理委託の場合は，①**資本金３億円超の法人が３億円以下の法人または個人に，②資本金１千万円超３億円以下の法人が資本金１千万円以下の法人または個人に委託する場合**が対象となります。

ア・イ　×　親事業者が資本金１千万円以下のため，上記に当てはまりません。

ウ　○　上記の要件に当てはまるので，正解となります。

エ　×　上記①または②に当てはまりません。

索引

科目1 企業経営理論

欧

あ

か

さ

た

な

は

ま

科目2 財務・会計

科目3 運営管理

欧

あ

か

さ

た

な

は

ま

や

ら

わ

科目４　経営情報システム

欧

あ

科目5　経済学・経済政策

科目７　中小企業経営・政策

【編者紹介】

スタディング

スタディングは，短期間で合格した人々の学習法を徹底的に研究し，10年以上も改善を重ねてきた究極のオンライン資格取得講座を提供している。
「学びを革新し だれもが持っている無限の能力を引き出す」というミッションのもと，すきま時間にスマホで効率的に学べる学習システムを開発。わかりやすい動画コンテンツで資格ラインナップを充実させ「世界一，学びやすく わかりやすく 続けやすい」講座を目指す。
2023年６月には累計合格者数15,000人※を突破し，資格講座の新しいスタンダードとして成長を続けている。
※合格者数は受講者から寄せられた合格体験談数を基準

スタートアップ！
中小企業診断士 超速習テキスト〔第２版〕

2018年９月20日　第１版第１刷発行
2020年12月10日　改訂・改題第１刷発行
2023年12月１日　第２版第１刷発行

編　者　スタディング
発行者　山本継
発行所　㈱中央経済社
発売元　㈱中央経済グループパブリッシング

〒101-0051　東京都千代田区神田神保町１-35
電話　03（3293）3371（編集代表）
03（3293）3381（営業代表）
https://www.chuokeizai.co.jp
印刷／三英グラフィック・アーツ㈱
製本／誠製本㈱

ISBN978-4-502-47851-2　C2034